Ungezähmte Zukunft

Angela Steinmüller • Karlheinz Steinmüller

Ungezähmte Zukunft

Wild Cards und die Grenzen
der Berechenbarkeit

Gerling Akademie Verlag

Herausgeber: Z_punkt GmbH

Die Deutsche Bibliothek – CIP Einheitsaufnahme
Ein Titeldatensatz für diese Publikation ist bei
der Deutschen Bibliothek erhältlich.

Copyright © 2003, Gerling Akademie Verlag GmbH,
Amalienstraße 77, Gartenhaus, D-80799 München.
Alle Rechte, insbesondere das Recht der Vervielfältigung
und Verbreitung vorbehalten
Umschlaggestaltung: Claus Seitz, München
Titelabbildung: Stanislaw Ignacy Witkiewicz: »Der Kampf« (1921–22)
© Museum Sztuki, Lodz
Satz: Fotosatz Reinhard Amann, Aichstetten
Druck und Bindung: Clausen & Bosse, Leck
ISBN 3-932425-53-7

www.gerling-academy-press.com

Vorwort

Der Begriff der Risikogesellschaft gehört inzwischen zum festen Repertoire von Essayisten, Kommentatoren und Festrednern. Das Denken und vor allem das verantwortliche Handeln gesellschaftlicher Akteure hat er dagegen nur partiell geprägt. Obwohl der Umgang mit Risiken zum Alltag der Menschen gehört, werden sie meist erst im Ernstfall wahrgenommen. Die Reaktionen auf eingetretene Risiken sind daher defensiv und können bestenfalls den Schaden lindern. Restrisiken, so eine weit verbreitete Sichtweise, sind der Preis, den Menschen in der Moderne für ihre Lebensweise zu entrichten haben.

Das Konzept der Wild Cards, wie es Angela und Karlheinz Steinmüller entwickeln, befaßt sich mit Risiken der besonderen Art. Die Risiken, die sie als Störereignisse bezeichnen, werden von der Gesellschaft meist noch nicht als solche wahrgenommen, oder ihr Eintreten wird gemeinhin als sehr unwahrscheinlich eingeschätzt. Warum es trotzdem nicht nur sinnvoll, sondern notwendig ist, sich mit Wild Cards intensiver zu beschäftigen, das belegen sie eindrucksvoll. Ihr Verdienst ist es, das vorhandene methodische Rüstzeug für eine strategische Zukunftsarbeit innovativ und praxisorientiert weiterentwickelt zu haben.

Wild Cards sind aus Sicht der Zukunftsforschung ein neuartiger methodischer Zugang, der die Verletzlichkeit und Störanfälligkeit der industrialisierten Welt beispielhaft und drastisch vor Augen führt. Sie sind ein Denkwerkzeug, das antizipierend versucht, eine Antwort auf die Frage zu geben: Was wäre, wenn? Wild Cards können auch als ein Angebot interpretiert werden, in Szenarien zu denken und unsere Welt als vernetztes System zu begreifen. Wild Cards vereinigen historische Analogiebildung, analytische Zeitdiagnostik und kreativ-intuitive Weitsicht. Sie stehen für eine unkonventionelle Betrachtungsweise komplexer gesellschaftlicher Realität. Wild Cards stellen eingefahrene Verhältnisse und überkommene Weltsichten bewußt in Frage. Sie sind ein Störenfried, der seine schöpferische Kraft aus einem Denken gegen den Trend erhält. Die Antworten sind, wenn man sich auf das Störereignis gedanklich einläßt, oft verblüffend. Sie offenbaren strategische Alternativen und ungeahnte Handlungsoptionen und sind schon deshalb nicht als intellektuelle Spielerei abzutun.

Das Konzept der Wild Cards wird, wenn man eine Prognose wagen darf, den Tagespolitikern und Quartalsstrategen nicht wirklich weiterhelfen. Es wird aber den sensibilisierten Teilen der politisch und ökonomisch Handelnden und strategisch Denkenden ein Instrument, ein Tool an die Hand geben, das sie fit macht für praxisübergreifende, differenzierte und vor allem vorausschauende Entscheidungen. Wild Cards, auch das sei gesagt, sind nicht das Allheilmittel gegen kränkelnde Volkswirtschaften und sinkende Aktienkurse. Ihre mögliche positive Wirkung können sie nur im Konzert mit anderen Methoden und Instrumenten entfalten. Sicher gehören sie als integraler Bestandteil zu einer umfassenden Umfeldanalyse, auf die kein Unternehmen verzichten sollte. Sie müssen aber auf ihre Tauglichkeit für die jeweilige Praxis überprüft werden, und sie müssen auf die konkreten Anforderungen zugeschnitten werden. Will man ihre kreativen Potentiale effektiv freisetzen, ist eine kontinuierliche Arbeit mit Wild Cards unverzichtbar.

Mit dem vorliegenden Buch verschieben Angela und Karlheinz Steinmüller die Grenzen der Wahrnehmung schwacher Signale und latenter Risiken in Richtung möglicher Zukünfte. Damit leisten sie zweierlei: Erstens erweitern sie das methodische Handlungsrepertoire der Zukunftsforschung, und zweitens eröffnen sie neue Horizonte für strategische Handlungsoptionen. Wenn der empirische Befund einer aktuellen Studie über das Verhältnis von Zukunftsforschung und Unternehmen stimmt, dann ist die Zukunftsforschung dabei, sich aus ihrer kreativen Nische als »Spielbein« zukunftsorientierter Unternehmenspolitik zu verabschieden, und sie steht vor dem Wechsel in das Lager der strategischen Stammspieler. Das vorliegende Buch liefert hierzu einen relevanten Beitrag.

Klaus Burmeister, Z_punkt

Inhalt

Katalog

Vorwort
Prognosen von gestern, Überraschungen von heute

Nichts ist so alt wie die Zeitung von gestern. Prognosen von vorgestern besitzen dagegen einen eigentümlichen Charme. Sie sind wie Grüße aus einer anderen, vielleicht besseren Welt, die ihre Chance verpaßt hat, real zu werden. Die sechziger Jahre beispielsweise waren eine gute Zeit für kühne Entwürfe. Atomgetriebene Autos rasen über unsere Straßen, man siedelt auf dem Meeresgrund und fliegt zum Wochenende rasch einmal auf den Mond. Die meisten Krankheiten sind abgeschafft, dank einer verbesserten Landwirtschaft ist der Hunger von der Welt verbannt, Haushalte und Fabriken laufen vollautomatisch, die Menschen haben den ganzen Tag Zeit, in farbenfroher Bekleidung aus Kunstfasern über die Boulevards der Zukunft zu flanieren, und die wirtschaftlich potenteste Macht der Erde heißt China, dicht gefolgt von der Sowjetunion. »Ihr werdet es erleben«, nannte Herman Kahn, das Schwergewicht unter den damaligen Futurologen, eines seiner Bücher. Wir aber haben es nicht erlebt.

Seit mindestens einem halben Jahrhundert versuchen Futurologen wie Kahn, die Zukunft zu ergründen. Viele einfache und viele hoch komplexe Methoden wurden entwickelt, die uns den Weg in die Zukunft erhellen sollen: Hochrechnungen und Projektionen für die Wirtschaft und die Politik, Delphi-Studien zu künftigen Technologieentwicklungen, Verfahren der Stadt- und Raumplanung, Computersimulationen für das Weltklima, sogar Technikfolgen und Risiken durch Naturkatastrophen und industrielle Störfälle werden abgeschätzt und berechnet – kaum ein Bereich der Gesellschaft kommt heute ohne gelegentliche Blicke in die Zukunft aus.

Doch auch bei den Zukunftsprojektionen aus jüngster Vergangenheit fällt auf, daß die Realität frappierend hinter den Prognosen zurückbleibt. Noch vor wenigen Jahren schien es, als könnten wir dank Multimedia, Internet und Mobilfunk in eine wundervoll leichtgewichtige Zukunft durchstarten, in der wir als Teleworker lebenslang in den globalen Bibliotheken lernen, uns in virtuellen Realitäten vergnügen können, Verkehr nur noch über die Datenautobahn stattfindet und die Aktienkurse ewig wachsen. Globalisierung und Technologie hatten die New Economy hervorgebracht, von Tag zu Tag schien sich die Erde schneller zu drehen.

Manche Futurologen verhießen einen »langen Boom«, eine Konjunktur ohne absehbares Ende in einer vernetzten, von allen ökonomischen Fesseln befreiten Welt, Chancen für alle im globalen Dorf… Auch diese Zukunft blieb wie ihr Lieblingswort virtuell.

Was ist mit den Prognosen von vorgestern und den Hochrechnungen von gestern schief gelaufen? Sollte man gleich zur Kristallkugel greifen? Oder Science-fiction-Märchen lesen?

Gewiß, im Eifer des Vorhersagens heben wir gern vom Boden ab und vergessen, daß nicht jede Vision der Wirklichkeit standhält. Atomkraft etwa mag nicht unbedingt die beste Lösung für den Straßenverkehr sein, der Hunger in der Welt ist nicht ausschließlich ein Problem mangelnder Landwirtschaft – und Unternehmen sollten nicht nur dynamisch wachsen, sondern auch wenigstens ab und an Profit abwerfen.

Weshalb scheitern so viele Prognosen? Die Statistiker liefern uns ein gewaltiges Zahlenmaterial, das sich in die Zukunft verlängern läßt, Politiker und Wirtschaftsführer planen schon den nächsten Aufschwung ein, Konzerne zählen die Tage, bis sie die nächste Neuerung auf den Markt werfen – und plötzlich gerät die Konjunktur ins Stolpern, der neue Markt floppt, Terroristen schlagen zu, und eine Jahrhundertflut schwemmt Tausende von persönlichen Zukünften und alle Budgetberechnungen beiseite. Hat also doch Bert Brecht das letzte Wort: »Ja, mach nur einen Plan, sei nur ein großes Licht, und mach dann noch 'nen zweiten Plan, geh'n tun sie beide nicht«? Nichts ist sicher, statt der schönen prognostizierten Welt unserer geliebten Vor-Urteile öffnet sich ein Ozean von Ungewißheiten vor uns, allein auf die Chaostheorie ist Verlaß!

Der blinde Fleck in unserer Zukunftssicht hat einen Namen: »Wild Cards«. Sie sind die Querschläger, die die stabilsten Trends torpedieren und die am besten durchdachten Pläne vom Tisch wischen, sie lauern hinter dem Rücken der Zukunftsplaner und Zukunftsforscher, sie brechen hervor, wenn kaum einer an sie denkt – nachher wissen wir es natürlich alle besser. Wild Cards sind die Ereigniskarten, die die voranschreitende Zeit wie in einem gigantischen Monopoly-Spiel ab und zu ausspielt. Es kommt darauf an, auf sie gefaßt zu sein.

Genau davon handelt dieses Buch. Es versucht, Ansätze zu einem Wild Card Management zu entwickeln. Was sind Wild Cards? Woher kommen sie? Wie können wir mit ihnen umgehen? Hauptbestandteil des Buches ist ein Katalog von 55 mehr oder weniger unwahrscheinlichen Störereignissen. Er soll einen Eindruck davon vermitteln, von woher überall Wild Cards auf uns zukommen und was alles sie bewirken können. Wild Cards machen die Zukunft erst zu dem, was sie sein wird: anders als die Gegenwart, unberechenbar, unbezähmbar.

Einführung
Katastrophen, Trendbrüche und andere Unwägbarkeiten

> Jede Zeit ist eine Zeit des Umbruchs. Über die Zukunft wissen
> wir nur eines: Sie wird anders aussehen als die Gegenwart.
> *Jorge Luis Borges*

Die Zeitgeschichte ist ein Prozeß, der bald ruhig und träge dahinfließt, bald unvermutet Geschwindigkeit gewinnt, ja sich überstürzt. Während jahrelang wenig Einschneidendes geschieht, selbst ein Regierungswechsel kaum grundsätzlich Neues mit sich bringt, gibt es Zeiten, in denen innerhalb von Monaten so viel zu passieren scheint wie sonst in Jahrzehnten nicht. Plötzlich erschüttern einzelne herausragende Ereignisse die Welt – oder zeigen sie uns zumindest in einem neuen Licht.

Große Katastrophen haben die Macht, Schockwellen von Veränderungen auszulösen. Der Reaktor-GAU in Tschernobyl 1986 war eine solche Katastrophe. Drastisch, ja buchstäblich unter die Haut gehend, erfuhren wir die Risiken auch der friedlichen Nutzung von Kernkraft. All die Hoffnungen auf ein verheißungsvolles Atomzeitalter mit einem Überfluß an billiger Energie waren über Nacht zu Asche geworden. In der Bundesrepublik kippte endgültig die öffentliche Meinung – auch wenn es noch anderthalb Jahrzehnte dauern sollte, bis der Ausstieg aus der Kernkraftnutzung politisch umgesetzt wurde. Und in der damaligen Sowjetunion trugen die enormen Kosten der Katastrophe mit zum wirtschaftlichen Niedergang und dem allmählichen Zerfall des einstigen Weltreiches bei.

Eine ähnliche Katalysatorwirkung hatten auch die Terroranschläge vom 11. September 2001. Superterrorismus, bislang eher eine phantasmogorische Vorstellung von einigen amerikanischen Zukunftsforschern und von Science-fiction-Autoren wurde innerhalb weniger Stunden zur schrecklichen Realität. Die Führungsmacht USA war herausgefordert und mußte reagieren. Zeitungen und Fernsehsender titelten nicht nur »AMERICA UNDER ATTACK«, sondern schlußfolgerten auch, daß nun die gesamte Zukunft neu geschrieben werden müsse. Vielleicht nicht wirklich die »gesamte« Zukunft, aber tatsächlich hatte sich die politische Weltlage schlagartig verändert. Ein neues Problem bestimmte von einem

Tag auf den anderen die politische Agenda, auch in der Bundesrepublik. Den USA gelang es, was unter anderen Umständen unmöglich gewesen wäre, eine weltweite Allianz gegen den Terror zu schmieden. Und wie nie zuvor spielten die USA ihre Rolle als globale Hegemonialmacht.

Glücklicherweise verändern nicht nur Desaster das Weltgeschehen. Auch die friedliche Revolution in der DDR kam unerwartet. Selbst die unmittelbar Beteiligten, die Menschen, die Ende September, Anfang Oktober 1989 in vielen ostdeutschen Städten auf die Straße gingen, hätten noch wenige Monate vorher nicht geglaubt, daß sie einmal den Mut dazu aufbringen würden. Sie stellten sich gegen ein Regime, das in früheren Zeiten nicht gezögert hatte, Panzer gegen die eigene Bevölkerung einzusetzen. Nach diesem »Menschenbeben« war der Weg zum Fall der Mauer und zur deutschen Einheit vorgezeichnet.

Katastrophen und Geschehnisse wie die Freiheitsrevolutionen von 1989/90 können dem Entwicklungsweg einer Nation eine neue Richtung geben. Mitunter beeinflussen sie sogar den Gang der Weltgeschichte. Allzu häufig sind derart einschneidende historische Momente nicht. Etwa einmal in zehn Jahren müssen wir unser Bild vom globalen Gang der Dinge grundsätzlicher hinterfragen. Kleinere Schocks, die ein Volk aufwühlen, eine Regierung ins Wanken bringen oder eine Wirtschaftsbranche erschüttern, passieren dagegen praktisch täglich, denn Störungen und Überraschungen lauern überall; die Medien sind voll von ihnen, denn »news is, what is different«.

Wirft man einen Blick in die Wirtschaftspresse der letzten Zeit, wird man schnell fündig. Vor zwei Jahren verdüsterte fast über Nacht die Krise des Neuen Marktes den bis dahin extrem heiteren Börsenhimmel mit seinen steil aufschießenden Aktienkursen. Dutzendweise trifft die Pleite die eben noch so hoffnungsträchtigen dot.coms. Steiler noch, als es aufwärts ging, geht es nun hinab. Aber auch die old economy ist nicht gegen unliebsame Überraschungen gefeit. Ein Lebensmittelskandal jagt den anderen: Erst bringen BSE und Maul- und Klauenseuche die traditionelle Landwirtschaft in Verruf, dann werden Pestizide in Produkten des biologischen Anbaus gefunden, wenig später »entsorgte« Hormone in Futtermitteln entdeckt. Die Bayer AG sieht sich plötzlich mit Sammelklagen wegen gesundheitsschädlicher Wirkungen von LipoBay konfrontiert (obwohl andere cholesterinsenkende Mittel womöglich viel gefährlicher sind). Bei Enron und später auch weiteren Firmen werden geradezu groteske Bilanzfälschungen aufgedeckt. Sie erschüttern das Vertrauen in den amerikanischen Aktienmarkt und in die Wirtschaftsprüfer und verzögern immer wieder den heiß herbeigesehnten Aufschwung. Der SMS-Boom beschert der Mobilfunkbranche seit zwei, drei Jahren unerwartete

Zusatzgewinne. Intensiv wird nach einer weiteren Killer-Applikation gesucht – aber zeichnet eine solche nicht gerade aus, daß sie nicht geplant werden kann? – Fast täglich spielen die Märkte und ihr Umfeld Wild Cards für die Unternehmen aus. Trends, die sich über Jahre oder Jahrzehnte fest etabliert hatten, werden über Nacht gebrochen.

Ein weiteres Beispiel ist die Sommerflut vom August 2002 mit ihren immensen Schäden. In voreiliger Prognostik sprechen die Medien von der »Jahrhundertflut«, und vielleicht haben sie ja recht. Dieses Hochwasser von nie dagewesenen Ausmaßen könnte ein Omen sein, Vorläufer ähnlicher künftiger Wetterdesaster. Zum ersten Mal begreift die breite Öffentlichkeit, daß die Klimakatastrophe keine abstrakte, theoretische Computersimulation ist, sondern eine reale, alle Menschen betreffende Herausforderung, der man sich stellen muß.

Wenn denn nun Unwägbarkeiten jeglicher Größenordnung zu unserem Alltagsleben gehören, wie können wir dann mit ihnen umgehen? »Wild Cards« ist ja nur ein Wort für das, was wir anscheinend nicht in den Griff bekommen, was sich hinter unserem Rücken zusammenbraut, oder – euphemistisch ausgedrückt – für die Offenheit der Zukunft.

Eine weit verbreitete und völlig natürliche Haltung angesichts der Ungewißheit der Zukunft ist die Verleugnung. Die zugehörigen Denkmuster sind uns gut vertraut. Da heißt es: »Es wird schon nichts passieren. Bislang ist ja auch nichts passiert.« »Das gehört nicht in meine Zuständigkeit.« »Das sind doch nur abstrakte Hirngespinste, die mit dem realen Leben nichts zu tun haben.« »Da kann man sowieso nichts machen.«

Im Falle eines Falles nutzen freilich weder Fatalismus noch Vogel-Strauß-Politik. Allerdings kann man sich von der Angst vor dem Ungewissen auch in einen überzogenen Aktionismus treiben lassen. Ende 1999 war eine gute Zeit für solche Panik-Reaktionen. Das Millennium nahte, und auch wer nicht zu der Handvoll christlicher Fundamentalisten gehörte, die den tatsächlichen Weltuntergang erwarteten, durfte sich Sorgen machen: der »Y2k Bug« – im Amtsdeutsch der »Jahr-2000-Computerfehler« – wartete darauf zuzuschlagen. Wie würden die Computer und ihre Netze, wie die Chips in allen möglichen Geräten, in Fahrzeugen, Energiesystemen, Militäranlagen reagieren, wenn zu Neujahr 2000 die veralteten Datumszähler von 1999 zurück auf 1900 sprangen? Während die Unternehmen und die Behörden daran gingen, ihre Computer überprüfen zu lassen, glaubte eine Minderheit an den großen Crash, den bevorstehenden Zusammenbruch unserer technischen Zivilisation – oder erhoffte ihn sogar! In Deutschland fanden Notstromaggregate ungewohnten Absatz, in den USA waren Army-Notrationen über Nacht ausverkauft, und angeblich drängten sich in den Blockhütten in den Rocky Mountains Leute, die den globalen Blackout aus der Sicherheit der Wälder heraus im Schein der gehorteten Kerzen verfolgen wollten. Auch dank der Vorsorge, die den Computerfirmen Extra-Profite bescherte, fiel der Y2k-Crash aus. Bisweilen können wir doch etwas ausrichten ...

Wild Cards – Grundlagen

Wild Cards sind ein relativ neues Konzept der Zukunftsforschung, das nicht ganz zufällig in den von rasanten Veränderungen geprägten neunziger Jahren aufkam. Wie so viele neue Begriffe stammt das Wort aus dem Amerikanischen: Eigentlich sind Wild Cards die Joker im Kartenspiel. Beim »Monopoly« nennt man so die Ereigniskarten: *Gehe für eine Runde ins Gefängnis.* Aber auch aus dem Sport sind uns Wild Cards vertraut. Bei manchen Tennisturnieren treten jüngere Spieler, die sich noch wenig hervorgetan haben, gegen die Champions an. Sie sollen das Feld etwas aufmischen, frischen Wind in den Court bringen. Und im gleichnamigen Rollenspiel werden als »Wild Cards« Menschen mit besonderen, übernatürlichen Fähigkeiten bezeichnet. So gesehen sind Wild Cards die Joker, die die Zukunft aus dem Ärmel zieht, um unsere Spielstrategien durcheinanderzubringen. Deutsche Zukunftsforscher drücken sich nüchterner aus. Sie ziehen den terminus technicus »überraschende Störereignisse« vor und betonen damit, daß der normale Gang der Dinge beeinflußt wird, daß die Trends, die man mühsam ermittelt hat, »gestört« werden.

Die erste Publikation über Wild Cards wurde 1992 gemeinsam von drei renommierten Zukunftsforschungsinstituten – BIPE Conseil in Issy-Les-Moulineaux/Frankreich, Copenhagen Institute for Futures Studies, Institute for the Future in Menlo Park/USA – veröffentlicht. Seither sind weitere Publikationen über Wild Cards erschienen, und im Internet kursieren diverse Listen von Wild Cards. Doch eine eigentliche Lehre von den Wild Cards existiert so wenig wie Hinweise für den praktischen Umgang mit ihnen.

Einen guten Ausgangspunkt für eine rudimentäre Theorie bildet die Definition der drei Institute: »A wild card is a future development or event with a relatively low probability of occurrence but a likely high impact on the conduct of business.«[1] Frei übersetzt heißt das: Wild Cards sind zukünftige Entwicklungen oder Ereignisse, die sich durch eine relativ geringe Eintrittswahrscheinlichkeit und potentiell weitreichende Wirkungen auf den Verlauf der Geschäfte auszeichnen. Diese Definition zielt in die richtige Richtung, erfordert aber einige Präzisierungen.

Wild Cards sind ereignishafte Diskontinuitäten

Üblicherweise stellt man sich die Zukunft als eine verlängerte Gegenwart vor: weiter so wie bisher, nur größer, besser, schöner. Ein oder drei Prozent Wachstum, doch dieselben Trends, dieselben Strukturen. Die Besonderheit von Wild Cards besteht darin, daß sie eine neue Zukunft schaffen, eine Zukunft, die sich merklich von der Gegenwart unterscheidet. Der Zusammenbruch des Ostblocks hat die globale politische Landkarte auf Dauer neu gezeichnet. Ein wirkungsvolles Mittel gegen Aids kann die Zukunft für viele Menschen und, wenn es billig genug ist, für ganze Staaten des südlichen Afrikas in ein hoffnungsvolleres Licht setzen.

Wild Cards sind gravierende Einzelereignisse. Doch wie schon die Definition der drei Institute zeigt, herrscht im Sprachgebrauch der Zukunftsforscher hier eine gewisse Unschärfe. Es ist klar, daß man ein singuläres überraschendes (Stör-) Ereignis als Wild Card bezeichnen kann. Bisweilen werden aber auch »developments«, Entwicklungen oder besser Ereignisketten, unter den Begriff Wild Card – nun in einem weiteren Sinne – gefaßt. Die BSE-Krise in Großbritannien und Deutschland war eine solche Kette von bald kleineren, bald gewichtigeren Ereignissen (Bekanntwerden von Krankheitsfällen, Maßnahmen der Regierungen etc.), die in ihrer Gesamtheit als Wild Card das Verbrauchervertrauen, die Landwirtschaft und die Lebensmittelmärkte erschütterten. Entscheidend bei Wild Cards ist, daß bestehende Trends gebrochen, vorhandene Strukturen verändert, Denkmuster über den Haufen geworfen werden.

Ohnehin läßt sich keine absolut scharfe Trennlinie zwischen Ereignissen und Prozessen ziehen. Wild Cards sind in der Regel der Kulminationspunkt von Prozessen, die vorher im verborgenen abgelaufen sind wie das Wachsen von Spannungen im Boden vor einem Erdbeben, und manche Prozesse lösen sich bei genauerem Hinschauen in Ereignisketten auf. Für einen Kulturgeschichtler mag die Implosion des Sowjetreiches ein plötzliches Störereignis (wohlbemerkt: nicht ohne eine evolutionäre Vorgeschichte) sein; für die im Osthandel engagierten Firmen handelte es sich um einen längeren, unvorhergesehenen und teilweise chaotischen Prozeß, eine wechselvolle Ereigniskette mit vielen Gliedern. Und in der Wahrnehmung der deutschen Medien-Öffentlichkeit wird der gesamte komplexe Vorgang zu einem einzigen symbolträchtigen Ereignis, der Öffnung der Mauer am 9.11.1989, verkürzt.

Wild Cards sind wenig wahrscheinlich

Was wahrscheinlich ist, kann keine Wild Card sein. Wir erwarten zu Ferienbeginn Staus auf den Autobahnen, auch wenn wir nicht genau wissen, wann und wo, wir berücksichtigen sie bei unseren Reiseplanungen, sie gehören sozusagen zur Standardzukunft, sind eben keine Wild Card mehr. Unwahrscheinlich wäre es dagegen, wenn die Reise in die Ferien staulos glatt verliefe! – Was aber heißt in unserem Zusammenhang überhaupt unwahrscheinlich?

Wahrscheinlichkeiten a priori (vor Eintreten des Ereignisses) lassen sich nur dann einigermaßen gut abschätzen bzw. quantitativ bestimmen, wenn ein definierter Bezugsrahmen und Erfahrungen vorliegen. Weil wir wissen, daß der Ferienverkehr jedes Jahr nach etwa denselben Mustern verläuft (obwohl alle die Staugefahr kennen!), können wir schlußfolgern, daß wir auch dieses Jahr wieder steckenbleiben werden. Weil die Seismologen lange genug Erdbeben in Süddeutschland beobachtet haben und die Häufigkeitsverteilung kennen, können sie auch eine Prognose wagen. Voraussetzung ist, daß sich an der grundsätzlichen Tektonik nichts verändert hat. Aber Wild Cards stehen ja gerade für derartige grundsätzliche »tektonische« Veränderungen, für Diskontinuitäten: Die Autobahnen werden privatisiert, und der neue Betreiber verlangt eine viel zu hohe Maut. In Nahost brennt es, und der Ölpreis schießt in schwindelnde Höhen.

Welches Ereignis, welche Entwicklung wir für wie wahrscheinlich halten, hängt selbstverständlich von unserem Wissensstand ab. Die Erdbebenforschung kann uns aus der Kenntnis langer historischer Zeitreihen heraus genauere Abschätzungen für das Risiko angeben, daß ein Beben bestimmter Größenordnung Süddeutschland heimsucht. Eine genauere Marktbeobachtung, eine Verhaltensanalyse im interessierenden Kundensegment kann uns überzeugen, daß »multimedia messaging« mit Fotos und Tönen wohl doch nicht die Erfolgsstory von SMS wiederholen wird.

Bei Wild Cards aber ist unser Vorwissen sehr beschränkt. Entsprechend schlecht ist es um die Bewertung von Wahrscheinlichkeiten bestellt. Schon, unter welchen Umständen ein Störereignis prinzipiell möglich ist, kann umstritten sein. Welche Bundesregierung könnte es wagen, die Autobahnen zu privatisieren? Wir würden wetten, daß dies niemals geschieht. Aber um wieviel? 1:10 dagegen für die nächsten zwanzig Jahre? Oder doch lieber 1:100 dagegen? – Wenn es um die Abschätzung der Wahrscheinlichkeit von Wild Cards geht, versagen in der

Regel alle mathematischen Ansätze, allenfalls helfen Argumentationen pro und contra und Analogieschlüsse ein wenig weiter.

Wild Cards sind wenig wahrscheinlich, aber wir wissen nicht, wie unwahrscheinlich sie sind. Wenn die Wild Card erst einmal eingetreten ist, korrigieren wir insgeheim unsere Wahrscheinlichkeitsschätzung nach oben: Wir haben doch eigentlich schon immer gewußt, daß es angesichts leerer Staatskassen einmal so kommen muß ...

Wild Cards haben weitreichende Wirkungen

Ein Ereignis, das keine oder nur geringe Auswirkungen hat, können wir getrost vernachlässigen. Doch was als »weitreichend« bezeichnet werden muß, hängt vom betrachteten Problem ab. Es gibt Wild Cards, die global gravierende Folgen haben. Ein Zusammenbruch des Weltwährungssystems wäre eine derartige Wild Card von weltwirtschaftlicher und auch weltpolitischer Tragweite. Bei anderen ist die Wirkung im wesentlichen auf eine Branche oder einige wenige Marktsegmente begrenzt. Aber selbst dann kann das Störereignis einen Rattenschwanz von Folgen wachsender Dimension nach sich ziehen.

Nehmen wir einen technologischen Durchbruch bei Brennstoffzellen: geringes Leistungsgewicht, niedrige Kosten. Wasserstoff-Autos und Brennstoffzellen als Energiespeicher für Gebäude würden die Verkehrsbranche und die Energiewirtschaft grundlegend verändern. Welche Unternehmen würden zuerst die Chance ergreifen, Zusatzgewinne einstreichen und andere vom Markt verdrängen? Wie würden sich die Marktstrukturen ändern? Denken wir an dezentrale Energiesysteme. Da nun Solarstrom preiswert gespeichert werden könnte, würde vielleicht Erdöl an Bedeutung verlieren. – Aus dem Durchbruch, der primär ein, zwei Branchen betrifft, erwächst so womöglich doch noch eine Wild Card von weltpolitischer Bedeutung.

Die Probleme mit Wirkungen erster, zweiter und höherer Ordnung sind beispielsweise aus der Technikfolgenabschätzung – oder auch aus der Umweltforschung! – hinreichend bekannt. Je länger die Wirkungskette, desto mehr Faktoren sind zu berücksichtigen, desto wichtiger werden Rückkopplungen und nichtlineares Systemverhalten. Neben offensichtlichen Folgen kommen kontraintuitive Auswirkungen ins Spiel. Erstere sind plausibler, letztere interessanter. Und schlechter zu beherrschen.

Wild Cards sind Überraschungen

Wild Cards kommen über uns wie der Blitz aus heiterem Himmel. Sie treffen die Menschen unvorbereitet als eine – meist unliebsame – Überraschung. Situative und subjektive Momente wie Neuigkeit, Zeitpunkt, Kontext entscheiden darüber, ob wir ein Ereignis oder eine Information als Überraschung wahrnehmen. Dabei können die wissenschaftliche Wahrnehmung durch eine Experten-Community und die Wahrnehmung in der breiten Öffentlichkeit weit auseinanderklaffen. Nach dem üblichen Verständnis sollte der Fach-Experte nur von wenigen Dingen überrascht werden; doch tatsächlich kann auch Unwissenheit gegen Überraschungen feien. Für den Durchschnittsbürger wäre beispielsweise ein Durchbruch bei der »kalten Kernfusion« schlicht eine neue, vielversprechende Energietechnologie. Die meisten Physiker jedoch würden es mit Erstaunen quittieren, wenn sich nach zwei Jahrzehnten der Spekulation und der nicht reproduzierbaren Experimente das anscheinend praktisch Unmögliche und theoretisch, um es milde auszudrücken, äußerst Fragliche doch bewahrheiten würde.

Zu den neueren Erkenntnissen der Wissenschaftstheorie gehört, daß jegliche Beobachtung »theoriegeladen« ist: Wir betrachten die Dinge ausgehend von einem bestimmten konzeptionellen Rahmen, von bestimmten Wahrnehmungsmustern, denken sie in den Begriffen, die wir nun einmal haben. Was nicht in diese Raster paßt, wird als unwichtig beiseite geschoben und ignoriert. Es tritt uns, sobald wir es nicht mehr wegdrängen können, als Störung und Überraschung entgegen. Sobald wir es aber nachträglich einer genaueren Analyse unterziehen, verschwindet allmählich das Überraschungsmoment: Wir hätten es eigentlich schon immer wissen können ...

Grundsätzlich also hängt die Charakterisierung eines Ereignisses oder einer Entwicklung als Wild Card von der Perspektive, dem Bezugsrahmen, dem Kontext bzw. der »mental map«, der geistigen Landkarte, ab. Bruch der Kontinuität, Wahrscheinlichkeit, Wirkungsmacht und Überraschungscharakter sind schon mangels objektiver Maßstäbe mehr oder weniger subjektive Wertungen.

Wild Cards sind »Zukunftsbeben«

In einem gewissen Sinne verharmlost die Definition der drei Institute die Wild Cards. Ihre beiden Kriterien, geringe Wahrscheinlichkeit und beträchtliche Folgen, sind der Risikoanalyse entlehnt und gehen am Kern vorbei. Die Wirkung von Wild Cards ist so groß, weil sie aus dem gängigen Bezugssystem ausbrechen, es erschüttern, die Normalität in Frage stellen, die Denkschablonen unterlaufen, mit denen wir die Welt konstruieren.

Wild Cards verändern unser Bezugssystem, unsere Sicht der Dinge, unser Weltbild. Ablesen läßt sich dies an neuen Begrifflichkeiten, die wir nach dem Eintreten einer Wild Card schaffen, an neuen Wörtern wie Superterrorismus oder Klimafolgenschutz, neuen Argumentationssträngen, neuen Sichtweisen. Wild Cards verändern daher nicht allein die Realität, sondern auch – und vielleicht viel einschneidender – unsere Wahrnehmung der Realität. Hat sich das neue Bezugssystem im Sinne eines Paradigmenwechsels erst einmal durchgesetzt, wird es für uns zur Normalität. Wir interpretieren die Geschehnisse nun im neuen Lichte: die Zukunft wurde umgeschrieben. Insofern sind Wild Cards per definitionem präzedenzlos, denn unser Bezugssystem, unsere Begriffswelt, kann nur einmal in eine bestimmte Richtung verändert werden. Die beiden folgenden historischen Beispiele zeigen dies deutlich.

Der GAU von Tschernobyl 1986 war nicht lediglich eine weitere Reaktorkatastrophe, wenn auch eine von einem bis dahin unbekannten Ausmaß. Im Gegensatz zum Störfall von Three Miles Island bei Harrisburg (1979) oder auch der Katastrophe von Magnitogorsk in den fünfziger Jahren hat Tschernobyl das Denken über das »friedliche Atom« grundsätzlich verändert. Bei Harrisburg waren die sozialen und mentalen Wirkungen viel geringer, erst Tschernobyl hatte die Macht, über die Betroffenheit großer Bevölkerungsteile die öffentliche Meinung über Atomkraft nachhaltig zu beeinflussen. Insofern war Tschernobyl – trotz aller früherer Atomkatastrophen – präzedenzlos. Ablesen läßt sich dies auch daran, daß das Schlagwort »Tschernobyl« zum Symbol für die Gefahren der Kernkraftnutzung geworden ist.

Die Ermordung John F. Kennedys am 22. November 1963 in Dallas war nicht lediglich der Meuchelmord an einem weiteren US-Präsidenten (nach Abraham Lincoln und James A. Garfield). Möglicherweise hat sich durch die Schüsse von Dallas der faktische Geschichtsverlauf beträchtlich geändert: Kennedy hätte sich wahrscheinlich nicht wie sein Nachfolger Lyndon B. Johnson auf die Eskalation in Vietnam eingelassen.

Zugleich aber machte sein vorzeitiges und gewaltsames Ende JFK zur Ikone der Möglichkeit eines anderen, »besseren« Amerikas, auf die sich noch Jahrzehnte später beispielsweise Bill Clinton berufen sollte. Zudem gab der nie befriedigend aufgeklärte Präsidentenmord Anlaß zu wilden Spekulationen – und lenkte die paranoiden Strömungen in der amerikanischen Gesellschaft in eine neue Richtung. Nicht mehr die Kommunisten als die üblichen Verdächtigen, sondern die eigenen Geheimdienste gerieten trotz des 26bändigen offiziellen Untersuchungsberichts unter Verdacht.

Interessanterweise erstreckt sich die Wirkung von Wild Cards nicht allein auf die Zukunft, sie verändern auch die Vergangenheit. Denn diese wird nun in den neuen Mustern gedacht, Ereignisse und Entwicklungen werden neu sortiert und auf das veränderte Ende hin bewertet. Vor allem werden nun die vormals verdrängten Vorentwicklungen der Wild Card, die schwachen Signale, die auf sie hindeuteten, aber in den üblichen Perspektiven keinen Sinn ergaben, wahrgenommen und aus ihnen eine logische Entwicklungslinie hin zu dem Störereignis konstruiert. Zukunft und Vergangenheit sind nicht mehr, was sie vorher waren.

Wenn die Zukunft der Raum unserer Hoffnungen und Wünsche, unserer Befürchtungen, Visionen und Pläne – allgemeiner: der Raum unserer Erwartungen – ist, so stellen Wild Cards Erschütterungen dieses Erwartungsraumes dar. Sie sind »Zukunftsbeben«, die einst hohe Wunsch-Gipfel nivellieren oder noch höher auftürmen, die neue Befürchtungsgräben aufreißen und uns plötzlich zusammenhängende zukunftslandschaftliche Gebilde zeigen, wo wir früher nur Einzelformationen erkannten.

Der Lebenszyklus von Wild Cards

Wild Cards gleichen Infektionskrankheiten. Zuerst verbreitet und multipliziert sich der Erreger im Körper, ohne daß es zu einer spürbaren Reaktion kommt. Dann plötzlich bricht die Krankheit aus, das Immunsystem schlägt zu, man fiebert und steht völlig im Bann der Erkrankung. Allmählich aber gewinnen die Widerstandskräfte die Oberhand, das Fieber läßt nach, und zum Schluß steigt man noch schwach, doch gesundet aus dem Bett – vorausgesetzt, es hat sich kein chronisches Leiden entwickelt. Ganz ähnlich haben Wild Cards eine Latenzphase, eine manifeste Phase und eine Phase der Nachwirkungen.

Latenzphase

In der Latenzphase reifen Wild Cards kaum wahrgenommen heran: Die Terroristen bereiten den Anschlag vor, die Unsicherheiten in den Aktienmärkten wachsen, Forscher brüten in ihren Labors über Experimenten. Allenfalls deuten in dieser Phase schwache Signale auf die kommenden Ereignisse hin, Anzeichen, die schwer zu entschlüsseln sind und in dem Wust anderer Signale untergehen, wenn es denn überhaupt schon ein Sensorium gibt, um sie zu identifizieren. Vielleicht beobachten ja einzelne Wissenschaftler schon Prozesse, die die Wild Card ankündigen, vielleicht haben ja einzelne Künstler bereits intuitiv die sich anbahnende Veränderung erspürt, vielleicht haben einzelne SF-Autoren schon phantastisch überhöht über ähnliche Erfindungen oder Entwicklungen spekuliert, aber ins öffentliche Bewußtsein dringen derartige Ahnungen nicht; das Alltagsgeschäft drängt und läßt nicht zu, daß man sich mit wenig wahrscheinlichen – oder gar recht absurden – Eventualitäten abgibt. Selbst die ersten deutlicheren Hinweise, wachsende Aktivitäten der Terroristen, stärker schwankende Börsennotierungen, werden häufig übersehen.

Manifeste Phase

Mit einem Male tritt die Wild Card schockartig und überraschend ans Licht: die Terroristen schlagen zu, die ersten Kurse stürzen, das Forscherteam publiziert seine Resultate. Jetzt, in der Manifestationsphase, überschlagen sich die Ereignisse. Die Sicherheitskräfte gehen in Alarmzustand, ein Kursrutsch zieht panikartig den nächsten nach sich, konkurrierende Teams legen hastig ihren Forschungsstand dar und pochen auf ihre Priorität. Und die Medien stürzen sich auf das neue Thema, berichten über das aktuelle Geschehen und seine Hintergründe, laden Experten ein, um über mögliche Folgen zu spekulieren, fragen nach den Schuldigen und haken unerbittlich nach, was denn die wieder einmal überraschte und überforderte Politik zu unternehmen gedenkt. Hektik ist nun angesagt, und je nachdem, ob es sich um eine unerwünschte oder eher segensvolle Wild Card handelt, kopflose Panik oder ebenso kopflose Euphorie, neudeutsch »Hype«. Es wird eher reagiert, denn agiert, Übertreibungen sind an der Tagesordnung und oft genug auch rein symbolische Reaktionen: Ein Fingerabdruck auf dem Personalausweis soll Terroristen abschrecken, das Clonen von Menschen soll verboten werden, obwohl es längst durch andere Gesetze verboten ist. Experten, Journalisten und Politiker wetteifern nun darin, das neue Phänomen begrifflich zu erfassen. Wer das richtige Schlagwort erfindet, wird Herr der Debatte.

(Nach-) Wirkungsphase

Nach einer Weile scheint sich alles zu normalisieren. Das öffentliche Interesse erlischt allmählich, neue Themen gewinnen die Oberhand. Die Diskursebene koppelt sich wieder von der Sachebene ab, auf der einschlägige Spezialisten weiterhin mit den Nachwehen befaßt sind. Allmählich setzt die wissenschaftliche Aufarbeitung des Geschehens ein: die ersten Diplomanden und Doktoranden haben das Störereignis entdeckt und analysieren seine Ursachen und Folgen. Nur noch gelegentlich wahrgenommen, geht die Terroristenjagd weiter. Die Märkte erholen sich mit der Zeit, wenn auch einige Unternehmen nicht überleben. Der vor kurzem noch so spannende wissenschaftliche Durchbruch sieht nun schon viel kleiner aus, die eben noch überbordenden Erwartungen werden enttäuscht. Fast geräuschlos wird der Durchbruch zum Ausgangspunkt für neue Forschungsanstrengungen oder für industrielle Innovationen. Auch wenn das eine oder andere Ereignis das Ende der Wirkungsphase markiert, hinterläßt die Wild Card doch auf Dauer ihre Spuren in der Realität und in den Köpfen der Menschen.

Betrachtet man nur die mediale Wahrnehmung, folgen Wild Cards der typischen Karriere von »Issues«, Themen des öffentlichen Diskurses, wie sie insbesondere für Unternehmen relevant sind. An eine latente oder prämanifeste Phase schließt sich eine mehr oder weniger heftige öffentliche Debatte an, in der die Medien mit ihrer spezifischen Rationalität Herr des Verfahrens sind, bis endlich das Thema die Aufmerksamkeit wieder verliert.[2] Es gibt kaum eine größere Wild Card, die nicht wenigstens eine Zeitlang auch ein Issue ist.

Lebenszyklus einer Wild Card

Latenzphase	manifeste Phase	postmanifeste Phase
konvergierende Kausalketten	sichtbare, überraschende Wirkungen (Wild Card im engeren Sinne)	Ausbreitung der Wirkungen (Folgen zweiter und höherer Ordnung)
schwache Signale unterhalb der Wahrnehmungsschwelle (allenfalls erfaßt von SF, Wissenschaft)	unüberhörbar »starke« Signale	Gewöhnung
	Überreaktion: Panik bzw. Hype	Festlegung auf Standard-Interpretation (evtl. mit Paradigmenwechsel)
	divergierende Interpretationen	

Wild Card Management
Zum Umgang mit Störereignissen

> Es kommt nicht darauf an, die Zukunft vorherzusagen,
> sondern auf die Zukunft vorbereitet zu sein.
> *Perikles*

Unternehmen wie öffentliche Einrichtungen sind wohl beraten, bei ihren Prognosen und Zukunftsplanungen Eventualitäten – also Wild Cards – zu berücksichtigen. Wer aber erfolgreich mit Wild Cards umgehen will, muß sie frühzeitig erkennen und sich auf sie einstellen. Nur wer Wild Cards bereits in ihrer Latenzphase identifiziert und sich mit ihnen auseinandersetzt, wird von ihnen in der manifesten Phase nicht überrascht. So vermeidet man Panikreaktionen und hat zudem einen Informationsvorsprung gegenüber der Öffentlichkeit oder der Konkurrenz. Ein wie auch immer geartetes Wild Card Management gehört daher zur Zukunftsforschung im Unternehmenskontext.[3]

Ein inzwischen längst historisches Beispiel zeigt, wie mit Eventualitäten sinnvoll umgegangen werden kann. Der Royal Dutch Shell-Konzern verfügte bereits in den sechziger Jahren über eine ausgezeichnete Abteilung Corporate Planning. Verständlicherweise war Shell insbesondere an künftigen Veränderungen des Welt-Ölmarktes interessiert. Corporate Planning entwickelte dafür Szenarien. Neben der von allen angenommenen weiteren Expansion der Rohölproduktion bei niedrigen Preisen faßten die Shell-Zukunftsforscher u. a. auch ein Störereignis ins Auge und formulierten dafür ein Szenario: Was, wenn aus politischen Gründen der Rohölpreis plötzlich drastisch ansteigt? Das Top-Management reagierte zwar zuerst mit dem üblichen Kopfschütteln, zog dann aber doch eine sehr sinnvolle und kostenneutrale Konsequenz: Damals mieteten die Ölfirmen ihre Tankerflotten von den großen, meist griechischen Reedereien. Shell fügte in die Tanker-Verträge einen Passus ein, daß der Vertrag gekündigt werden könne, sollte der Rohölpreis eine bestimmte Höhe überschreiten. – Als dann im Oktober 1973 nach dem Yom-Kippur-Krieg die OPEC den Ölhahn tatsächlich zudrehte und der Preis in die Höhe schnellte, brauchte Shell im Gegensatz zu den anderen Ölfirmen keine Mietgebühren für die in den Häfen vor Anker dümpelnden Tanker zu zahlen.

Prinzipiell sind beim Umgang mit Wild Cards vier Fragen zu stellen:

- Welche Störereignisse sind für einen Akteur überhaupt relevant? (Identifikation)
- Welche Wahrscheinlichkeit und welche Wirkung haben die Störereignisse? (Bewertung)
- Wie kann man sich auf die Störereignisse vorbereiten? (Vorsorge)
- Wie erkennt man, daß ein Störereignis »naht«, also wahrscheinlicher wird? (Frühwarnung)

Hinter Identifikation, Bewertung, Vorsorge und Frühwarnung verbergen sich anspruchsvolle und komplexe Arbeitsschritte im Umgang mit Wild Cards. Ähnliche Abläufe sind beispielsweise von der Technikfolgenabschätzung (TA) bekannt. So unterscheidet die VDI-Richtlinie zur TA vier Arbeitsschritte: Problemdefinition und -strukturierung, Folgenabschätzung, Bewertung und Entscheidung.[4] Noch stärkere Parallelen existieren zur Technologiefrüherkennung. Zuerst müssen neue Technologien überhaupt identifiziert und von anderen Technologien abgegrenzt werden. Daraufhin kann man ihre Potentiale im Kontext der technisch-wirtschaftlichen Gesamtentwicklung abschätzen. Last not least müssen die Ergebnisse der Studie verbreitet bzw. umgesetzt werden.[5] Diese Parallelen sollten nicht verwundern, denn neue, eben erst entstehende Technologien, also wissenschaftlich-technische Durchbrüche, stellen eine interessante Gruppe von Wild Cards dar.

Die vier Arbeitsschritte bilden in der Regel einen rekursiven bzw. iterativen Prozeß, in dem sie wiederholt durchlaufen werden können. Insbesondere die Früherkennung ist dabei als eine Daueraufgabe zu verstehen.

Identifikation

Die Aufgabe grenzt an das Unmögliche: Das Radar dreht sich, es soll heranziehende Objekte frühzeitig erkennen. Doch es ist nicht klar, was für eine Art Objekt sich nähert, ja, es steht nicht einmal fest, ob sich überhaupt eines nähert, über die Richtung ist selbstverständlich auch nichts bekannt. Sicher ist eigentlich nur, daß Objekt X das Radar sehr tief und bodennah unterfliegen wird oder über einen hervorragenden Tarnmechanismus verfügt, der es für normale Radarwellen unsichtbar macht.

Das Radar sind unsere derzeitigen, üblichen Wahrnehmungsraster und Denkschablonen. Sie gilt es zu verändern, zu erweitern und zu ergänzen.

Phantasie und Intuition sind hierbei durchaus gefragt, aber auch eine systematische Analyse von Möglichkeiten.

Potentielle Wild Cards können auf verschiedene Weise gefunden werden. Am naheliegendsten ist es, sie durch die üblichen Kreativmethoden – Workshops, Brainstormings – zu ermitteln. Fragen wie »Was könnte Sie überraschen?« oder »Was könnte den Markt völlig durcheinanderbringen?« bieten dabei einen guten Ausgangspunkt. Ebenso nützlich ist es, ganz selbstverständliche, stillschweigende Annahmen zur Debatte zu stellen. Auch durch die Befragungen von Experten können Wild Cards ermittelt werden. Allerdings ist hierbei die Auswahl der Experten ein kritischer Punkt. Schließlich wird eine sehr hohe Aufgeschlossenheit der Befragten gegenüber unkonventionellen Gedankengängen vorausgesetzt, die nicht immer gegeben sein mag. Eine weitere Option besteht darin, historische Analogien zu nutzen, ähnliche Situationen auszuwerten, danach zu fragen, welche Ereignisse oder Entwicklungen damals die vorgedachten Zukunftsbilder und Pläne über den Haufen geworfen haben und analoge Ereignisse für die heutige Situation zu konstruieren. Unter Umständen kann es auch sinnvoll sein, sich an Personen zu wenden, die sozusagen berufsmäßig mit dem Ungewöhnlichen umgehen. Sciencefiction-Autoren und SF-Filmemacher haben es sich häufig zum Ziel gesetzt, möglichst originelle, unwahrscheinliche oder ungewöhnliche (oft auch absurde!) Ideen vorzubringen. In ihrer Suche nach dem dramatischen Moment, dem Abenteuer, loten sie oft Anwendungschancen und Mißbrauchsrisiken von Technologien und gesellschaftliche (Fehl-) Entwicklungen aus. Künstlern wird im allgemeinen ein gutes Sensorium für gesellschaftliche Veränderungen nachgesagt; daher kann es sich lohnen, sich Anregungen aus dem Besuch von Ausstellungen und dem Gespräch mit Malern oder Theaterleuten zu holen. Oft läßt sich, was Künstler als Metapher, Parabel oder Allegorie meinen, in einer sinnfälligen Weise deuten oder uminterpretieren.

Identifikation von Wild Cards

- Expertenbefragungen
- Brainstormings
- Screening von Publikationen und Webrecherchen
- Historische Analogiebildung
- Auswertung von Science-fiction
- Trendscouting in Kunst und Kultur

Sobald man erst den richtigen Zugang zum Sammeln von Wild Cards gewonnen hat, wird die schiere Fülle der Eventualitäten zum Problem. Wild Cards lassen sich inhaltlich nicht auf einen Nenner bringen, sie können im Prinzip aus jedem Bereich stammen – man kann aber nie jegliche Eventualität berücksichtigen!

Was also ist das angemessene Set an Wild Cards für eine Aufgabenstellung, eine Untersuchung? Wie ermittelt man die »richtigen«, relevanten Wild Cards? Die Kunst bei der Auswahl besteht darin, eine möglichst breite Klasse von Diskontinuitäten abzudecken. Die einzelne Wild Card fungiert dann als Repräsentant für eine Gruppe von Störereignissen mit ähnlicher Wirkung. So kann »Durchbruch bei der Kalten Kernfusion« stellvertretend auch für andere neuartige, billige und dezentrale Energietechnologien stehen.

Allgemeingültige Kriterien für die Auswahl geeigneter Wild Cards gibt es nicht. Jedoch lassen sich einige grobe Erfahrungsregeln benennen. In unseren eigenen Szenario-Studien hat es sich gezeigt, daß es angebracht ist, eine größere Anzahl – zehn oder mehr – Wild Cards zu berücksichtigen, die möglichst unterschiedliche Themenbereiche abdecken sollten. Dabei sollten einige Wild Cards unmittelbar oder mittelbar den inhaltlichen Zentralbereich der Studie betreffen – bei einer Studie über die Zukunft der Telekommunikation also käme beispielsweise eine Elektrosmog-Panik in Frage, ein Zusammenbruch der Kryptographie oder ein plötzlicher Marktdurchbruch mobiler digitaler Zahlungssysteme. Eine weitere Gruppe von Wild Cards sollte die Rahmenbedingungen betreffen, also wirtschaftliche oder gesellschaftliche Eckdaten, die stillschweigend vorausgesetzt wurden. Bei der Studie über die Zukunft der Telekommunikation wären, um im Beispiel zu bleiben, etwa ein Auseinanderfallen der Europäischen Union mit einer nachfolgenden Marktfragmentierung oder eine Nachhaltigkeitsrevolution mit veränderten Lebensstilen zu berücksichtigen. Ein wenig methodisch kontrollierte Kühnheit ist dabei durchaus angeraten. Es ist auch an Wild Cards zu denken, die nach herkömmlicher Auffassung an der Grenze des gerade noch Möglichen oder sogar jenseits derselben liegen: Eines Tages erhalten wir telepathische Signale von Außerirdischen – Telekommunikation der Dritten Art.

Bewertung

Schon bei der Identifikation bzw. Suche nach Wild Cards müssen Wahrscheinlichkeit und Wirkung zumindest grob qualitativ abgeschätzt werden: Lohnt es sich, der betreffenden Idee weiter nachzugehen? Die eigentliche Bewertung einschließlich einer Folgenabschätzung bildet jedoch einen eigenen Arbeitsschritt, für den die unterschiedlichsten methodischen Instrumente, beispielsweise entlehnt aus der Technikfolgenabschätzung oder dem Risk Assessment, in Frage kommen. In Szenario-Prozessen geschieht diese Bewertung während der sog. Störereignisanalyse (siehe weiter hinten).

Insbesondere ist zu fragen:

- Worin besteht das Störereignis?
- Wie hoch ist – grob geschätzt – die Eintrittswahrscheinlichkeit?
  Neben subjektiven, qualitativen Bewertungen etwa »höchstens einmal in hundert Jahren« kommt hier auch der Vergleich mit ähnlichen Geschehnissen als Orientierungsmaßstab in Frage.
- Ist praktisch sofort oder schon sehr bald mit einem Eintreten zu rechnen, oder müssen dafür erst gewisse Voraussetzungen gegeben sein?
  In dieser Fragestellung ist ein Ansatzpunkt für ein eventuelles Frühwarnsystem zu sehen.
- Wer ist primär betroffen – welche Personengruppen oder Branchen, welche geographischen Regionen etc.?
- Welche unmittelbaren und welche mittelbaren Wirkungen auf die Gesellschaft als Ganzes, auf einzelne Branchen werden ausgelöst?
- Mit welcher Dynamik könnten sich die Wirkungen entfalten – langsam und zeitversetzt oder praktisch augenblicklich?

In der Regel ist die Bewertung eine komplexe Aufgabe, die Fachwissen aus unterschiedlichen Bereichen und damit ein hohes Maß an Interdisziplinarität erfordert. Grundsätzlich gilt: »You have never enough data.« Da es sich bei Wild Cards typischerweise um präzedenzlose Geschehnisse handelt, können noch keine Erfahrungswerte über Wahrscheinlichkeiten und Wirkungen vorliegen. Analogiebildungen, die Betrachtung ähnlicher Ereignisse, helfen nur bedingt. – Beispiel Elektrosmog-Panik. Womit könnte diese verglichen werden? Mit den Reaktionen der Öffentlichkeit auf, sagen wir, die Reaktorkatastrophe von Tschernobyl? Mit dem Verbraucherverhalten nach den jüngsten Lebensmittelskandalen? Eine Hypothesenbildung ist unumgänglich. Für einen rationalen Umgang mit Wild Cards ist es unerläßlich, daß die Hypothesen, die Prämissen für die Bewertung und auch die Ungewißheiten in der Bewertung transparent gemacht werden.

Vorsorge

Ziel des Wild Card Managements ist die Vorsorge: Im Falle eines Falles will man vorbereitet sein, sei es, um die Gunst der Stunde zu ergreifen, sei es, um Gefahren abzuwehren. Die möglichen Maßnahmen sind freilich so vielgestaltig wie die Wild Cards selbst.

Aus der Sicht eines Unternehmens ist es zuerst einmal wichtig, potentielle Gefährdungen und potentielle Chancen zu erkennen. In einfacheren Fällen genügt es dann, sich rechtlich oder finanziell abzusichern. Wild Cards zeichnen sich jedoch in der Regel dadurch aus, daß die üblichen finanziellen, rechtlichen bzw. versicherungsmäßigen Vorsorgemechanismen nicht greifen. Manche Eventualitäten – »fatale Wild Cards« – übersteigen auch einfach das Maß der Vorsorge, die für einzelne Personen oder einzelne Unternehmen möglich ist. Bei Kriegen oder großen, nicht versicherbaren Naturkatastrophen kann die gesamte Geschäftsgrundlage über Nacht wegfallen.

Zu den typischen Handlungsoptionen für Unternehmen zählen:

- eine Anpassung des Produktportfolios, z. B. wenn mit plötzlichen Veränderungen im Konsumverhalten gerechnet werden muß (Wild Cards vom Typ »Vegetarische Revolution«)
- die Stärkung der Flexibilität und Lernfähigkeit der Unternehmensorganisation (was sich insbesondere bei überraschenden Innovationen auszahlt)
- die Entwicklung von Aktionsplänen auf Vorrat (ähnlich den Plänen für industrielle Störfälle)
- die Etablierung bzw. der Ausbau eines Systems für Umfeld-Monitoring und Frühwarnung

Selbstverständlich müssen all diese Maßnahmen nicht nur mit einem vertretbaren Aufwand realisierbar sein. Sie sollten auch dann sinnvoll bleiben, wenn die ins Auge gefaßten Wild Cards nicht eintreten.

Frühwarnung

Eine systematische Umfeldbeobachtung zählt heute in vielen Unternehmen zu den alltäglichen Aufgaben von Strategie- oder Marktforschungsabteilungen. Darüber hinaus ist die Früherkennung von existenzgefährdenden Entwicklungen für mittlere und größere Unternehmen im Rahmen des KonTraG (Gesetz zur Kontrolle und Transparenz im Unternehmensbereich vom Mai 1998) vorgeschrieben. Doch sowohl das Monitoring als auch die Überwachungssysteme gemäß KonTraG nutzen in der Regel feste Systematiken und Kategorien, nach denen Daten gesammelt und ausgewertet werden. Wie könnte es auch anders sein. Wild Cards sind im Netz dieser Kategorien jedoch höchstens per Zufall zu fangen – etwa wenn eine Auffälligkeit beispielsweise im Konsumentenverhalten Anlaß zu weiteren Recherchen gibt.

Sind Wild Cards erst einmal identifiziert, existiert zumindest ein begriffliches Suchraster oder – um im Bild zu bleiben – ein spezielles Schleppnetz für die exotischen Fische außerhalb des üblichen Fanges. Das Problem ist damit jedoch nicht gelöst. Wie erkennt man, daß das Störereignis naht, also wahrscheinlicher wird? Bestimmte Indikatoren könnten darauf hinweisen. In der kybernetisch angehauchten Terminologie von Zukunfts- und Risikoforschung sind diese Indikatoren »schwache Signale«. Charakteristischerweise werden sie vom Hintergrundrauschen der anderen, stärkeren Signale verdeckt. Wie schwierig es ist, schwache Signale aus dem Rauschen herauszufiltern, zeigt das Beispiel neuartiger Infektionskrankheiten und einer möglichen weltweiten Epidemie (Wild Card »Die neue Pest«). Die WHO betreibt hier seit Jahren ein spezifisches, gut ausgestattetes Frühwarnsystem, die »Global Infectious Disease Surveillance«. Pro Tag gibt es im Internet etwa 2 000 Berichte von neuen lokalen Epidemien. Diese müssen überprüft, beschrieben und hinsichtlich der Übertragungswege und Infektionsquellen untersucht werden. In der Regel sind dann etwa acht bis zehn Epidemien pro Tag verifizierbar. Ob sich unter diesen ein völlig neuer Erreger befindet, stellt sich jedoch erst nach weiterführenden Analysen heraus, die ihrerseits einiger Zeit bedürfen. Das Frühwarnsystem arbeitet, und zwar nicht einmal schlecht, doch bis es den Wust der Signale gefiltert hat, kann es bereits zu spät sein. Und letztlich weiß man immer erst im Nachhinein, ob man wirklich das richtige schwache Signal herausgefiltert hat.

Schwache Signale können per se statistisch nicht signifikant sein, denn für sie existiert noch keine definierte Grundgesamtheit. Deutlich wurde dieses Manko einer rein statistischen Herangehensweise an der Flutkatastrophe vom August 2002. Während die Zeitungen titelten »Ist das die Klimakatastrophe?«, hielten einige Meteorologen tapfer dagegen. Große Wetterkatastrophen habe es schon immer und immer wieder gegeben, die Unwetter und Überschwemmungen hätten zwar ein katastrophales Ausmaß, aber daraus lasse sich statistisch noch lange nichts ableiten. Die auffälligen Wetterkapriolen der letzten Jahre könnten genausogut in die Muster des üblichen Wettergeschehens passen, wissenschaftlich lasse sich da nichts belegen. Damit hatten sie durchaus recht. Aus der engen Sicht der einen Disziplin macht eine Häufung von Großereignissen noch keinen Klimawandel. Statistisch signifikant für eine Änderung des Wettergeschehens (mit dem üblichen Signifikanzniveau von 95 Prozent) wäre es wohl erst, wenn über ca. zwanzig Jahre hinweg immer wieder solche Katastrophen aufträten.

Politisch ergibt sich daraus ein Dilemma: Der Handlungsdruck ist in einem Augenblick da, wo sich wissenschaftlich noch nichts beweisen läßt. Und wenn die Wissenschaft endlich alle Fakten sauber sortiert und bewertet hat, ist es für eine Vorsorge zu spät.

Allerdings gestehen selbst die zitierten Meteorologen zu, daß es in jüngster Zeit lokal unverhältnismäßig viele »Wetterrekorde« gegeben hat, doch diese erfaßt die übliche Statistik nicht. Nimmt man die »Wetterrekorde« – orkanartige Stürme auch im Gebirge, unerhörte Wasserstände, nie dagewesene Regenmengen – als schwaches Signal, ergibt sich ein anderes Bild, hat man ein Indiz für die Veränderung. Dies ist nur eben noch kein Raster, noch kein neues wissenschaftlich abgesichertes, empirisches Erfassungsmuster. Sobald dieses einmal etabliert ist, können wir die Angelegenheit wieder den Meteorologen überlassen.

Häufiger noch als Hintergrundrauschen und Defizite der Statistik verhindert die Verdrängung eine erfolgreiche Frühwarnung: Wir wollen uns unser heiles Bild von Zukunftschancen nicht zerstören lassen. Typischerweise erheben sich bei technischen Innovationen oft schon vor der Markteinführung lautstark mahnende Stimmen. In der Regel läßt sich ein Großteil davon als kulturpessimistische Voreingenommenheit entlarven. Diese Stimmen bilden das störende Hintergrundrauschen, das die schwachen Signale – Warnungen vor tatsächlichen massiven Gefahren – überdeckt. Nichts fällt leichter, als auch diese ernstzunehmenden Warnungen mit in den kulturpessimistischen Sack zu stecken. Das schlagendste Beispiel für die Verleugnung realer Gefahren ist der Umgang der britischen Behörden mit BSE, nachdem um 1986 klar wurde, daß die Krankheit von Rindern auf Menschen übertragen werden kann. Aus Furcht vor wirtschaftlichen Schäden für die britische Landwirtschaft wurden die Befürchtungen so lange wie möglich geheim gehalten.[6]

Ansätze zu einer Systematik

Überraschungen können von überall her kommen. Wild Cards sind so vielfältig wie die Wechselfälle des Lebens. Sie entziehen sich daher einer erschöpfenden Systematisierung. Allenfalls lassen sich wichtige Kategorien von Wild Cards benennen und hinsichtlich ihrer Wirkungsmächtigkeit und des Grads ihrer Wahrscheinlichkeit bzw. Unwahrscheinlichkeit charakterisieren.

Typische Kategorien von Wild Cards

Naturkatastrophen

Wer über Wild Cards spricht, denkt zuerst an große Katastrophen, speziell Naturkatastrophen wie Erdbeben und Überschwemmungen, Vulkanausbrüche, Orkane und Waldbrände, aber auch Dürren und durch sie ausgelöste Hungersnöte, oder das plötzliche Aufflammen von Epidemien. Abgesehen von Desastern extremen Ausmaßes wie der Sommerflut vom August 2002 sind wir es mehr oder weniger gewohnt, mit diesen Katastrophen zu leben und mit ihnen umzugehen. Überspitzt formuliert: Das, wogegen man sich versichern kann, stellt nur sehr bedingt eine Wild Card dar. Neben den üblichen Verdächtigen, den gewohnten Desastern sind auch weitaus exotischere Eventualitäten ins Auge zu fassen: Die Klimakatastrophe könnte beispielsweise eine Verschiebung des Golfstromes und damit kältere Temperaturen in Europa nach sich ziehen. Das Erdmagnetfeld könnte sich abschwächen oder sogar umpolen. Und ausnahmsweise könnte nicht der aus diversen Hollywood-Streifen bekannte große Asteroid die Erde bedrohen, sondern einer mittleren Kalibers.

Innovationen und ihre Folgen

Nichts ist eine so konstante Quelle von kleineren und größeren Zukunftsbeben wie der wissenschaftlich-technische Fortschritt. »Inventing the future« nannte einst der Physiker und Schöpfer des Lasers Dennis

Gabor sein Buch über Zukunftsperspektiven. Und tatsächlich wird Zukunft buchstäblich erfunden, in Forschungsinstituten und in den Labors der Unternehmen. »Innovate or perish« lautet das Motto für die Wirtschaft. Die Märkte sind gesättigt, nur durch neue Produkte kann man noch Marktanteile erobern oder im Wettbewerb verteidigen. Schon deshalb werden wir unablässig mit völlig neuen oder verbesserten Produkten konfrontiert.

Vieles, das früher für unmöglich gehalten wurde, gehört heute zu unserem Alltag und hat diesen – im Vergleich zum Alltag unserer Vorfahren – tiefgreifend verändert. Weder Gottlieb Daimler noch Karl Benz haben daran gedacht, daß der Automobilverkehr dereinst einmal die Struktur der Städte und Landschaften bestimmen würde. Thomas Alva Edison konnte nicht ahnen, daß der elektrische Strom über die Elektrifizierung der Haushalte zur Emanzipation der Frauen beitragen würde. Und allenfalls einige wenige Kernphysiker hatten wie Leo Szilard eine vage Vorstellung davon, welchen Dämon sie mit dem Bau der Atombombe aus der Flasche lassen würden.

Vor allem die unbeabsichtigten Folgen von Innovationen treten uns als Wild Card gegenüber, sei es als »Killer-Applikationen« wie der Rundfunk in den zwanziger Jahren oder unlängst SMS oder als technisch-industrielle Risiken. Häufig werden die Folgen – speziell die Gefahren – nur nach langen Latenzphasen sichtbar, und Gegenmaßnahmen werden erst mit weiterer Verzögerung ergriffen. Die Beispiele aus dem Bereich der spät erkannten und noch später bekämpften Gesundheits- und Umweltschäden durch Substanzen wie DDT, Asbest, FCKW sind Legion.

Ursprünglich trachtete der Mensch danach, die Gefahren, die von den übermächtigen Naturkräften ausgingen, abzuwehren. Heute steht die Menschheit vor der Herausforderung, die von ihr selbst erzeugten Fortschrittsfolgen zu beherrschen. Tendenziell wandelt sich sogar der Charakter der Naturkatastrophen; diese werden mehr und mehr durch menschliches Handeln heraufbeschworen oder verschärft.

Gesellschaftliche Umwälzungen

Politische und soziale Veränderungen sind vielleicht die am meisten unterschätzten Wild Cards, wohl deshalb, weil wir in Mitteleuropa auf eine lange Periode des Friedens und eines eher evolutionären Zusammenwachsens von Völkern und Staaten zurückschauen können. Doch Ereignisse wie die Studentenunruhen von 1968 und der durch sie ausgelöste politisch-kulturelle Wandel oder die Freiheitsrevolutionen von 1989/90 haben tiefgreifende Zukunftsbeben bewirkt. Ähnlich tiefgreifende Wild Cards sind im Zusammenhang mit der europäischen Integration zu erwarten. Allein die Osterweiterung der EU erzwingt einen institutionellen Wandel, dessen Ausgang und Folgen ungewiß sind.

Regierungsumstürze, Revolutionen und Kriege sind zweifelsohne die markantesten politischen Wild Cards. Doch auch mit dem Auftreten charismatischer Persönlichkeiten ist zu rechnen, die – wie einst Gorbatschow – die Zeichen der Zeit erkennen und als Katalysatoren für Veränderungen wirken. Oft greifen derartige Persönlichkeiten oder die gesellschaftlichen Kräfte, die hinter ihnen stehen, bewußt oder unbewußt auf das Prinzip der sich selbst erfüllenden Prognosen zurück, um den Wandel voranzutreiben. Auf ähnliche Weise können Negativprognosen Panik und Hysterie anheizen, beispielsweise an der Börse.

Politische Prophezeihungen sind immer als Auslöser von Zukunftsbeben gedacht; sie sollen das, vor dem sie warnen, verhindern, das, was sie als Wunschbild ausmalen, wahrscheinlicher machen. Massenpsychologie ist der Schlüssel zu gesellschaftlichen Wild Cards, Prophezeihungen, gleich welcher Art, können ihr Motor sein, und die Medien sind ihr Transmissionsriemen.

Dimensionen von Wild Cards

Manche Wild Cards treffen wie die Folgen des globalen Klimawandels die gesamte Menschheit, andere hinterlassen nur regional oder nur bei bestimmten Branchen ihre Spuren. Daher bietet es sich an, Wild Cards nach ihrer Reichweite zu unterscheiden: auf der Makroebene globale oder auch nationale Wild Cards, auf einer mittleren Ebene regionale oder sektorale Wild Cards und auf einer Mikroebene Wild Cards, die lediglich eine Person oder eine kleine Gruppe betreffen. Mit derartigen »Mikro-Wild Cards« werden wir praktisch täglich konfrontiert; es handelt sich um unvorhersehbare und unplanbare private Ereignisse wie Unfälle, Krankheit oder Tod, oder auch um plötzliche Beförderungen oder Entlassungen – oder um die große Liebe, die einem über den Weg läuft. Man kann sogar argumentieren, daß jedes einzelne menschliche Individuum das Produkt zahlloser Wild Cards im Leben seiner Vorfahren ist.

Im Gegensatz zu den »Mikro-Wild Cards«, die für Firmen allenfalls von Interesse sind, wenn sie die Managementspitze durcheinanderwirbeln, erschüttern die »mittleren« Wild Cards fast ständig das Unternehmensumfeld: unerwartete regulatorische Eingriffe des Gesetzgebers, strategische Schachzüge der Wettbewerber, Innovationen, Änderungen im Konsumentenverhalten, Preissprünge auf den Rohstoffmärkten, Pannen und Störfälle, Rückrufaktionen, Übernahmen ... In der Regel sind Unternehmen auf diese alltäglichen Störungen des üblichen Geschäftsganges vorbereitet, nicht jedoch auf die »Makro-Wild Cards«: Der Ost-West-Konflikt ist glücklich überwunden – und die gesamte Wehrtechnikbranche wird bös überrascht und muß sich umorientieren. Genauso wie sich schwere Erdbeben seltener ereignen als weniger schwere, sind »Makro-Wild Cards« weniger häufig als nicht so folgenreiche.

Wichtiger als die bloße Unterscheidung großer und weniger großer Wild Cards ist jedoch die Frage danach, ob ihre Folgen noch zu beherrschen sind oder sich jeglicher Kontrolle entziehen. Vor allem globale Wild Cards nehmen bisweilen eine geradezu fatale Dimension an, sie sind »too-big wild cards«[7]: Ein Asteroid stürzt auf die Erde und löscht die gesamte Menschheit aus. Allenfalls können große Staaten mit ihren langfristigen Raumforschungs- und Raumfahrtprogrammen hier Vorsorge treffen; für die unternehmerische Strategiebildung sind solche fatalen Wild Cards irrelevant.

Abstufungen der Unwahrscheinlichkeit

Alle Wild Cards sind per definitionem unwahrscheinlich, manche hochgradig, manche weniger, und manche sind lediglich nicht sehr wahrscheinlich – je nach unserer Einschätzung. Psychologisch ist eine andere Unterscheidung mindestens ebenso wichtig: die von plausiblen und nicht plausiblen Wild Cards. Manche Wild Cards passen, obwohl wir sie für ziemlich unwahrscheinlich halten, recht gut in unser Weltbild. Andere Wild Cards sind nicht plausibel: Wie sollte es geschehen, daß sich die Frauen in Deutschland wieder an den Herd verbannen lassen (Wild Card »Rückkehr zu Kindern, Küche und Kirche«)? Sämtliche Frauen würden Widerstand leisten ... – Derartige Wild Cards wenden sich gegen unsere Intuition, ja, gegen den gesunden Menschenverstand, ohne jedoch absolut unmöglich zu sein. Von einer methodischen Perspektive aus gesehen, mag es häufig sinnvoll sein, auch dem Anschein nach »unmögliche« Wild Cards zu berücksichtigen. Vielleicht öffnen sie den Blick auf andere, näher liegende Eventualitäten? Und wer wagt zu behaupten, was wirklich absolut unmöglich ist?

Allerdings sollte man auch innerhalb des Unmöglichen feine Unterscheidungen anbringen. Reisen mit Überlichtgeschwindigkeit beispielsweise sind auf eine andere Weise unmöglich als, sagen wir, massenhafte Touristenreisen auf den Mond. »Schneller als das Licht« steht für Unmöglichkeiten, die in die Struktur der Realität eingeschrieben sind, für etwas, das die Naturgesetze verbieten. Gleichgültig, wie weit die Physik in Zukunft noch voranschreiten wird, den Traum, wie das Raumschiff Enterprise durch die Galaxis zu rasen, müssen wir uns abschminken.

Ganz anders steht es um die kontrollierte Kernfusion, um die sich die Physiker seit etwa vierzig Jahren bemühen. Auf der Erde Verhältnisse wie im Inneren der Sonne herzustellen und mehr als winzigste Sekundenbruchteile aufrecht zu erhalten, hat sich trotz aufwendigster Großexperimente bislang als unmöglich erwiesen. Doch ist dies eine praktische, eine technische Unmöglichkeit. Vielleicht gelingt ja doch in den nächsten vierzig Jahren der große Durchbruch.

Was wir für unmöglich und für wie unmöglich halten, ist stets an unseren aktuellen Wissensstand gebunden. Dieser mag sich ändern, auch wenn er, wie die Geschichte der Wissenschaften zeigt, nicht beliebig revidierbar ist, da der neue Wissensstand, der den alten überholt, doch auf diesem aufbaut. Was aus Sicht der heutigen Technik als ein absolutes Luftschloß erscheint, kann morgen in den Bereich des Machbaren rücken – oder eben Luftschloß bleiben. Genau dies verleiht manchen Wild Cards einen so irritierenden Charakter; sie sind im Grenzland zwischen Möglichkeit und Unmöglichkeit angesiedelt.

Wild Cards, Chaos und Risiko

Im Jahr 1814 brachte der Mathematiker Pierre Simon de Laplace in seinem »Philosophischen Versuch über die Wahrscheinlichkeit« das deterministische Weltbild der Mechanik auf den Punkt: »Eine Intelligenz, welche für einen gegebenen Augenblick alle in der Natur wirkenden Kräfte sowie die gegenseitige Lage der sie zusammensetzenden Elemente kennte, und überdies umfassend genug wäre, um diese gegebenen Größen der Analysis zu unterwerfen, würde in derselben Formel die Bewegungen der größten Weltkörper wie des leichtesten Atoms umschließen; nichts würde ihr ungewiß sein und Zukunft wie Vergangenheit würden ihr offen vor Augen liegen.«[8] Tatsächlich gäbe es in der Laplaceschen Uhrwerk-Welt keine Unsicherheit und Ungewißheit, keine Überraschungen und keine Wild Cards, abgesehen von solchen, die auf unser unzureichendes Wissen – über die Kräfte der Natur und die Lage der Körper – und unsere unzureichenden analytischen Fähigkeiten zurückzuführen sind. Die Realität ist freilich anders beschaffen; nicht allein Defizite des menschlichen Geistes sorgen dafür, daß wir immer wieder von Umbrüchen, Katastrophen und anderen Diskontinuitäten überrascht werden. Seit Laplace hat die Wissenschaft erkannt, daß sich das Unvorhersagbare auch in mathematisch gut beschreibbaren Systemen eingenistet hat. Nach der Chaostheorie können selbst bei einfachen mechanischen Systemen, vorausgesetzt, sie sind nichtlinear, allerkleinste Veränderungen in der Anfangsposition völlig unterschiedliche Bewegungen hervorrufen. Das geschieht beispielsweise schon bei einem Doppelpendel.

Der Klimaforscher E. N. Lorenz entdeckte dieses fast willkürlich anmutende Verhalten Anfang der sechziger Jahre anhand einer einfachen mathematischen Gleichung von der Art, wie sie in Wettervorhersage-Modelle eingehen. Er fand ein Bild dafür: Schmetterlingseffekt. Im Prinzip könne bereits der Flügelschlag eines Schmetterlings im Amazonasbecken Wochen später zu einem Sturmtief über dem Indischen Ozean führen. Wärmt sich der Schmetterling eine Sekunde länger ruhig im Sonnenschein, fällt das Sturmtief aus. Das Bild des Schmetterlingseffektes, so poetisch es sein mag, hat allerdings den Nachteil, den Blick auf eine einzige Kausalkette zu verengen, während das gesamte Kausalnetz – alle Anfangsbedingungen und Parameter – berücksichtigt werden muß. Es gibt eben viele Schmetterlinge, und nicht jeder Flügelschlag bewirkt etwas. Wenn wir wenigstens von vornherein wüßten, welchen Schmetterling wir beobachten müssen!

Gemäß der Chaostheorie können sich in den nichtlinearen Systemen von Natur und Gesellschaft langsam und allmählich Umbrüche zusammenbrauen – bis sie dann schlagartig mit sehr raschen Veränderungen in einigen Variablen oder Teilsystemen zutage treten. Bezeichnenderweise sprechen auch die sonst so nüchternen Mathematiker hier von »Katastrophen«.

Schleichende Katastrophen

Nicht nur beim Wetter, auch bei gesellschaftlichen Prozessen bleiben uns die Vorboten von Trend- und Strukturbrüchen oft weitgehend verborgen, sei es, weil sie sich prinzipiell schlecht beobachten lassen, sei es, weil sie nicht die öffentliche oder wissenschaftliche Aufmerksamkeit auf sich gezogen haben. Im Gegensatz zu akuten katastrophenhaften Geschehnissen handelt es sich in der Terminologie von Carl Böhret bei diesen langsamen, unbeobachteten Prozessen in der Latenzphase von Wild Cards um »schleichende Katastrophen«.[9]

Der Begriff der schleichenden Katastrophe wurde offensichtlich mit Blick auf Umweltschäden, die sich allmählich akkumulieren, geprägt. Er paßt jedoch auch auf mehr oder weniger stillschweigend ablaufende soziale Prozesse mit hohem negativen Überraschungspotential wie etwa einen unterschwellig anwachsenden Rechtsradikalismus oder auf unbemerkt bleibende oder nicht prognostizierbare Negativfolgen von Innovationen. Aber auch aus gut sichtbaren, völlig alltäglichen Trends – wie der beständigen Zunahme des Lastverkehrs auf den Straßen – können Wild Cards erwachsen, wenn diese an ihre Grenzen stoßen. Mehr als noch eine Verdopplung des Verkehrs werden unsere Straßen nicht fassen. Spätestens dann sind neue Lösungen gefragt. Aber welche? LKW-Konvoiverkehr? Neue Verkehrssysteme wie etwa Güter-Luftverkehr per Cargolifter? Oder etwas, woran heute allenfalls die Exoten unter den Experten denken? Der Trendbruch ist jedenfalls absehbar.

Schleichende Katastrophen bahnen sich in komplexen Systemen an. Schon daher resultieren sie in der Regel aus einem Wechselspiel vielfältiger, miteinander vernetzter Ursachen. Für die Wissenschaft ist es häufig schon schwierig, diese Ursachen genau dingfest zu machen – wie die Beispiele der neuartigen Waldschäden in den siebziger und achtziger Jahren oder eben des Rechtsradikalismus belegen. Noch schwieriger aber ist es, das komplexe Wirkungsgefüge zu erfassen. Gerade dies aber wäre notwendig, wenn man einigermaßen verläßliche Prognosen machen wollte.

Da die Ursachen der schleichenden Katastrophen wenigstens teilweise unbekannt, ihre Kausalitäten kompliziert und vernetzt sind und ihre Wirkungen verzögert (zeitversetzt) eintreten, greifen bei ihnen die Instrumentarien der Folgenabschätzung oder auch des Risk Assessment nur bedingt. Schleichende Katastrophen münden daher in Ereignisse, die quasi über Nacht eintreten, bei den Betroffenen Verwirrung erzeugen und für Entscheidungsträger ein ernsthaftes Problem darstellen – eben Wild Cards.

Selbst wenn hinreichend schwache Signale auf eine schleichende Katastrophe hindeuten, können sie für eine Zeitlang auf eine relativ hohe soziale Akzeptanz stoßen: Ihre Folgen sind entweder nicht bekannt oder umstritten, die Experten debattieren, die Politiker berufen sich auf den unzureichenden Forschungsstand, und die Öffentlichkeit gewöhnt sich mit der Zeit an die sich wiederholenden schlechten Nachrichten. Akzeptanz bedeutet, daß das politische System nicht zu Reaktionen, Vorsorge oder Schadenseindämmung, gezwungen ist und sich nicht systematisch mit dem Problem auseinandersetzt. Wie die Öffentlichkeit neigen politische Entscheidungsträger dazu, schleichende Katastrophen über eine lange Zeit unterzubewerten. Sobald jedoch die Wild Card eintritt, die schleichende Katastrophe in akute Katastrophenzustände umschlägt, verfällt man in Hektik, wenn nicht Panik. Die Medien schreien nach sofortigen, durchgreifenden Maßnahmen, die politischen Akteure müssen handeln, obwohl keineswegs klar ist, worin die beste Reaktion besteht. Fast notwendigerweise kommt es zu Überreaktionen, die nicht auf die komplexen, realen Ursachen zielen und oft genug als rein symbolische Politik einzuordnen sind.

Wild Cards zeichnen sich also dadurch aus, daß sie Entscheidungsträger aus Politik oder Wirtschaft entweder als Ergebnis einer schleichenden Katastrophe oder in ähnlicher Weise überraschen und daher unsystematische, nicht adäquate und symbolische Reaktionen provozieren – wie etwa bei der verspäteten Hektik um das Jahr-2000-Computerproblem. Nun ist es ausgeschlossen, sich auf jede mögliche Wild Card vorzubereiten. Aber die Diskussion von Wild Cards im Rahmen von Entscheidungs- oder Beratungsprozessen, ihre Einbeziehung in Zukunftsstudien oder Planspiele kann helfen, das Überraschungsmoment beim Eintreten einer realen Wild

Card zu vermindern, das Spektrum möglicher Reaktionen auszuweiten und Maßnahmenpläne für Eventualitäten zu entwickeln.

In mancher Beziehung bildet das Konzept der Wild Cards ein qualitatives Gegenstück zum quantitativen Chaos-Begriff in der Theorie dynamischer Systeme. Wie chaotisches Systemverhalten sind Wild Cards das Ergebnis von Nichtlinearitäten: Trends verstärken sich gegenseitig bis zum Knalleffekt, ein Ereignis löst in einer Kettenreaktion weitere aus. Selbst Prophezeihungen, Prognosen, Hochrechnungen sind Teil des Systems, puschen die Entwicklung voran oder verzögern sie, führen sich selbst ad absurdum oder bewahrheiten sich, weil alle an sie glauben. In der Chaostheorie spricht man von Bifurkation, wenn sich die Evolution des Systems in divergierende Pfade aufgabelt. Wild Cards markieren solche Aufgabelungspunkte, den Beginn neuer Entwicklungsverläufe. Das alte Gleichgewicht ist gestört und wird verlassen, wohin aber die Entwicklung geht, bleibt ungewiß. Chaos und Wild Cards setzen sowohl der Prognose als auch der Planung Grenzen.

Eine Schlußfolgerung aus der Chaostheorie ist, daß sich komplexe, nichtlineare Systeme kontra-intuitiv verhalten können – sozusagen gegen den gesunden Menschenverstand. Ursache und Wirkung stehen in einem dem Augenschein nach schreienden Mißverhältnis, Eingriffe erzeugen nicht den gewünschten Effekt, sondern womöglich genau das Gegenteil. Eine Grundregel für den Umgang mit Wild Cards lautet daher, sich nicht auf das erfahrungsgemäß Einleuchtende zu verlassen, sondern kontra-intuitives Systemverhalten zu berücksichtigen.

Das Beschleunigungssyndrom als Produzent von Wild Cards

Kann es sein, daß die heutige Zeit anfälliger für Wild Cards ist als frühere? Sie wird ja, und dies wohl nicht zu Unrecht, als »Risikogesellschaft« gedeutet.[10] Fakt ist, daß die Anzahl und das Schadensausmaß der Naturkatastrophen zugenommen haben, sich die Konsequenzen des globalen Klimawandels noch gar nicht überblicken lassen und niemand weiß, welche Veränderungen in der irdischen Biosphäre noch auf uns zukommen. Fakt ist auch, daß Innovationen immer schneller auf die Gesellschaft einwirken und den mit ihnen verbundenen industriell-technischen Risiken immer mehr Aufmerksamkeit geschenkt werden muß. Letztlich scheint sich die Welt-Gesellschaft insgesamt in einem präzedenzlosen dynamischen Veränderungsprozeß zu befinden, dessen weiterer Weg in hohem Maße ungewiß ist.

Eine mögliche Quelle für Wild Cards ist das Beschleunigungssyndrom. Je mehr sich technologische, wirtschaftliche, soziale und ökologische Prozesse beschleunigen, desto mehr ist mit Überraschungen zu rechnen: Die »schleichenden« Katastrophen gewinnen an Tempo ...

Innerhalb weniger Jahre – man schätzt etwa fünf – verdoppelt sich das Wissen der Menschheit; entsprechend schnell veraltet es auch. Innovationen folgen immer rascher aufeinander – oft so rasch, daß der geplagte Nutzer ein oder zwei Produktgenerationen überspringt. Betrug die Umsetzungszeit von der Erfindung bis zur Marktreife bei der Dampfmaschine noch ungefähr 85 Jahre, so waren es beim Transistor fünf, und heute werden Innovationszyklen auf ein bis zwei Jahre geschätzt. Triebkräfte für diese Beschleunigung sind der zunehmende globale Wettbewerb und die Verbreitung der Informations- und Kommunikationstechnologie: Unternehmen stehen in einem Wettlauf um die Einführung neuer Produkte, der auch in einem Wettforschen resultiert. Sie stützen sich dabei immer stärker auf globale Forschungsnetzwerke. Innovationen im Verein mit der Globalisierung und zunehmender Mobilität von Menschen und Kapital erzeugen die hohe Dynamik unserer Epoche.

Das Resultat ist unter anderem eine Verkürzung von Zeithorizonten: Die Geschäftsentwicklung in den nächsten Quartalen entscheidet über Wohl und Wehe eines Unternehmens, darüber hinausreichende Strategien gelten häufig als eine Art Luxus. Aber genau wie die Gesellschaft als Ganzes benötigen die Unternehmen längerfristige Strategien, wenn sie sich auf Dauer in einem zunehmend turbulenten Umfeld behaupten wollen. Geradezu als Kontrapunkt zur Beschleunigung ist in dem Zusammenhang in den letzten beiden Jahrzehnten eine nachhaltige oder zukunftsfähige Entwicklung als Herausforderung bzw. notwendige gesellschaftliche Zielstellung erkannt worden.

Wenn sich Wirkungen rasch ausbreiten, verkürzen sich naturgemäß auch die Vorwarnzeiten. Wenigstens bei sozialen und technologischen Wild Cards sinkt die Frist zwischen den ersten schwachen Signalen und dem Eintreten. In gleichem Maße werden die Erfahrungen der Vergangenheit entwertet.

Doch halt. Auch die Beschleunigung hat ihre Grenzen – wie viele Start-Ups erkennen mußten, die in Zeiten des dot.com-Booms auf das immer schnellere Wachsen des Internet-Business setzten. Aber fast genauso häufig, wie das Tempo überschätzt wird, wird es unterschätzt.

Ein systematisches Unterschätzen ist, wie Psychologen nachgewiesen haben, die Regel bei exponentiellem Wachstum.[11] Nehmen wir noch einmal das Beispiel Verkehr: Wenn pro Jahr fünf Prozent mehr Lastkraftwagen über unsere Autobahnen rollen, wird es bereits in 15 und nicht erst in 20 Jahren die doppelte Menge sein. Wird die Kapazität der Autobahn um 30 Prozent erhöht, sei es durch eine vierte Spur oder durch telematische Verkehrssteuerung, wird diese Verdopplung gerade um fünf Jahre hinausgeschoben. Eine wirklich langfristige Lösung ergibt sich so nicht. Beschleunigung heißt hier auch, daß die Prozesse an ihre natürlichen Grenzen stoßen, sie vielleicht sogar kurzfristig überschreiten, was einen nachfolgenden Zusammenbruch hervorruft, der wider besseres Wissen als Wild Card empfunden wird (Verkehrskollaps).

Überschätzung des Tempos ist die Regel bei Innovationen. Man braucht nur einen Blick in ältere Delphi-Studien zur Zukunft von Wissenschaft und Technik zu werfen: Bereits in den 60er Jahren sagten einschlägige Experten voraus, daß in drei Jahrzehnten Kernfusionskraftwerke Strom praktisch zum Nulltarif und im Überfluß spenden würden. In der Deutschen Delphi-Studie von 1998 wird ein vergleichbarer Zeitraum angegeben: Im Schnitt erwarten die Experten den Durchbruch bei der kontrollierten Kernfusion um 2028. UMTS – Mobilfunk der dritten Generation – ist ein weiteres Beispiel. Laut Planung der Mobilfunkunternehmen sollten ursprünglich zu Beginn des Jahres 2002 in Deutschland die UMTS-Netze in Betrieb gehen. Zu diesem Zeitpunkt standen gerade die ersten brauchbaren Prototypen von UMTS-Handys zur Verfügung, und auch der Netzaufbau erwies sich als weitaus schwieriger und kostspieliger als gedacht. Fast möchte man meinen, daß ein wohlwollender gruppenpsychologischer Selbstbetrugsmechanismus dafür sorgt, daß zeitlicher und finanzieller Aufwand bei Innovationen systematisch unterschätzt werden. Wüßte man vorher bereits, wieviel an Kraft und Geld zu investieren ist, ließe man sich entmutigen. Der Weg in die Zukunft ist nicht schlicht mit falschen Prognosen und Planungen gepflastert. Er wird erst durch sie gangbar gemacht.

Risikotypen: Damokles oder Pandora

Wir haben uns mehr oder weniger daran gewöhnt, mit Ungewißheiten, Unsicherheiten und Gefährdungen zu leben. Im täglichen Straßenverkehr oder beim Sport gehen wir Risiken ein, die wir im Betrieb nie auf uns nehmen würden. Die Unternehmen agieren in einem unsicheren und turbulenten Umfeld, von der Politik erwarten wir, daß sie die Risiken durch geeignete Maßnahmen begrenzt, und privat versichern wir uns gegen alles mögliche, und oft gleich doppelt und dreifach.

Wild Cards haben eine andere Qualität als die üblichen, täglichen Risiken. Erstens umfaßt der Wild-Card-Begriff auch positive Überraschungen, nennen wir sie unerwartete oder unbekannte Chancen. Und zweitens entziehen sich Wild Cards den konventionellen Vorsorgeverfahren aus dem Risikomanagement.

Risiken sind Gefahren, die im öffentlichen Bewußtsein verankert und mehr oder weniger sozial akzeptiert sind.[12] Man kann, wenn auch in Grenzen, Eintrittswahrscheinlichkeiten und Schadenshöhen berechnen und verfügt über ein erprobtes Instrumentarium, um das riskante Ereignis weniger wahrscheinlich zu machen oder den zu erwartenden Schaden zu senken.

Wild Cards unterscheiden sich grundsätzlich von den typischen Schadensereignissen des Risikomanagements: Sie sind präzedenzlose, singuläre Geschehnisse, stehen außerhalb der üblichen Systematik. Für sie existiert noch keine Statistik. Folglich kann man ihre Eintrittswahrscheinlichkeit nicht aufgrund früherer vergleichbarer Fälle vorherberechnen. Häufig läßt sich auch das Ausmaß ihrer Wirkungen nur sehr unzureichend bestimmen. Allenfalls Analogiebildungen gestatten einen gewissen Zugang.

Dennoch kann man eine Brücke zur Risikoforschung schlagen. Gerade im Zusammenhang mit globalen Umweltgefahren sind in jüngster Zeit neue Konzepte entwickelt worden, die einen Querbezug erlauben. Für die Bewertung von Risiken werden dabei neben den traditionellen Kriterien

- Eintrittswahrscheinlichkeit
- Schadensausmaß
- Ungewißheit bei der Bewertung von Eintrittswahrscheinlichkeit und Schadensausmaß

weitere Kriterien herangezogen, die auch für die Bewertung von Wild Cards relevant sind:[13]

- Ubiquität (räumliche Verbreitung der Wirkungen)
- Persistenz (zeitliche Dauer der Wirkungen)
- Reversibilität (Möglichkeit, den Schaden zu beheben)
- Zeitverzögerung (Karenz- bzw. Latenzzeit, bis der Schaden eintritt)
- Mobilisierungpotential (soziales Konfliktpotential / politische Bedeutung)

Bei »normalen« Risiken – wie etwa Verkehrsunfällen – halten sich Schadensausmaß und Eintrittswahrscheinlichkeit in Grenzen und lassen sich mit geringer Ungewißheit abschätzen. Räumliche Verbreitung und zeitliche Dauer sind gering, der Schaden tritt sofort ein und kann (bis auf die Verluste an Menschenleben) behoben werden. Entsprechend gering ist das soziale Konfliktpotential. Solche Risiken sind ein klarer Fall für die Versicherungswirtschaft.

Ein völlig anderes Bild bieten sogenannte »verbotene« Risiken – wie etwa ein Kernkraftwerks-GAU. Hier sind die Folgen so gravierend, daß ein Katastrophenfall unter allen Umständen vermieden werden muß. Der Preis an Menschenleben kann enorm sein, und riesige Flächen werden auf Jahrzehnte verstrahlt.

Interessant wird es bei einer weiteren Klasse von besonders tückischen Risiken. Ihnen haben die Mitglieder des Wissenschaftlichen Beirats für Globale Umweltfragen klingende Namen aus der Antike bzw. der griechischen Mythologie gegeben.[14] Als Wild Card kommen vor allem drei Typen in Betracht:

Risikotyp Damokles

Der griechische Held, von dem diese Risiken ihren Namen haben, wurde der Sage nach von seinem König zu einem Bankett geladen. Die Ehre war jedoch mit einer großen Gefahr verbunden: Über ihm schwebte, nur an einem »seidenen Faden« baumelnd, das buchstäbliche Damoklesschwert. Zu diesem Typ zählen Risiken, bei denen die Eintrittswahrscheinlichkeit bekannt und sehr gering ist, der mögliche Schaden jedoch immens. Brüche von Staudämmen und Einschläge von Meteoriten gehören dazu. Aufgrund der Kombination von äußerst geringen Wahrscheinlichkeiten und extremen Schäden können »Damokles-Risiken« als Wild Cards betrachtet werden.

Risikotyp Pythia

Der blinden Seherin von Delphi werden geheimnisvolle und unklare Orakelsprüche nachgesagt, deren Sinn sich häufig erst nach dem Eintreten des vorhergesagten Geschehens erschloß. Dementsprechend zeichnen sich die Risiken dieses Typs dadurch aus, daß Eintrittswahrscheinlichkeit und Schadenshöhe unbekannt bzw. sehr ungewiß sind. Man weiß lediglich, daß die Folgen äußerst gravierend sein können – wie etwa, wenn transgene Pflanzen freigesetzt werden und die modifizierten Gene plötzlich unkontrolliert auf andere Arten überspringen und sich ausbreiten. In einem solchen Fall haben wir eine Wild Card.

Risikotyp Pandora

Hier steht die Verbreitung der Folgen im Vordergrund: Jupiter will die Menschen strafen. Er schickt die wunderschöne Pandora mit einer Büchse auf die Erde. Als diese geöffnet wird, entweichen ihr alle Krankheiten und Sorgen. Bei Risiken dieses Typs gibt es – ähnlich zu »Pythia-Risiken« – nur Vermutungen über Wahrscheinlichkeit und genaue Schadenshöhe. Aber man hat Gründe anzunehmen, daß die Wirkungen über viele Generationen anhalten, so wie es bei manchen organischen Stoffen in der Umwelt der Fall ist.

Allen diesen Risiken kann man durch Vorsorgestrategien begegnen. Generell geht es darum, noch völlig unbekannte Gefahren zu identifizieren und die »verbotenen«, sich vorläufig einer Kontrolle entziehenden Risiken in den Normalbereich zu verschieben, so daß die üblichen Abwehrmaßnahmen greifen. Ziel ist es letztlich, die Risiken berechenbar zu machen und Schadensausmaß und Eintrittswahrscheinlichkeit so weit zu verringern, daß sie sozial akzeptierbar werden.

Diese Strategie läßt sich auf die »Zähmung« von Wild Cards übertragen: Wie kann eine unberechenbare Wild Card in ein definiertes Risiko oder eine nutzbare Chance verwandelt werden? Da es sich bei Wild Cards um eine sehr weite und heterogene Klasse von Diskontinuitäten handelt, können hier selbstverständlich keine konkreten Rezepte angegeben werden. Im Sinne des Wild Card Managements lassen sich aber drei Stufen für die Transformation einer negativen, unerwünschten Wild Card in ein Risiko unterscheiden:

1. Identifikation: Die Wild Card wird überhaupt erst als abstrakte Gefahr erkannt und erfaßt.
2. Bewertung: Forschungsanstrengungen ermöglichen es, die Wild Card definitorisch einzugrenzen und nach den oben stehenden Kriterien zu bewerten. Da bei Wild Cards generell Erfahrungswerte fehlen, ist damit zu rechnen, daß sie einem der oben genannten, besonders heiklen Risikotypen mit hohen Ungewißheiten zugeordnet werden müssen.
3. Vorsorge: Durch die Vorsorgemaßnahmen wird das Schadensausmaß

begrenzt, gegebenenfalls die Eintrittswahrscheinlichkeit verringert; die Unsicherheiten in der Bewertung werden minimiert. Dies kann nicht immer gelingen. Beispielsweise läßt sich derzeit noch keine Vorsorge gegen kosmische Ereignisse in der Art eines Asteroiden-Einschlags vornehmen. Im günstigsten Fall aber, d. h. bei beschränktem Schadensausmaß, wird die Wild Card zu einem normalen Risiko.

Weniger kritisch ist der Umgang mit »positiven Wild Cards«. Hier kommt es darauf an, die »Gunst der Stunde« zu nutzen, was nur gelingen kann, wenn man zumindest mental auf das Ereignis vorbereitet ist. Aus der Perspektive der Wirtschaft gibt es bei jedem überraschenden Ereignis Gewinner und Verlierer.

Alternativgeschichte
Vom Nutzen historischer Wild Cards

Auch ohne direkt von Wild Cards zu sprechen, kann man in der Vergangenheit zahlreiche auf den ersten Blick zufällig und überraschend wirkende Ereignisse entdecken, die dem Geschichtsverlauf augenscheinlich eine neue Wendung gaben. Am 28. Juni 1914 lösten die Schüsse von Sarajewo den Ersten Weltkrieg aus. Hochgerüstet standen sich Mittelmächte und Entente gegenüber. Voll von Nationalismus, Chauvinismus, Weltmachtbestrebungen und Revanchegedanken war die Welt ein Pulverfaß. Und doch bedurfte es eines zündenden Funkens. Ohne die Ermordung des österreichischen Kronprinzen Franz Ferdinand hätten sich womöglich die Spannungen auf eine andere Weise lösen können. Gab es nicht bereits eine internationale Friedensbewegung? Hatte man nicht erst vor wenigen Jahren mit dem Haager Schiedsgericht eine erste Institution zur friedlichen Beilegung von Konflikten geschaffen? Und was wäre geschehen, wenn der Führer der französischen Sozialisten, Jean Jaurès, der sich mit ganzer Kraft für den Frieden einsetzte, nicht am Vorabend des Krieges ermordet worden wäre?

Indem wir rückblickend bestimmten historischen Ereignissen den Status einer geschichtsmächtigen Wild Card zubilligen, behaupten wir: Es hätte auch anders kommen können. Für den Historiker begeben wir uns damit auf schwankenden, wissenschaftlich nicht absicherbaren Sumpfboden jenseits der terra firma des Faktischen. Die meisten Geschichtswissenschaftler lehnen die Frage »Was wäre gewesen, wenn?« mehr oder weniger strikt ab und verweisen sie als zu spekulativ in das Reich der literarischen Fiktionen. Ohnehin sind wir in einer mißlichen Lage, wenn wir uns nachträglich den Kopf darüber zerbrechen, wie wahrscheinlich oder wie unwahrscheinlich ein bestimmtes Ereignis war. Denn Wahrscheinlichkeiten verlieren im nachhinein ihre Bedeutung: Es ist geschehen, gleich ob die Menschen es vorher für möglich gehalten haben oder nicht. Das nunmehr historische »Zukunftsbeben« hat, wie es Winston Churchill in einem alternativgeschichtlichen Essay beschreibt, die Realität verändert: »Sobald ein großer Sieg errungen ist, beherrscht er nicht nur die Zukunft, sondern auch die Vergangenheit. Alle Folgerungsreihen klinken aus, als sollte es kein Halten mehr geben. Die zerbrochenen

Hoffnungen, die erstickten Leidenschaften, die vergeblichen Opfer – alles wird aus dem Reich der Realität weggefegt.«[15]

Dennoch haben in den letzten Jahren Spekulationen um historische Alternativen sich einen bescheidenen Platz in den Geschichtswissenschaften erobern können: als Konjekturalgeschichte bzw. Alternativgeschichte.[16] Von »kontrafaktischer Analyse« spricht der amerikanische Historiker und Nobelpreisträger Robert W. Fogel. Gestützt auf ein umfangreiches empirisches Material untersuchte Fogel beispielsweise die Frage: Was wäre gewesen, wenn im 19. Jahrhundert in den USA keine Eisenbahnen gebaut worden wären? Wären ein geringeres Bruttosozialprodukt und weniger Wohlstand die Folge? Oder hätte der Schaden durch andere Verkehrswege, Straßen und Kanäle, kompensiert, vielleicht überkompensiert werden können? Fragen ähnlicher Art müssen wir uns – bezogen auf die Zukunft – stellen, wenn wir die Wirkungen von Wild Cards bewerten wollen.

Die Parallelen zwischen Alternativgeschichte und Wild-Card-Analyse liegen auf der Hand. Beide, der Zukunftsforscher, der sich mit Wild Cards befaßt, und der Konjekturalhistoriker, bewegen sich im Raume des Ungeschehenen und somit nicht empirisch Überprüfbaren. Beide gehen von einem bekannten Weltzustand aus und fragen »Was wäre, wenn...«. Beide sind zu Spekulationen gezwungen, in der Regel zu ganzen Rattenschwänzen von Spekulationen über Folgen von Folgen von Folgen.

Allerdings operiert der Konjekturalhistoriker unter weitaus günstigeren Bedingungen als der Zukunftsforscher. Er kennt ja den Verlauf seines Standard-Szenarios, also der Normalgeschichte, bis ins Detail und verfügt zugleich über eine unüberschaubare Fülle historischen Spielmaterials, aus dem sich konkret und anschaulich Alternativen konstruieren lassen. Das mögliche Spielmaterial des Futurologen endet wie jeder aktuelle Trend vorerst am heutigen Tag oder liegt wie manche unverwirklichten Pläne noch sekretiert in den Panzerschränken der Unternehmen und Regierungen. Während für den Zukunftsforscher das Wissensdefizit eine der größten methodischen Herausforderungen darstellt, verfügt der Historiker, auch der Konjekturalhistoriker, in einem bestimmten Sinn sogar über ein Zuviel an Wissen. Er kennt ja im Gegensatz zu den Zeitgenossen der historischen Epoche den Ausgang der Geschichte. Das verführt dazu, frühere Ereignisse als bloße Vorgeschichte späterer von ihrem Ende her zu interpretieren, und es verleitet zu einer »vorwitzigen Prognostik« oder »rückwärtsgewandten Prophetie«, kenntlich an der Sprachform des Futur:[17] »Alle diplomatischen Aktivitäten fruchten nicht. In fünf Wochen werden sich die Mächte im Kriegszustand befinden.«

Schon allein deshalb, weil sie die Perspektive der Beteiligten, also auch der Historiker, verändern, hinterlassen die – nunmehr vergangenen – Zukunftsbeben ihre Spuren in der Geschichtsschreibung. Mehr noch: Die Alternativgeschichte zeigt, daß für einmal eingetretene Wild Cards zwei diametral entgegengesetzte Interpretationsmuster existieren. Entweder wird das realisierte Störereignis samt seiner Folgen a posteriori zum Normalfall, zum gesetzmäßigen Verlauf, erklärt, oder Geschichte erscheint als eine Verkettung von Zufällen. Beides ist unangemessen. Tatsächlich sollten wir Wild Cards als kontingente Ereignisse in der Mitte zwischen der Scylla der absoluten Zufälligkeit und der Charybdis einer quasi mechanistischen Vorherbestimmtheit ansiedeln. Obwohl ihr Eintreten ungewiß, ja sogar unwahrscheinlich ist, sind sie doch nicht ohne Ursachen und werden durch die Umstände ihrer Epoche erst ermöglicht.

Wild Cards in der Zukunftsforschung

Seit ihrer Entstehung in der Mitte des 20. Jahrhunderts hat die Zukunftsforschung einige Häutungen hinter sich gebracht. Ursprünglich ging es den großen amerikanischen Think Tanks darum, die Zukunft berechenbar und damit planbar zu machen. Das war die Epoche des Operations Research, der großen Mainframe-Computer und der ersten Delphi-Studien zu künftigen Technologien. Doch schon in den sechziger Jahren setzte sich die Erkenntnis durch, daß sich die Zukunft nicht kartographieren läßt wie ein unbekanntes Land, daß sie offen ist, stets Alternativen bietet, »Zukünfte«. Bertrand de Jouvenel nannte sie »futuribles«: »états futurs possibles descendants du présent« – mögliche künftige Zustände, die von der Gegenwart abstammen.[18] Für den Zukunftsforscher ist die Zeit nicht eine Linie, zu jeder Gegenwart verzweigt sie sich in unendlich viele mögliche, mehr oder weniger wahrscheinliche Zukünfte. Sie werden durch Szenarien, hypothetische, in sich stimmige Zukunftsbilder, beschrieben.

In den siebziger Jahren zerbrach nach der Debatte um die Grenzen des Wachstums und nach dem Ölpreisschock der alte zuversichtliche Konsens, daß immer mehr Technik und beständiges Wirtschaftswachstum praktisch von selbst eine bessere Zukunft bringen würden. Die Zukunft sollte nun nicht mehr Technokraten vom Schlage eines Herman Kahn überlassen, sondern in Zukunftswerkstätten »von unten« gestaltet werden: Welche Zukunft wollen wir überhaupt?

Erst in den neunziger Jahre aber fanden zwei weitere grundlegende Konzepte breitere Anerkennung. Zum einen wurden Leitbilder und Visionen verstärkt in die Zukunftsgestaltung einbezogen, zum anderen verbreitete sich die Arbeit mit Wild Cards. Obwohl schon Futurologen wie Herman Kahn in den sechziger Jahren mögliche, doch unwahrscheinliche Wendungen und Entwicklungen berücksichtigt hatten, wurde es nun erst üblich, Wild Cards in Analysen möglicher Zukünfte einzubeziehen. Man kann vermuten, daß diese methodische Verschiebung nicht schlicht eine terminologische Modeerscheinung ist, sondern ein Reflex auf die Risikodebatten der achtziger Jahre und Ausdruck eines generellen Gefühls der Unsicherheit in einem Zeitalter der Beschleunigung.

Vorzüge von Wild-Card-Analysen

Daß Wild Cards in jüngster Zeit vor allem in Zukunftsstudien für Unternehmen benutzt werden, hat seine Gründe. Aus der Sicht des Zukunftsforschers bringt die Arbeit mit Wild Cards eine Reihe von Vorzügen mit sich:

- Wild Cards wirken als »Augenöffner«. Sie schärfen den Blick für Eventualitäten und Diskontinuitäten und erweitern damit den Betrachtungshorizont.
- Die Arbeit mit Wild Cards zwingt dazu, Zusammenhänge und Kausalitäten zu analysieren und die Bedingungen, unter denen sie gelten, zu bewerten.
- Die Berücksichtigung von Wild Cards zwingt ebenfalls dazu, Handlungsoptionen und -strategien zu überdenken und gegebenenfalls nach neuen, robusteren oder flexibleren zu suchen.
- Das Nachdenken über Wild Cards sensibilisiert generell für mögliche Veränderungen im Umfeld.

Wie jedes methodische Instrument können auch Wild-Card-Analysen falsch eingesetzt werden. Fallgruben bestehen insbesondere in der Vernachlässigung bzw. Unterschätzung von Kontinuitäten und in der Fixierung auf einige wenige, vielleicht sogar willkürlich ausgewählte Eventualitäten.

Wild Cards in Szenario-Prozessen

Wild Cards werden in der Zukunftsforschung auf unterschiedliche Weise verwendet. Sie können für sich genommen den Ausgangspunkt für fokussierte Szenarien im Rahmen eines Wild Card Managements bilden. So könnte sich ein Unternehmen fragen: Was könnte geschehen, wenn die USA und die EU plötzlich auf Konfrontationskurs gingen? Wie würde sich mein Marktumfeld verändern? Wie würden die Wettbewerber reagieren? Welche Aktionen wären erforderlich? Derartige fokussierte Szenarien können einen bestimmten Problemkreis schlaglichtartig erhellen. Sie bilden naturgemäß nicht die gesamte Breite zukünftiger Möglichkeiten ab.

Wenn es darum geht, das Spektrum potentieller Zukünfte einigermaßen vollständig zu erfassen, werden unterschiedliche Szenario-Techniken eingesetzt. In der Regel werden in den mehr oder weniger komplexen Szenario-Prozessen auch Wild Cards genutzt. Prinzipiell besteht ein Szenario-Prozeß aus folgenden Schritten:[19]

1. Problem- bzw. Aufgabenanalyse, Strukturierung des Untersuchungsfeldes
2. Umfeldanalyse, Identifikation der wichtigsten Einflußfaktoren (Trends, Akteur-Strategien)
3. Erarbeitung von Projektionen für die Einflußfaktoren: Annahmen über die künftige Ausprägung von Trends und über künftige Akteur-Strategien
4. Konsistenzprüfung: Bildung in sich stimmiger Annahmenbündel über die künftige Ausprägung der Einflußfaktoren
5. Konstruktion der Szenarien aus den konsistenten Annahme-Bündeln, gegebenenfalls Ergänzung durch normative Szenarien (»wünschbare Zukunft«)
6. Störereignisanalyse: Wild Cards und ihre Folgen für die Szenarien
7. Wirkungsanalyse: Identifikation von Konsequenzen der Szenarien für das Untersuchungsfeld
8. »Szenario-Transfer«: Lösungssuche, Maßnahmenvorschläge, Implementierung

Wild Cards können dem Szenario-Konstrukteur und dem Szenario-Nutzer helfen, Alternativen zu erkennen und sich unerwarteten Entwicklungen gegenüber zu öffnen. Sie können bestimmten verbreiteten Fehlern, wie einem Mangel an Vorstellungskraft oder Wunschdenken bzw. Fixierung auf Horrorszenarien, entgegenwirken. Vor allem werden sie aber in der Störereignisanalyse eingesetzt, um die Robustheit der Szenarien gegenüber externen Störungen zu testen. Szenarien, die von praktisch jeder beliebigen Wild Card unterminiert werden, können als weniger wahrscheinlich gelten. Oft genug führen Wild Cards dazu, daß sich aus dem vorgegebenen Szenario-Satz neue Szenarien abspalten.

Ein Beispiel: Nehmen wir an, daß wir Szenarien für die wirtschaftliche Entwicklung Europas konstruiert haben, sagen wir: ein Boom-Szenario, ein Szenario mit großen regionalen Entwicklungsunterschieden, und ein eher von Krisen geprägtes Szenario des Durchwurstelns. Bei all diesen Szenarien haben wir vorausgesetzt, daß die Osterweiterung der EU gelingt. Was aber, wenn sie mißlingt? Wenn eine institutionelle Krise der EU alle wichtigen Entscheidungen blockiert? Das Boom-Szenario hätte unter diesen Bedingungen keine Chance. Und vielleicht würde sich noch ein viertes, ein Desaster-Szenario, ergeben: Die Krise zerreißt die EU, die Mitgliedsländer schotten sich ab und führen ihre nationalen Währungen wieder ein . . .

Für den Umgang mit Wild Cards in Szenario-Prozessen lassen sich einige grundsätzliche Regeln angeben:

- Die Analyse sollte sich nicht auf zwei oder drei Wild Cards beschränken. Zu viel Aufmerksamkeit würde sonst in eine Richtung gelenkt und die Plausibilität bzw. Nachvollziehbarkeit der Studie könnte unter der willkürlichen Auswahl leiden.
- »Negative« Wild Cards, solche die mutmaßlich das konstruierte Szenario nicht stützen, sondern untergraben, sollten als Test für die Stabilität des Szenarios vorrangig berücksichtigt werden. Jedoch können bei genauerer Analyse auch »positive« Wild Cards interessante kontra-intuitive Folgen haben. So würde uns billige Energie aus kalter Kernfusion zwar von fossilen Energieträgern und Kernspaltung unabhängig machen, das Überangebot an Energie zum Nulltarif könnte gleichwohl negative Folgen für die Umwelt haben (Anheizen einer Verschwendungsmentalität).
- Es empfiehlt sich, neben Wild Cards mit starkem inhaltlichen Bezug zur Themenstellung des Szenarios auch solche zu berücksichtigen, die Veränderungen in den Rahmenbedingungen implizieren. So kann es sinnvoll sein, in die oben erwähnte Szenario-Studie zur wirtschaftlichen Entwicklung Europas auch Wild Cards aus dem Energiebereich einzubeziehen.
- Um eine eventuelle Betriebsblindheit zu vermeiden, sollte man bei der Identifikation von Wild Cards auch auf externe Kompetenz zurückgreifen, sei es durch eine Expertenbefragung oder durch einen Workshop.

Wild Cards aus der Science-fiction

Identifikation und Auswahl von Wild Cards stellen stets einen anspruchsvollen Arbeitsschritt dar, bei dem es notwendig ist, sich aus gewohnten Sichtweisen und Denkschablonen herauszubewegen. Hierbei kann die Science Fiction-Literatur durchaus hilfreich sein. Die Science-fiction stellt ein fast unerschöpfliches Reservoir an Wild Cards zur Verfügung, die nur aufgespürt und erkannt werden müssen. Allerdings ist nur ein kleiner Teil der SF wirklich originell, bestimmte Motive wiederholen sich, so daß ein »Screening« von SF in der Praxis recht aufwendig sein kann. Es kommt darauf an zu wissen, wo man suchen muß. So enthalten beispielsweise die Romane von Nancy Kress zahlreiche Spekulationen über Folgen einer in den menschlichen Körper integrierten Nanotechnologie (»Bettler«-Trilogie). Bernhard Kegel setzt sich mit Risiken der Gentechnik (»Wenzels Pilz«) und sozialen Folgen der Reproduktionstechnologien (»Sexy Sons«) auseinander. Norman Spinrad zeigt mögliche Wirkungen einer bewußten Beeinflussung des Erdklimas (»Das tropische Millennium«). Für die Autoren steht in der Regel nicht die Wild Card als solche im Vordergrund, sie versuchen gemäß dem Prinzip des »Was wäre, wenn?« die durch das Zukunftsbeben veränderte Welt im Detail auszumalen. Der Autor Frederic Pohl drückte es einmal so aus: »Eine gute Science Fiction Story sollte nicht das Automobil vorhersagen, sondern den Verkehrsstau.«[20]

Idealerweise haben die in der SF durchgespielten Szenarien eine Reihe von Vorzügen gegenüber futurologischen. SF-Szenarien sind in der Regel detailreiche, komplexe und ganzheitliche Weltentwürfe, die das Alltagsleben, die so banalen wie vertrackten menschlichen Bedürfnisse und Verhaltensweisen sowie emotionale Momente einbeziehen.[21] Letztlich sind SF-Autoren nicht an die Grenzen der technischen oder sozialen Realisierbarkeit gebunden und können daher Wunsch- und Zielvorstellungen sowie Befürchtungen in ihren Szenarios besonders prägnant darstellen. Man kann sogar argumentieren, daß SF-Autoren, weil sie alltägliche menschliche Verhaltensweisen berücksichtigen und beispielsweise zu jeder Technik auch Mißbrauchsmöglichkeiten spekulativ erfassen, ein korrekteres, weil komplexeres Menschen- und Technikbild haben als manche Zukunftsgurus.

Einführung in den Katalog

Einen Katalog von Wild Cards aufzustellen ist beinahe eine Unmöglichkeit. Zum ersten liegt das, was wir benennen und beschreiben können, nicht mehr völlig im Nebel der Zukunft verborgen, wird uns nur noch sehr bedingt überraschen und verliert insofern von seinem »wilden« Charakter. Zum zweiten gibt es schon für die nächsten zehn bis dreißig Jahre Wild Cards wie Sand am Meer, die Auswahl ist schwierig, immer wieder drängen sich die »üblichen Verdächtigen«, Katastrophen vor allem, in den Vordergrund. Entwischen uns so nicht die wirklich interessanten Wechselfälle?

Wenn man ein möglichst breites Spektrum von exemplarischen Eventualitäten erfassen will, muß man einigermaßen systematisch vorgehen. Wir haben dies versucht, indem wir die Wild Cards wichtigen Bereichen mit ihren jeweiligen Basistrends zugeordnet haben: von der Bevölkerungsentwicklung bis hin zu technologischen Innovationen. Doch auch ein solches Schema kann nicht wirklich befriedigen. Man muß befürchten, daß die Systematik schon wieder den Blick verengt. Und außerdem halten sich Wild Cards natürlich nicht an von uns vorgegebene Kategorien, sondern liegen quer zu ihnen, fallen unter mehrere Rubriken. Bei der Zuordnung war daher viel Pragmatismus gefordert.

Den Ausgangspunkt unseres Katalogs bildet der Status quo. Zuerst werden jeweils zu einem bestimmten Bereich die grundlegenden Basistrends kurz beschrieben. Das sind Entwicklungen, die sich nach gängiger Auffassung der meisten Zukunftsforscher auch in naher Zukunft fortsetzen werden, wenn auch eventuell etwas verstärkt oder abgeschwächt. Diese Trends bilden in ihrer Gesamtheit die »überraschungsfreie Standardzukunft«. Generell gehen wir davon aus, daß diese Standardzukunft jeweils nur von einer Wild Card auf einmal torpediert wird. Das hat seine Berechtigung, denn wenn die Eintrittswahrscheinlichkeit eines Störereignisses weniger als 10 Prozent beträgt, hätten Kombinationen solcher Ereignisse maximal eine Chance von 1 Prozent. Allerdings sind manche Wild Cards a priori noch unwahrscheinlicher, etwa die, daß ein Asteroid in den nächsten hundert Jahren die Erde trifft.

Völlig unabhängig voneinander sind die Störereignisse jedoch nicht. Manche lassen sich zu Kaskaden anordnen: die eine ist Folge der anderen. So kann beispielsweise ein bewaffneter Konflikt im Nahen Osten einen neuerlichen Ölpreisschock hervorrufen. Andere Wild Cards bilden Gegensätze, alternative Möglichkeiten. Wenn die Bakterien gegenüber allen Antibiotika immun werden, ist es ziemlich unwahrscheinlich, daß gleichzeitig unsere Lebenserwartung auf 100 Jahre steigt.

Prinzipiell löst jede einzelne Wild Card ein separates Zukunftsbeben aus, erzeugt eine eigene Zukunft. In einem kurzen, fiktiven Szenario wird die »Nichtstandard-Zukunft« schlaglichthaft umrissen. Bei diesen Miniaturszenarien handelt es sich wohlbemerkt nicht um Prognosen. Diametral entgegengesetzte Möglichkeiten stehen hier nebeneinander. Spielerische Phantasie und Spekulation haben ihren Platz, um das Szenario mit konkreten Details, die natürlich auch anders ausfallen könnten, anzureichern. Und selbstverständlich sind alle Jahreszahlen, die wir in diesen Miniaturszenarien angeben, frei erfunden.

In einem Kommentarteil werden dann Entwicklungen, die auf das Szenario hinlaufen oder ihm entgegenwirken, erläutert. Wo gibt es Ansatzpunkte für das Störereignis? Wie plausibel ist es? Sind dafür technologische Durchbrüche oder kulturelle Paradigmenwechsel notwendig, und wenn ja, welche? Und welche potentiellen Folgen müssen ins Auge gefaßt werden? Gibt es Ansätze, Indikatoren für eine Früherkennung?

Eine kurze, stichworthafte Bewertung und Einordnung geht der Beschreibung voran. Da sich keine Zahlen für die Eintrittswahrscheinlichkeit angeben lassen, haben wir eine einfache graphische Darstellung gewählt, um wenigstens qualitativ einen Eindruck davon zu vermitteln, daß wir manche Störereignisse für wahrscheinlicher als andere halten. Als Faustregel gilt dabei: Eine Wild Card mit nur einem leeren Feld hat immerhin eine Chance von 1 : 10, in den nächsten zwei, drei Dekaden einzutreten, eine mit zwei leeren Feldern 1 : 100 usw. Aber dies ist unsere persönliche Einschätzung. Jemand mit einem anderen Erfahrungshintergrund kann zu einer anderen Bewertung gelangen. Das gleiche gilt für die Wirkungsstärke.

Noch eine letzte Bemerkung: Es wäre ein Wunder, wenn auch nur eine der Wild Cards aus unserem Katalog so eintreffen würde, wie wir sie beschrieben haben. Aber mehr noch würde uns überraschen, wenn sich keine einzige von ihnen realisiert.

Basistrends: Innovation

»Innovate or die«: Wer sich nicht auf ständige Innovationen einläßt, geht unter. Großunternehmen bauen mit innovativen Produkten ihre Marktanteile aus, Start-ups drängen mit Neuerungen in die Märkte, trotz Dotcom-Krise boomt HighTech. Oft erfolgt der Generationenwechsel so rasch, daß potentielle Kunden abgeschreckt werden und ein, zwei Produktgenerationen überspringen. Und gleichzeitig schrumpft die Zeit von der Erfindung bis zur Marktreife. Betrug der Innovationszyklus bei der Dampfmaschine noch 85 Jahre, und waren es beim Transistor noch fünf, so wird heute im Zeitalter des Wettforschens alle ein bis zwei Jahre eine neue Produktgeneration auf den Markt geworfen. Verkürzen sich die Fristen weiter wie bisher, müßten sie spätestens um 2060 auf null geschwunden sein. Irgendwann also wird die Beschleunigung ein natürliches Ende finden. – Ein guter Ansatzpunkt für Wild Cards.

Obwohl in den letzten Jahren viele Staaten ihre Ausgaben für Forschung und Entwicklung etwas eingeschränkt haben, bleibt die Dynamik von Wissenschaft und Technologie erhalten. Auf Hunderten von Forschungsgebieten folgt ein Durchbruch auf den anderen: Kartierung des menschlichen Genoms, »Beamen« von Atomen, autonome Roboter, neuartige smart materials . . .

Schlagworte wie Informatisierung, ständig fortschreitende Miniaturisierung, Aufhebung der Grenze von Belebtem und Unbelebtem beschreiben grob übergeordnete Entwicklungsrichtungen. Gleichzeitig erfaßt die Innovationsdynamik eher traditionelle Technologiefelder wie die Materialforschung oder die Verfahrenstechnik. Aber auch bei den Verkehrs- und Energiesystemen stehen Veränderungen an, schon weil die derzeitigen Technologien an ihre Grenzen stoßen und unter dem Gesichtspunkt der Nachhaltigkeit etwas getan werden muß.

Versucht man zu bündeln, lassen sich einige große Entwicklungslinien anführen:

Vernetzung: So wie vor hundert Jahren die Elektrizität alle Lebensbereiche veränderte, durchdringen heute die Informations- und Kommunikationstechnologien sämtliche technischen Systeme. Internet und Mobilfunk könnten zu einem überall und jederzeit verfügbaren Netz, dem Evernet, zusammenwachsen.

Intelligenzrevolution: Parallel dazu werden die technischen Systeme geistig aufgerüstet, vom Chip in der Airbagsteuerung über Roboter in den unterschiedlichsten Einsatzfeldern bis zu den intelligenten Agenten, die im Netz Routineaufgaben erledigen. Derzeit laufen Forschungsanstrengungen, Systeme mit künstlicher Intelligenz auch mit simulierten Gefühlen auszustatten. Eine derartige »emotionale« Künstliche Intelligenz und Sprachtechnologien werden manche Überraschung mit sich bringen.

Miniaturisierung bis auf Nanoebene: Visionäre sehen uns schon von staubkorngroßen Robotern, »Naniten«, umgeben, die die Umwelt umgestalten, Gebrauchsgegenstände quasi aus dem Nichts erzeugen und in unserem Körper die Ursachen von Krankheiten beseitigen. Die Naniten mögen Utopie bleiben, aber zur Zeit gelingt es, immer kleinere technische Systeme zu schaffen: winzige Pumpen und winzige Laser, Motoren in molekularen Dimensionen, erste atomare Schaltkreise. Und fast überall gibt es potentielle Anwendungsfelder – vom Haushalt über die Medizin bis hin zu industriellen Prozessen.

Biologisierung: Bio- und Gentechnologien könnten in den kommenden Jahren den nächsten großen Technologieschub auslösen. Die Forschung ist – wie die Genomanalysen belegen – weit vorangeschritten, und zunehmend ziehen diese Technologien auch Wagniskapital an. Medizin und Landwirtschaft, aber ebenso die Industrie, werden von den neuen Biotechnologien profitieren. Dabei verschränken sie sich zugleich mit der Informationstechnik, und man kann mutmaßen, daß sich die Nanotechnologie immer mehr an biologischen Prinzipien orientieren wird. Steht hier eine große Konvergenz von Info & Bio & Nano bevor?

Auch Hirnforschung und Neuroinformatik haben in der derzeit laufenden »decade of the brain« bereits entscheidende Durchbrüche erlebt. Neuroprothesen sind in Greifweite gerückt, wir lernen das Denken immer besser zu verstehen. Wann werden wir Gehirnprozesse feinsteuern können? Amerikanische Forscher träumen davon, die geistige Leistungsfähigkeit des Menschen zu erhöhen ... Enger noch als auf anderen Gebieten liegen hier Chancen und Risiken beieinander. Ist es möglich, Roboter nicht nur mit künstlicher Intelligenz, sondern mit einem künstlichen Bewußtsein, gleich unserem, zu erzeugen? Steht uns letztlich die ganz große Konvergenz Info & Bio & Nano & Cerebro bevor? Rein technologisch scheint es nicht mehr ausgeschlossen, daß sich der Mensch im 21. Jahrhundert technisch umbaut ...

Die Wissenschafts- und Technikgeschichte lehrt, daß viele Visionen Utopie bleiben. Sie lehrt aber auch, daß sich manche Visionen auf unerwartete Weise realisieren. Hier, in den unvorhersehbaren Durchbrüchen und Anwendungsfeldern, liegt eine Quelle für Wild Cards. Die andere besteht in unerwarteten Konsequenzen – sozialen, politischen, wirtschaftlichen, ökologischen Folgen – wissenschaftlicher Erkenntnisse und neuer Technologien. Sicher ist einzig, daß die kommenden Innovationen angenehme wie unangenehme Überraschungen hervorrufen werden.

Unendlich Energie

Die Kalte Kernfusion revolutioniert die gesamte Wirtschaft.

Wahrscheinlichkeit: ●●●●○○○
Wirkungsstärke: ●●●●●●○
Frühindikatoren: Fortschritte in der Fusionsforschung

Auswirkungen auf
Gesellschaft: Verschiebung der weltpolitischen Gewichte, Raumfahrt wird wieder zum gesellschaftlichen Ziel
Wirtschaft: Wirtschaftsboom, Revolution der Energiewirtschaft und im Verkehr
Sonstiges: Umweltentlastung, Entwicklungschancen für die Dritte Welt

Szenario

»Energie zum Nulltarif«, frohlocken die Medien und malen schon die Zukunft aus: Die Häuser werden mit Wasser geheizt statt mit Öl, die Autos fahren mit Wasser statt mit Benzin, und Strom gibt es fast umsonst. Tatsächlich revolutioniert die Kalte Kernfusion die gesamte Energiewirtschaft. Schon die ersten KF-Brenner mit ihren 50 Tonnen Gewicht leisten soviel wie ein Großkraftwerk. Sämtliche anderen Energieträger – Öl, Kohle, Kernkraft, aber auch alternative – und mit ihnen die Großkraftwerke werden über Nacht überflüssig.

Die Kalte Kernfusion wälzt nahezu alle Lebensbereiche um. Sobald ein kleiner KF-Brenner nur noch eine Tonne wiegt und wenige zehntausend Euro kostet, ist der Massenmarkt da – möglicherweise schon nach einigen Jahren. Es lohnt sich nun, jedes Haus mit einem eigenen Kraftwerk auszustatten; bald gibt es auch Miniatur-KF-Brenner für das Auto. Visionen aus den Anfangsjahren der Kernenergie werden Wirklichkeit, neue Verkehrssysteme, eine megalomane Architektur, vielleicht sogar Wetterkontrolle. Rußland schickt sich an, die Gebiete im sibirischen Permafrostbereich wiederzuerobern. – Und die OPEC-Staaten verlieren mit dem Erdöl ihren Einfluß und die Quelle ihres Reichtums.

Die Abkehr von fossilen Brennstoffen entlastet zunächst die Umwelt gewaltig, CO_2-Emissionen und Klimaschutz sind kein Thema mehr, für viele Stoffe lohnt sich nun erst mit der billigen Energie das Recycling. Doch der Boom der Weltwirtschaft, der durch die Umstellung des Energiesystems ausgelöst wird, und der massiv wachsende Verkehr führen schon bald zu neuen Umweltbelastungen. Energiesparen, das war einmal. Ökologisch inspirierte Bescheidenheit – nein danke. Produktionsprozesse brauchen nicht mehr energetisch optimiert zu werden, was in fast allen Branchen Spuren hinterläßt. Ein neues Überflußzeitalter bricht an.

Die phantastischste Folge ist wohl, daß nun Raumfahrt im großen Stil möglich wird. Die Eroberung des Sonnensystems steht auf dem Programm. Weltraumtouristen sind die Wegbereiter. Für sie wird die Mondstation gebaut – als Hotel. Enthusiasten wollen den Mars terraformen, in eine zweite Erde verwandeln. Ein neuer Wettlauf ins All setzt ein. Und sehr wahrscheinlich auch ein neues Wettrüsten auf der Erde und im Kosmos.

Kommentar

Im Jahr 1989 meldeten die amerikanischen Physiker Stanley Pons und Martin Fleischmann, daß ihnen in einem Reagenzglas gelungen sei, wozu anderswo in riesigen Apparaturen unter dem Einfluß gewaltiger Magnetfelder Millionen Grad erzeugt wurden: die Verschmelzung von zwei Wasserstoffatomen zu einem Heliumatom. Während man bei der »heißen« Fusion die Verhältnisse im Inneren der Fixsterne simuliert, setzten Pons und Fleischmann auf Zimmertemperaturen und die Hilfe elektrochemischer Prozesse. Die Kalte Kernfusion hätte als eine fast unerschöpfliche Energiequelle die Vorteile der Kernkraft, nicht aber ihre Nachteile (radioaktiver Müll, Sicherheitsrisiken von Kernkraftwerken) und könnte in Klein- und Kleinstkraftwerken betrieben werden.

Nach wenigen Monaten jedoch entpuppte sich die Erfolgsmeldung leider als eine Seifenblase. Andere Laboratorien konnten den von Pons und Fleischmann behaupteten Effekt nicht nachweisen. Seither halten die meisten Physiker die Kalte Kernfusion für eine Utopie. Nur einige wenige träumen noch von der unendlichen Energie. Eine Verwirklichungschance könnte sich für die Kalte Kernfusion durch neue Forschungsanstrengungen von Außenseiterteams oder vielleicht auch durch neue physikalische Theorien ergeben. Die verpaßte Wild Card von 1989 könnte dann doch noch Realität werden.

Leichter als Luft

Transportluftschiffe ersetzen Straße und Schiene.

Wahrscheinlichkeit: ●●●●●●○
Wirkungsstärke: ●●●●○○○
Frühindikatoren: Technologische Durchbrüche im Luftschiffbau

Auswirkungen auf
Gesellschaft: Neue »Zeppelin-Euphorie«
Wirtschaft: Revolution des Güterverkehrs
Sonstiges: Umweltentlastung

Szenario

Der Pariser Aerosalon 2011 wirbt um Aufmerksamkeit: »Die größte Sensation seit dem Airbus!« Über das Internet und auf Anfragen ist nicht mehr zu erfahren, als daß die Firma SAC (Slow Air Cargo) einen neuen Luftschiff-Typ präsentieren will. Werbe-Pralluftschiffe sind ein alter Hut, vielleicht ist auch wegen dieses bewußt lancierten Mißverständnisses nichts vorzeitig durchgesickert. Aber was SAC den Journalisten dann in Le Bourget vorführt, ist HighTech vom Feinsten. Gleich drei Silberzigarren blitzen vom Himmel: gefüllt mit Helium, angetrieben von Solarstrom – man beachte die bläulich schimmernde Photovoltaik –, umhüllt von einer nanostrukturierten Außenhaut mit phantastisch niedrigem Luftwiderstand. Eines davon trägt ein Einfamilienhaus unter dem blanken Bauch und dreht damit Platzrunde auf Platzrunde: das Häuschen ist der Gewinn des diesjährigen Aero-Preisausschreibens – wo soll es hin? Das zweite Luftschiff dient als fliegende Kommunikationszentrale, und das dritte verärgert die Zuschauer durch eine kalte Dusche: abgelassenes Ballastwasser.

Schon am Tag darauf können SAC-Luftschiffe zu Transportzwecken gechartert werden. Über einhundert Tonnen – im Bedarfsfall sogar in einem Stück – transportieren sie von Punkt A nach Punkt B, ohne große Anforderungen an die lokale Infrastruktur zu stellen. Insbesondere bei kompakten Aggregaten für Industrieanlagen, die in der Regel für den Transport zerlegt werden müssen, lohnt sich ihr Einsatz. Allerdings sollen sie sich selbst bei Stückgut rechnen, und in einer Epoche der Dauerstaus können sie sogar als Just-in-time-Transportmittel durchgehen.

Für SAC ist der Schwerlasttransport jedoch nur der Einstiegsmarkt. Hier wird das Konzept erprobt, hier werden Geschäftsmodelle getestet, hier die Entwicklungskosten eingespielt. Sobald die Be- und Entladevorgänge auch bei schwierigeren Witterungssituationen problemlos funktionieren, ist Expansion angesagt. Die SAC-Werbung setzt es visionär ins Bild: lange Ketten von Luftschiffen, die – wie auf himmlichen Straßen von Stadt zu Stadt – von Kontinent zu Kontinent ziehen.

Kommentar

Im Jahr 2002 mußte die deutsche Cargolifter AG Insolvenz anmelden. Wie so oft bei Pionier-Technologien hatte man die Entwicklungszeiten und -kosten unterschätzt. Ohne die in der Luft- und Raumfahrtindustrie übliche staatliche Forschungsförderung war ein zukunftsträchtiges Projekt zum Scheitern verurteilt. Wer zu früh kommt, den bestraft das Leben. Tatsächlich könnte ein Cargolifter – das Lastluftschiff – nicht nur eine kleine Marktnische für den Schwerlastverkehr, für Transporte in unwegsames Gelände oder für Hilfslieferungen in Katastrophengebiete bedienen.

In fast allen Regionen der Welt bildet die Verkehrsinfrastruktur einen Engpaß. In den Industrieländern stößt der beständig wachsende Lasttransport immer wieder an die Kapazitätsgrenzen von Straßen und Schienen, und man kann nicht beliebig neue Trassen anlegen. In der Dritten Welt dagegen sind manche Landstriche verkehrsmäßig nicht erschlossen, und die Staaten können sich die hohen Investitionskosten für die Infrastruktur auf absehbare Zeit nicht leisten. In beiden Fällen wäre das Luftschiff die Lösung.

Zudem ist davon auszugehen, daß sich mit steigenden Rohölpreisen der Güterverkehr in den nächsten Jahrzehnten verteuert und daß die verkehrsbedingten Umweltbelastungen zunehmen. Der langsame Lufttransport könnte ein Ausweg sein, vor allem dann, wenn er von vornherein mit der Nutzung alternativer Energien gekoppelt würde.

Etwa alle hundert Jahre setzte die Menschheit auf neue Verkehrssysteme: auf die Kanäle im 18. Jahrhundert folgten im 19. die Eisenbahnen, im zwanzigsten Autobahnen und Flugzeuge. Es ist Zeit für die nächste Revolution.

Dein Freund, der Roboter

Die öffentliche Meinung erkennt Künstlichen Intelligenzen (KI) den Status lebender, bewußter Wesen zu.

Wahrscheinlichkeit: ● ● ● ○ ○ ○ ○
Wirkungsstärke: ● ● ● ● ● ● ○
Frühindikatoren: Wachsende Fähigkeiten und Verbreitung von KI

Auswirkungen auf
Gesellschaft: Zwischenmenschliche Beziehungen werden durch solche zwischen Menschen und KIs ersetzt
Wirtschaft: Positive Impulse, aber vielleicht auch neue Reglementierungen für die KI- und Roboterbranche
Sonstiges: Angeregter Diskurs über philosophische und religiöse Fragen, durchgreifende kulturelle Anreize

Szenario

Das Bild von dem Roboter, der bei einem Waldbrand in Kalifornien ein Baby aus einem brennenden Haus trägt, geht via Internet um die Welt. Bald belauern Journalisten »Robby, den Retter«: Ja, antwortet der, er habe nicht auf Befehl oder wegen der Programmierung, sondern aus eigenem Antrieb gehandelt. – Ein Werbegag der Herstellerfirma?

Für den Menschen von der Straße sind Wesen wie Robby lebendig. Das ist strenggenommen so falsch wie richtig. Im biologischen Sinne leben weder Si-Orgs (Silizium-Organismen, Roboter) noch Sim-Orgs (simulierte Organismen, Softwarewesen). Doch sie reagieren, als wären sie lebendig. Und nun, im heißen August 2017, ist zum erstenmal ein weiblicher Sim-Org Talkshow-Gast. Eloquent verteidigt sie ihr Recht auf Existenz, ihre Fähigkeit zu fühlen, ja zu lieben. – Es handelt sich um ein virtuelles Wesen mit mädchenhaftem Charme und mit einer hochgerüsteten künstlichen Persönlichkeit aus einer indischen KI-Schmiede.

Die Zuschauer fragen sich: Was passiert mit ihr, wenn die Sendung vorüber ist? Wird sie dann gelöscht? In einem Speicher auf Eis gelegt? Oder lebt sie irgendwo im Virtuellen munter weiter? Die Inder jedenfalls können einige Millionen Kopien verkaufen. Zu aktivieren durch ein Passwort und »je nach Bedarf zu erziehen«, wie das mitgelieferte Handbuch formuliert.

Die Mehrheit der Experten vertritt weiterhin die These, daß weder Si-Orgs noch Sim-Orgs leben, daß sie nicht denken und auch keinen Schmerz verspüren können. Aber der Durchschnittsmensch unterhält sich mit ihnen wie mit vernunftbegabten Wesen, man hört sie jammern, falls dies einprogrammiert ist, und sieht sie virtuelle Tränen vergießen. Man streitet sich mit ihnen und vergißt darüber, daß es sich bei ihnen nicht um Personen handelt. Vielleicht ist es ja nötig, den Personenbegriff auf Wesen, nicht aus Fleisch und Blut, auszudehnen?

Roboter-Haustiere sind pflegeleichter als Hund oder Katze. Und virtuelle Gefährten viel geduldiger als ein menschlicher Freund.

Kommentar

In den letzten Jahren hat sich in der Robotik die Erkenntnis durchgesetzt, daß es mit reiner Rechenleistung und bloßer Logik nicht getan ist. Das künstliche Wesen benötigt eine Art Körper und dieser muß sofort auf Umweltreize reagieren können. Kein Insekt und kein Mensch analysiert erst Bilddaten, rechnet dann einen Kurs und ein Bewegungsmuster aus und setzt erst daraufhin die Beine. Der Fuß muß sofort zusammenzucken, wenn der Stein wegrollt. Das versteht die Robotik unter verkörperter und situierter Intelligenz. Das bißchen Denken ist nebenbei zu bewältigen.

In der KI-Forschung steht »emotionale künstliche Intelligenz« auf dem Programm. Dem liegt die Erkenntnis zugrunde, daß wir uns von unserem Gegenüber erst dann verstanden fühlen, wenn dieser gefühlsmäßig reagiert: die Brauen hochzieht oder nickend zustimmt. All die Reaktionsmuster – Mimik, Gestik, Stimmlagen – können aufgezeichnet und dechiffriert werden. Die Si-Orgs und die Sim-Orgs werden fähig sein, die Gefühlslagen ihres menschlichen Gegenübers zu erkennen und darauf mit Zeichen zu reagieren, die dem Gegenüber Gefühle signalisieren.

Sind die Hausroboter und virtuellen Freunde erst einmal in Gebrauch, werden sich Verhaltensnormen im Umgang mit ihnen herausbilden. Es liegt nahe zu vermuten, daß sie sehr rasch von den meisten Menschen als eine Art Personen behandelt werden. Das gesamte semantische Feld rund um Existenz, Leben, Bewußtsein, Person gerät dann in Bewegung. Si-Orgs und Sim-Orgs bewirken ein Zukunftsbeben, das den homo sapiens bis in sein Selbstverständnis hinein erschüttert.

Telefonieren macht krank

Eine Panikreaktion der Öffentlichkeit führt zum Zusammenbruch der Mobilfunkbranche.

Wahrscheinlichkeit:	●●●●○○○
Wirkungsstärke:	●●●●○○○
Frühindikatoren:	Wachsende Medienaufmerksamkeit für Mobilfunk-Elektrosmog

Auswirkungen auf	
Gesellschaft:	Verbreitete Ängste und Hysterie, aber auch eine Entschleunigung des Lebens
Wirtschaft:	Starker Rückschlag für die gesamte IuK-Branche
Sonstiges:	Neuerliche Diskussionen um technische Risiken

Szenario

»Krebsrisiken durch Mobilfunk« – die Studie ist nur eine von vielen pro und contra, aber sie wird im Jahr 2008 zum Auslöser, wohl weil sich in einem der typisch amerikanischen Prozesse um Sammelklagen »Passiv-Telefonierer« auf sie berufen und Milliarden Dollar Entschädigung verlangen. Während aber der anfangs spannende Prozeß allmählich im Sande verläuft und die Studie in den USA nur auf bedingten Widerhall stößt, wird sie in Deutschland zum Schlachtbanner der Anti-Mobilfunk-Bewegung. Da mögen Wissenschaftler immer wieder beteuern, daß nichts wirklich nachgewiesen sei, die Risiken jedenfalls minimal wären; da mögen Experten aus der Wirtschaft auf den ungeheuren Nutzen von Mobilfunk verweisen, der Schaden ist da.

»Wir wollen unsere Kinder nicht verstrahlen lassen«, lautet der Kampfesruf. Auf Flugblättern und Transparenten wird Mobilfunk mit Kernkraft gleichgesetzt. In vielen Städten kann man sich schon nicht mehr, das Handy am Ohr, in der Öffentlichkeit zeigen. Wollen Sie Ihre Gesundheit ruinieren? Handy-Telefonieren ist eine gefährliche Sucht!

Nach Wochen der Auseinandersetzung gibt der Bundestag dem Druck der Medien nach: Das Vorsorgeprinzip gebiete es, die Mobilfunknetze abzuschalten, bis deren Unschädlichkeit bewiesen ist. Nicht einmal das Arbeitsplatzargument fällt gegen die drohende Krebsgefahr ins Gewicht.

Natürlich verzichtet ein Großteil der Bevölkerung nun auch auf die Mobilteile der Telefonanlagen daheim; diese haben ja sogar höhere Strahlenwerte als UMTS! Auch viele Unternehmen wollen ihren Belegschaften keine elektromagnetische Strahlung mehr zumuten. Terrestrisches Digitalfernsehen ist erst einmal gestrichen. Das Evernet wird eine Vision bleiben.

Nicht nur für die Mobilfunk-Anbieter bedeutet es die Pleite. Dienstleister sind ebenfalls betroffen. Um ein Haar schlittert die gesamte Wirtschaft in die Krise.

Kommentar

Gefahren durch die elektromagnetische Strahlung des Mobilfunks werden seit Jahren kontrovers diskutiert. Die Studien kommen, je nach Ansatz und Ausrichtung des durchführenden Instituts, zu unterschiedlichen Resultaten. Während die einen »sehr ernst zu nehmende Befunde« für eine krebsfördernde und eine gentoxische Wirkung sehen und für eine Absenkung der Grenzwerte plädieren, kommen andere zu dem beruhigenden Schluß, daß keinerlei Gesundheitsgefahr bestünde.

Besonderen Auftrieb hat die Debatte durch den Ausbau der UMTS-Netze erhalten, bei denen die Mobilfunkmasten in engeren Abständen als bei früheren Netzen stehen und somit stärker ins Auge fallen. An vielen Orten haben sich Bürgerinitiativen gegen Mobilfunkantennen gebildet, und die Rechtssprechung fällt bald zugunsten der einen, bald zugunsten der anderen Seite aus.

Medizinisch sind lediglich die Wärmewirkungen von hochfrequenten Feldern hinreichend genau erforscht. Nach ihnen wurden die Grenzwerte festgelegt. Die Diskussion hat sich nun auf die nichtthermischen Wirkungen verlegt: Veränderungen im Stoffwechsel, Immunreaktionen, Zellmembraneffekte, Verhaltenseffekte. Wie beeinflussen die gepulsten Felder die Prozesse im Gehirn? – Kaum ein Effekt kann heute als gesichert gelten, und keine Studie kann heute Langfristwirkungen identifizieren oder ausschließen.

Der Durchschnittsbürger erlebt täglich den Nutzen des Mobilfunks. Ohne diesen wäre die öffentliche Meinung vielleicht schon gekippt. Sollten neue Studien eine tatsächliche Beeinträchtigung der Gesundheit belegen, würde ein beträchtliches Konfliktpotential freigesetzt. Der Kampf pro und contra Mobilfunk könnte sehr rasch fundamentalistische Züge annehmen. Sein Ausgang wäre offen.

Sprache statt Schrift

Innerhalb weniger Jahre setzen sich Sprachtechnologien in der Mensch-Maschine-Kommunikation durch.

Wahrscheinlichkeit: ● ● ● ● ● ○ ○
Wirkungsstärke: ● ● ● ● ○ ○ ○
Frühindikatoren: Zunehmende Verbreitung von Sprachtechnologien

Auswirkungen auf
Gesellschaft: Sprachtechnologien durchdringen den gesamten Alltag
Wirtschaft: Boom für die IuK-Branche, für Unterhaltungselektronik- und Hausgerätehersteller
Sonstiges: Revolution des Bildungswesens, Abschied von der Schriftkultur?

Szenario

Im Jahr 2009 sieht man sie überall auf den Messen: die sprechenden Haushaltsgeräte, die Autos, die aufs Wort parieren, die Bedienungsanleitungen, die sich selbst vorlesen. So wie man sich früher Klingeltöne und Logos für das Handy herunterladen konnte, kauft man sich jetzt für ein paar Cent eine leicht italienisch angehauchte Aussprache für die Espressomaschine oder einen kräftigen bayrischen Dialekt für den BMW oder ein gemütliches Käptn-Blaubär-Pseudoplatt für das sprechende Bilderbuch über die Nordsee. Auch der Affektiv-Modus läßt sich von überhöflich bis saugrob einstellen. Und natürlich müssen die Geräte ein wenig angelernt werden, bis sie die Stimme und die Ausdrucksweise ihrer Nutzer beherrschen.

Niemand ist nun mehr gezwungen, sich durch Handbücher in taiwanesischem Deutsch zu quälen oder sich mit der Programmierung des Videorekorders abzuplagen. Man sagt den Geräten einfach, was man will. – Meist fragen sie zurück, ob man das wirklich meint. – Und schon ist die Sache erledigt.

Die Werbung malt das reinste Wunderland aus. Du unterhältst dich mit dem Sessel und dem Rasenmäher, wie durch Zauber sind alle Dinge belebt. Die Infosäulen auf Bahnhöfen und Flugplätzen fragen dich nach dem Wohin und können dir den schnellsten Weg zu Gate 77A erklären. Das Handy meldet sich lispelnd: Dein Freund ruft an. Und die Konservendose jammert, weil ihr Verfallsdatum überschritten ist.

Die Folgen für die Gesellschaft sind dramatisch. Die alten Kulturtechnologien des Lesens und Schreibens verlieren an Wert. Wozu noch mühsam buchstabieren lernen, wenn jede Aufschrift dir erzählt, was sie bedeutet? Nur Snobs lesen noch Bücher. Der Rest hört sie sich an. Im Gegenzug gewinnen die Sprachfähigkeiten an Bedeutung. Wer sich präzis ausdrücken kann, hat weniger Mühe, den Weg durch die Informationsangebote zu finden. Wer genauer hinhört, braucht nicht zurückzufragen.

Kommentar

Seit Jahren investieren Softwarehersteller, Automobil- und Mobilfunkfirmen viel in Sprachtechnologien; die Bundesregierung und die Europäische Union haben gut ausgestattete Förderprogramme aufgelegt. Für die EU geht es naheliegenderweise darum, das sich mit der Osterweiterung abzeichnende Euro-Babel zu vermeiden.

Sprachtechnologien haben schon heute zahlreiche Anwendungsfelder. Bei der automatischen Spracherkennung wird die manuelle Eingabe von Schrift in Textverarbeitungsprogramme durch das gesprochene Wort ersetzt. Ähnlich verhält es sich mit der Sprachsteuerung von Geräten im Operationssaal oder bei der Mobilfunknutzung im Auto – also dort, wo die Hände anderweitig gebraucht werden. Auch befinden sich die ersten Sprach-Dialogsysteme im Einsatz, etwa für telefonbasierte Finanzdienstleistungen und Auskunft-Serviceleistungen.

Ein weiteres Einsatzfeld sind Sprecherverifikation und -identifikation. Passwörter oder PINs werden nicht gebraucht, wenn der Computer an meiner Stimme erkennt, daß ich zugriffsberechtigt bin. Allerdings funktionieren nach wie vor Übersetzungssysteme für gesprochene Sprache nur unzureichend.

Nach Expertenschätzungen werden gegen Ende des Jahrzehnts qualitativ hochwertige Sprachtechnologien für fast alle Einsatzfelder zur Verfügung stehen. Welche kulturellen Folgen sie hervorrufen, ist derzeit noch Spekulation. Man stelle sich nur eine Welt vor, in der wir von sprechenden, halbwegs intelligenten Dingen umgeben wären! Wahrscheinlich würde die Schrift als Transportmedium von Kultur an Bedeutung verlieren. Wir würden die Gutenberg-Galaxis endgültig verlassen und in eine neue orale und visuelle Kultur eintreten.

Produktion @home

Viele Ersatzteile und einfache Gebrauchsgüter können zu Hause hergestellt werden.

Wahrscheinlichkeit:	●●●●●○○
Wirkungsstärke:	●●●●○○○
Frühindikatoren:	Technologische Durchbrüche beim rapid manufacturing

Auswirkungen auf	
Gesellschaft:	Trend zum Selbermachen und zum Reparieren
Wirtschaft:	Probleme für bestimmte Spielwarenhersteller, Chancen für »Formomat«-Anbieter, neue Reparaturkonzepte
Sonstiges:	Geringfügige Steuerausfälle

Szenario

Im März 2010 stehen die ersten »Formomaten« in den Heimwerkermärkten – und Mitte des Jahres meldet Lego Land unter. Downloaden von Legosteinen oder Fantasyfiguren ist geradezu zu einem Gesellschaftsspiel geworden. Hat man die richtige Software, braucht man nur noch eine Tüte Ausgangsmaterial in den Formomaten zu schütten, und schon »kocht« der das gewünschte Objekt zusammen. Die Kinderzimmer sind bald voll von selbstgebruzelten Trucks und Barbiefiguren. Überraschungseier enthalten nur noch einen Zettel mit einem Download-Code.

Technisch gesehen handelt es sich bei den Formomaten um »Schnellfertigungsautomaten« oder »dreidimensionale Drucker«. Statt Toner und Papier verwenden sie spezielle Matrix-Materialien, Polymere oder Metallpulver, und sie bringen nicht bedrucktes Papier, sondern kleine Objekte hervor. Ist ein Handtuchhalter im Bad zerbrochen, braucht der Staubsaugroboter ein Plastik-Ersatzteil, wünscht sich die Tochter eine neue, hochschicke Haarspange, dann lädt man sich einfach die entsprechende Software aus dem Internet, schüttet die richtigen Ausgangsmaterialien in den Formomaten, und schon vibriert das Maschinchen, wird heiß und spuckt zum Schluß das gewünschte Teil aus. Eine feine Sache nicht nur für alle Bastler und Computerfreaks!

Natürlich kann es ein »gedrucktes« Teil von der Qualität her meist nicht mit den Originalen aufnehmen, und ob die Heim-Produktion wirklich billiger ist, läßt sich auch bezweifeln. Aber man läuft nicht lange durch die Läden, muß nicht wie bei der Online-Bestellung ein, zwei Tage warten, und die Transportkosten entfallen auch. Das Verfahren lohnt sich besonders für kleine Ersatzteile und für Spielzeug. Und wer ist noch nicht nach Knöpfen, Menschärgerdichnichtfiguren oder Dübeln auf dem Fußboden herumgekrochen! Jetzt nimmt man einfach einen anderen Knopf, steckt ihn in den 3D-Scanner und läßt ihn duplizieren.

Nur dem Fiskus schmeckt es nicht. Die Grenzen von Eigenbedarf und Nachbarschaftshilfe zur Schwarzarbeit sind fließend, die Steuerausfälle sollen in die Milliarden gehen.

Kommentar

Deutschland war schon immer ein Land der Bastler und Heimwerker, und auch die Heimarbeit hat in jüngster Zeit in Form der Telearbeit einen neuen Aufschwung genommen. Wie weit ist der Schritt vom home office zur home fabrication?

Neue Technologien könnten vieles möglich machen. Allein schon das Aufkommen digitaler Produkte hat den Kleinanbietern und Kleinproduzenten dank leichter Kopierbarkeit bei geringen Kosten für Hardware und Material ein reiches – und nicht immer legales – Betätigungsfeld geöffnet. Nischenmärkte, etwa für Anhänger der Ragtime-Musik um 1900 oder sowjetischer SF-Filme, können so bedient, individuelle Produkte geschaffen werden. Aber weshalb sollte man sich auf digitale Produkte beschränken?

Ein möglicher Ansatzpunkt ergibt sich aus dem »rapid prototyping«, das in den letzten Jahren rasant vorangeschritten ist. Dabei werden im Rahmen der Produktentwicklung funktionsfähige Prototypen aus Standardmaterialien hergestellt. Da es auf geringe Kosten und kürzeste Herstellungszeiten ankommt, haben sich spezifische Guß- und Sintertechniken und computergesteuerte Fräsverfahren durchgesetzt. Eine Innovation sind dreidimensionale Drucktechniken, bei denen das Material Schicht um Schicht in der gewünschten Form auf eine Matrix aufgetragen wird. Der Schritt zur preisgünstigen Einzelfabrikation von einfachen Ersatzteilen ist nun nicht mehr weit.

Die Wirkungen auf die Servicebranche, auf die Produktgestaltung, aber auch auf Teile der Haushaltwaren- und Spielzeugbranche wären groß, tiefer ginge jedoch ein Mentalitätswandel: Wir lernen wieder das Reparieren.

Ende von Moores Gesetz

Der rasante Leistungszuwachs der Computerchips findet ein Ende.

Wahrscheinlichkeit:	●●●●●●○
Wirkungsstärke:	●●●●○○○
Frühindikatoren:	Rapide steigende Entwicklungskosten bei Computerchips

Auswirkungen auf	
Gesellschaft:	Entschleunigung
Wirtschaft:	Krise der Info-Tech-Branche, Ausfall eines wichtigen Motors der Wirtschaftsentwicklung
Sonstiges:	Insgesamt weniger rasanter technischer Fortschritt

Szenario

Auf der CeBIT 2012 lassen die Chiphersteller die Bombe platzen: Die geplanten Fabriken in Taipeh und Dresden werden gestrichen, die Belegschaften der Entwicklungsabteilungen werden heruntergefahren, denn es wird in den kommenden Jahren keine schnelleren Chips mehr geben. Die Grenze ist erreicht!

Die Märkte reagieren mit empfindlichen Kursabschlägen. Gerade in den letzten Jahren sind die Entwicklungskosten für immer höher integrierte Chips explodiert; Milliarden müssen abgeschrieben werden. Neben den Chipherstellern trifft es fast die gesamte Informations- und Kommunikationstechnikbranche. Die Handyproduzenten werden die sechste Handy-Generation ausfallen lassen müssen. Auch bei PCs ist kein Generationenwechsel mehr in Sicht. Bisher waren die Geräte alle drei, vier Jahre hoffnungslos veraltet, und wer Schritt halten wollte, mußte sich den nächsten anschaffen. Das ist nun vorbei. Das Erneuerungskarussell dreht sich nicht mehr. Eine Hoffnung bleibt den Herstellern, nämlich daß PCs und Handys von sich aus nach, sagen wir, sieben Jahren den Geist aufgeben. Die Umsätze aber werden dramatisch schrumpfen.

Viele Visionen von der schönen neuen High-Tech-Welt bleiben nun Utopie. Wir werden nicht in Haus und Büro von zahllosen intelligenten Dingen umgeben sein, wir werden nicht Computer in der Brille oder im Revers mit uns tragen, wir werden uns keine winzigen Chips implan-

tieren lassen, wir werden nicht ständig mit dem »Evernet« verbunden
sein ...

Für die Umwelt bedeuten die verlängerten Produktlebenszyklen eine
Entlastung, denn es entsteht weniger Elektronikschrott. Die Finanz-
ämter setzen die Abschreibungsfristen herauf. Der »Verein zur Verzögerung der Zeit« veröffentlicht triumphierende Pressemitteilungen: Die
Beschleunigung sei über die eigenen Beine gestolpert ...

Letztlich profitiert der Verbraucher. Die Chips werden zwar nicht lei-
stungsfähiger, aber die Software wird besser. Nicht Geschwindigkeit,
sondern Qualität ist nun das Verkaufsargument Nummer 1. Schwere
Ausnahmefehler? – Die gab es einmal. Computerzeitschriften formulie-
ren es so: Die Technologie hat nun endlich Zeit zu reifen.

Kommentar

In den sechziger Jahren hat der spätere Intel-Chef Gordon Moore die
Faustregel aufgestellt, daß sich die Leistungsfähigkeit der Computerchips –
sowohl der Prozessoren als auch der Speicherchips – ungefähr alle 18
Monate verdoppelt. In 15 Jahren erreichen sie so die tausendfache, in
30 Jahren die millionenfache Geschwindigkeit, den millionenfachen
Speicherumfang. Oder anders herum: Bei gleicher Leistung schrumpft
das Volumen auf ein Tausendstel bzw. ein Millionstel. Seit nun fast sechs
Jahrzehnten hält dieser rasante Fortschritt an – und wir nehmen ihn als
eine Selbstverständlichkeit wahr. Das wird nicht immer so bleiben. Irgendwann werden die Grenzen erreicht. Die Potentiale der Silizium-
Technologien könnten in etwa einem Jahrzehnt ausgereizt sein, die
Chips sind dann so fein strukturiert, daß sich Quanteneffekte bemerkbar
machen. Bislang konnte allerdings jede Grenze durch einen Technolo-
giewechsel überwunden werden. Möglicherweise werden dreidimensionale Chip-Strukturen, optische Chips, Quantencomputer oder DNS-
Computer dafür sorgen, daß Moores Gesetz noch eine Weile gilt. Sicher
ist das nicht. Der Aufwand für Forschung und Entwicklung steigt, und
ob die nötigen Durchbrüche nach Moores Fahrplan geschehen, weiß
niemand.

Die Welt nach dem Stop der rasanten Computerentwicklung sähe anders aus als unsere Welt – und erst recht völlig anders als die heute modi-
schen SF-Visionen von einem entfesselten Informations- und Kommuni-
kationszeitalter.

Jeder kann ein Telepath sein

Gedankenlesen wird erlernbar.

Wahrscheinlichkeit:	●●●○○○○
Wirkungsstärke:	●●●●●○○
Frühindikatoren:	Wissenschaftlicher Nachweis von Telepathie

Auswirkungen auf	
Gesellschaft:	Aufwind für Esoterik und Spiritualität
Wirtschaft:	Neuartige Wirtschaftsspionage
Sonstiges:	Übergang zu einer Kultur der Wahrhaftigkeit?

Szenario

Im Sommer 2022 will es niemand glauben, im Herbst 2022 füllt das Thema die Talkshows, und im Winter 2022 ist es einfach schick, an einem Kurs teilzunehmen. Telepathie, kurz TP, ist Mode. Wer etwas auf sich hält, berichtet von eigenen Erfahrungen, also von aufgeschnappten fremden Gedanken, dem Gefühl, sich durch einen Wald von Stimmen zu bewegen, geglückten TP-Botschaften über Dutzende Kilometer. TP ist besser als mobiles Telefonieren, viel intensiver, emotionaler, dazu noch immer etwas geheimnisvoll. Die Medien berichten von wundersamen Fällen von »Geistverschmelzung«, von TP über den Atlantik, von Kontaktaufnahme mit Abgeschiedenen und Bewohnern der Zukunft. Und welche werdende Mutter würde nicht versuchen wollen, eine geistige Verbindung mit dem Ungeborenen herzustellen?

Viele Mythen und mancher Schwindel ranken sich um TP. Der Blick ins Jenseits funktioniert ebensowenig wie der in die Zukunft oder Vergangenheit. Auch scheint die Reichweite begrenzt zu sein, und nicht einmal, daß TP zwischen Personen, die sich nahe stehen, besser funktioniert, läßt sich nachweisen. Dennoch zieht TP eine Revolution nach sich. Sie läßt sich am Esoterik-Boom ablesen und an der zurückhaltenderen Weise, wie sich Menschen auf der Straße oder im Büro begegnen. Selbstverständlich sind nach der ersten Euphorie TP-Abschirm-Kurse der Renner. Wer läßt sich schon gern in den Schädel blicken? Angeblich genügen schon zwei Maß Bier, um die Gedanken mit einem undurchdringlichen Schleier zu überziehen.

TP ist nicht jedermanns Sache. Zwar beruht TP auf der Stimulation bestimmter Hirnzentren mit einer spezifischen Droge, doch reicht es nicht aus, die Gedankenlese-Pille zu schlucken. Ein fast meditativer Zustand der Konzentration muß hinzukommen, und den meisten Menschen ist die Anstrengung anzusehen. Einige aber können fast mühelos in den »TP-sensitiven Zustand« gleiten. Professioneller Telepath wird zum neuen Berufsbild. Der Bedarf ist groß, und zwar bei Geheimdiensten und Detekteien und, sobald TP-Verhöre gesetzlich zulässig sind, auch bei der Polizei. Nur die europäische Justiz weigert sich noch, die Beeidung von Aussagen durch den Blick ins Gehirn zu ersetzen. In den USA ist dies längst Routine und »Telepath bei Gericht« ein Modeberuf, der bereits den Weg in einschlägige Serien gefunden hat.

Einige Kommentatoren proklamieren bereits das Ende der Lügenkultur. Aber gleichzeitig scheitert ein Volksbegehren, das fordert, die Aussagen von Politikern im Wahlkampf, bei Pressekonferenzen oder in den Parlamenten telepathisch überprüfen zu lassen . . .

Kommentar

Bereits seit über einhundert Jahren wird die Telepathie – Gedankenlesen oder Gedankenübertragung – wissenschaftlich untersucht. Britische Forscher, die sich in der »Society for Psychical Research« zusammengeschlossen hatten, waren die ersten. In den 1930er Jahren experimentierte dann Joseph Banks Rhine an der Duke University mit der Telepathie. Rhine war sich sicher, das schwer faßbare Phänomen einer »extra sensory perception« endlich mit exakten Methoden nachgewiesen zu haben. Andere Forscher konnten allerdings seine Erfolge nicht reproduzieren.

Nach dem Zweiten Weltkrieg setzte Hans Bender an der Universität Freiburg die Untersuchungen Rhines fort und versuchte, die Parapsychologie in Deutschland akademisch zu verankern. Wirklich greifbare, wiederholbare Resultate konnte auch er nicht vorlegen. Interessant blieb die außersinnliche Wahrnehmung jedoch besonders für Militärs und Geheimdienste. Während des Kalten Krieges wurden sowohl in der Sowjetunion als auch in den USA entsprechende Experimente durchgeführt, natürlich unter striktester Geheimhaltung. Vielleicht gab es den Durchbruch schon, und wir wissen nur noch nichts davon?

Im Netz ist nichts mehr geheim

Neue mathematische Verfahren führen zu einem Zusammenbruch der Kryptographie.

Wahrscheinlichkeit:	● ● ● ○ ○ ○ ○
Wirkungsstärke:	● ● ● ○ ○ ○ ○
Frühindikatoren:	Keine

Auswirkungen auf	
Gesellschaft:	Gefühl der Unsicherheit
Wirtschaft:	Turbulenzen auf den Kommunikationsmärkten
Sonstiges:	Vorübergehender Rückgang von Internet- und Mobilfunknutzung

Szenario

Wer glaubt, abstrakte mathematische Grundlagenforschung sei unpraktisch und weltfern, der irrt. 2007 veröffentlicht ein indischer Zahlentheoretiker eine Methode zur Primzahlzerlegung großer Zahlen – und das gesamte Internet erzittert. Mithilfe seines Verfahrens lassen sich alle gebräuchlichen Verschlüsselungen, auch die komplexesten mit der größten Schlüssellänge, rasch und effizient knacken. Bereits wenige Tage nach der Publikation kursieren die ersten Codebrecher-Programme im Netz.

Vielen wird erst jetzt klar, wie selbstverständlich Kryptographie geworden ist. Natürlich benutzen Unternehmen beim Austausch sensibler Daten Verschlüsselungstechniken. Jeder Online-Banking-Kontakt läuft verschlüsselt, bei jedem Online-Einkauf werden Kreditkartendaten chiffriert übermittelt, viele Menschen verschlüsseln schon routinemäßig ihre E-Mails. Und auch beim Mobilfunk findet die Kommunikation zwischen Handy und Netz verschlüsselt statt, denn sonst könnte wie beim CB-Funk im Prinzip jeder, der die Frequenz erwischt, mithören.

Noch bevor die ersten Fälle von Datendiebstahl und Betrug ruchbar werden, ist das über Jahre mühsam aufgebaute Vertrauen in das Netz dahin. »Wir werden nicht gleich zu reitenden Boten zurückkehren müssen«, verlautbart der Pressesprecher einer Bank. Er verrät aber nicht, wozu man zurückkehren will. Vielleicht zum Brief? Fakt ist, daß weltweit die Postdienste einen immensen Ansturm erfahren. Filialen und Verteilzentren sind überfordert. Laufzeiten von mehreren Tagen, ja Wochen sind die Regel. Dennoch weigern sich die Unternehmen, mehr Personal auf Dauer einzustellen. Sie vermuten, daß sich der Andrang bald wieder normalisieren werde.

Tatsächlich arbeiten die Kryptographieanbieter mit Hochdruck an neuen Verfahren, auch in Kombination mit Hardwarelösungen. Nach anderthalb Monaten schon kommen die ersten auf den Markt.

Im Endeffekt hat der indische Mathematiker der Welt Wochen der Unsicherheit und der Softwarebranche einen Sonderboom beschert.

Kommentar

Schon heute ist das Internet ohne Kryptographie nicht mehr denkbar, E-Commerce, Online-Banking, die elektronischen Zahlungssysteme im Netz usw. erfordern eine sichere und geheime Datenübertragung mit Nutzeridentifikation und Wahrung der Integrität. Und gerade für global agierende Unternehmen ist eine geschützte Kommunikation überlebenswichtig. Kryptographische Verfahren werden aber auch im Mobilfunk, bei der Kommunikation von PDAs und bei vielen anderen Geräten eingesetzt. Im Prinzip wird irgendwann fast jegliche elektronische Kommunikation verschlüsselt laufen.

Die Kryptographie greift auf verschiedene Algorithmen zurück, um Nachrichten zu codieren und zu decodieren. Nur wer über einen entsprechenden Schlüssel – eine Zeichenkette von bestimmter Länge – verfügt, kann die für ihn bestimmten Daten decodieren. Ein Dechiffrieren ohne Schlüssel bedürfte astronomisch langer Rechenzeiten. Zwei verschiedene wissenschaftliche Durchbrüche könnten die Dechiffrierzeiten auf ein brauchbares Maß verkürzen: Zum einen könnte die Rechentechnik wesentlich schneller werden, z.B. dadurch, daß die Informationsverarbeitung parallel geschieht, Millionen mögliche Schlüssel gleichzeitig durchprobiert werden können. Zum anderen könnten neue mathematische Verfahren es gestatten, den Schlüssel sozusagen aus der Nachricht zu extrahieren – und hierfür würde eine sehr effiziente Methode für die Faktorierung (Primzahlzerlegung) großer Zahlen benötigt. Einen derartigen Algorithmus gibt es derzeit nicht, und es ist ungewiß, ob er überhaupt existieren kann. – Wir haben hier den seltenen Fall einer mathematischen Wild Card.

Lernen durch Download

Lerninhalte können direkt ins Gehirn eingespeichert werden.

Wahrscheinlichkeit:	● ● ○ ○ ○ ○ ○
Wirkungsstärke:	● ● ● ● ● ○ ○
Frühindikatoren:	Durchbrüche in Kognitionswissenschaften/ Lernforschung

Auswirkungen auf	
Gesellschaft:	Schule und Hochschule, Aus- und Fortbildung
Wirtschaft:	Umwälzung des Bildungsmarktes
Sonstiges:	Entwertung von Faktenwissen, Aufwertung von sozialen und kommunikativen Kompetenzen

Szenario

Anfang 2035 verblüfft ein Frisör-Azubi die Medienwelt: Er räumt auf den Wissens-Gameshows mühelos alle Preise ab, glänzt heute als Experte für prähistorische Malerei, morgen als Kenner uralter Fernsehserien und übermorgen als Spezialist für Insekten und deren Liebesleben. Kein Lysergsäurediäthylamid oder Superkalifragilistigexpialigetisch ist ihm zu schwierig. Er ist, wie man später feststellt, kein Wunderknabe, sondern ein Dieb. Wenn auch von HighTech.

Bald spricht es sich unter Schülern wie Studenten herum: Nie wieder Vokabeln pauken! Nie wieder Formeln büffeln! Nie wieder Jahreszahlen auswendig lernen! Selbstverständlich formuliert das Institut für Kognitionswissenschaften viel vorsichtiger. Die neue Technologie der elektromagnetischen Neuronenstimulation sei kein Nürnberger Trichter. Zwar habe man jetzt die ersten Patente beantragt, doch auf dem Weg in die Breitenanwendung gebe es noch mancherlei Schwierigkeiten zu überwinden. Die Bilder, die über die Sender laufen, scheinen das Gegenteil zu belegen: Da stülpt sich eine junge Frau einen bizarren Helm über, schließt die Augen. Und in der nächsten Szene spricht sie das kleine Einmaleins in Hethitisch, einer ausgestorbenen Sprache, mit der sie unter keinen Umständen schon einmal in Berührung gekommen sein kann.

Japanische Firmen sind die ersten Lizenznehmer. Noch ist die Technik unausgereift: Zum einen erlaubt sie es lediglich, Fakten schneller zu memorieren, und zum zweiten gibt es Nebenwirkungen. Die ersten Nutzer klagen über Kopfschmerzen, Desorientierung, Gedächtnisverlust – offensichtlich sind individuelle Justierungen nötig. Aber der Markt ist da, und je mehr Wagniskapital in die Firmen fließt, desto rascher schreitet die Entwicklung voran.

Das Konfliktpotential ist fast so hoch wie das Marktpotential: Erziehungswissenschaftler warnen vor Manipulation und verweisen darauf, daß nichts den Lehrer und das Verhältnis zwischen Lernendem und Lehrendem ersetzen könne . . .

Schüler und Studenten dagegen werden immer aufsässiger: Weshalb sich jetzt mühsam eintrichtern, was man in spätestens ein, zwei Jahren im Schlaf erwerben kann? Private Fortbildungseinrichtungen greifen als erste die neue Technik auf. Die Bildungsminister rechnen nach, wieviel Mittel durch verkürzte Ausbildungs- und Studiengänge frei würden. »Lernhelme« werden bald darauf in Warenhäusern angeboten. Zu Haus »laden« die Leute Klingonisch für die nächste Party und vertrackte Regeln für Fantasyspiele.

Kommentar

Der Nürnberger Trichter ist ein alter Menschheitstraum, der immer wieder einmal Anlaß zu technologischen Visionen gab. Eine Zeitlang suchte man nach Gedächtnis-Molekülen und spekulierte darüber, ob es möglich sei, sie von Gehirn zu Gehirn zu übertragen. Experimente mit Plattwürmern schienen dies nahezulegen. In den sechziger Jahren setzte man große Hoffnungen auf die Hypnopädie, Vokabelnlernen im Schlaf. Doch die Erfolge waren letztlich eher bescheiden.

Derzeit knüpfen sich Hoffnungen an die Kognitionswissenschaften. Unsere Kenntnisse über die äußerst komplexen und vielschichtigen Mechanismen der Lernvorgänge auf biochemischer Ebene, auf neuronaler Ebene etc. wachsen beständig. Bildgebende Verfahren gestatten einen immer schärferen Blick in das menschliche Gehirn. Wenn man diese Mechanismen erst einmal richtig verstanden hat, kann man sie vielleicht auch manipulieren: biochemisch, elektrisch, durch implantierte Elektroden oder Chips oder wie auch immer.

Selbst wenn es lediglich gelingt, das Einprägen von Fakten durch die Stimulation bestimmter Gehirnzentren, durch Biofeedback oder ähnliche Verfahren zu erleichtern, könnte dies eine Revolution des Bildungsbereiches auslösen.

Umstellung auf »super«

Neue Materialien ermöglichen eine verlustlose Übertragung und Speicherung von Energie.

Wahrscheinlichkeit:	●●●●●○○
Wirkungsstärke:	●●●●○○○
Frühindikatoren:	Fortschritte in der Supraleitungsforschung

Auswirkungen auf	
Gesellschaft:	Verschiebung der weltpolitischen Gewichte
Wirtschaft:	Revolution der Energiewirtschaft und im Verkehr
Sonstiges:	Umweltentlastung, Entwicklungschancen für die Dritte Welt

Szenario

Ein Nobelpreis ist den Wissenschaftlern des Europäischen Labors für Supraleitfähigkeitsforschung sicher, und mit ihren Patenten werden sie wohl bald zu den reichsten Menschen der Welt gehören. Schon am Tag nach der Presseerklärung fallen die Aktien der großen Energiekonzerne, und die Kurse der potentiellen Hersteller von Zimmertemperatur-Supraleitern schießen in den Himmel. Umweltaktivisten begeistern sich im Fernsehen: der Elektrizitätsverbrauch sinkt um bis zu 70 Prozent, denn so groß sind die Leitungsverluste, statt nur 30 Prozent kommen künftig fast 100 Prozent beim Verbraucher an! Motoren werden auf ein Viertel ihrer Größe schrumpfen, Photovoltaik auf dem Dach wird sich ohne staatliche Subvention rechnen, denn mit einer supraleitenden Speicherspule kann sich jeder Eigenheimbesitzer energieautark machen. Eine einmalige Investition – und man zahlt nie wieder für Energie!

Innerhalb von Wochen präsentieren die Automobilkonzerne die neue Generation der Elektroautos: Reichweite 1000 km, Höchstgeschwindigkeit 250, vollständige Rückgewinnung der Bremsenergie. Probleme bereitet allenfalls noch die Abschirmung der phantastisch starken Magnetfelder der Speicherspulen. Einige Hersteller propagieren bereits den Abschied vom Rad. Ihre Autos schweben über den Straßen, in die allerdings Metallstreifen eingelassen sein müssen. Die Gegner demonstrieren ebenfalls äußerst publikumswirksam die Risiken. Wird eine Spule über

40 °C erhitzt, bricht die Supraleitfähigkeit zusammen: ein greller Blitz, ein Knall, und den Wagen hat es in tausend Stücke zerrissen. TNT ist harmlos dagegen.

In der Schweiz bezieht eine Familie das erste »Super-Haus«: Tische und Stühle darinnen haben keine Beine mehr, sie hängen buchstäblich in der Luft. Die Medien sprechen von der »Aufhebung der Schwerkraft«, sehr praktisch, wenn man saubermacht. Noch streiten jedoch die Experten über die langfristigen biologischen Wirkungen der extrem starken Magnetfelder. Und das Militär experimentiert insgeheim mit neuartigen Magnet-Waffen.

Die Supraleitung verhilft den alternativen Energieträgern zum Durchbruch. Nicht nur Draht-, Speicher- und Motorenhersteller erleben einen Boom, die Welle erfaßt genauso die Photovoltaik-Anbieter und die Windkraftwerksbauer. »Umrüstung auf super« lautet politisch verkürzt die Formel. Straßen und Gebäude werden sich verändern, kaum öffentlich wahrgenommen läuft parallel eine Revolution der industriellen Prozesse.

Kommentar

Supraleitfähigkeit bei Zimmertemperatur ist eine utopische Technologie, und zwar im doppelten Sinne: hochgradig unrealistisch und eine wundervolle Lösung für fast alle Energieprobleme. In Kombination mit Solarenergie könnte sie unsere Welt aus der Abhängigkeit vom Öl befreien.

Bereits 1911 hat der Niederländer Heike Kamerlingh Onnes entdeckt, daß Quecksilber bei Temperaturen unter minus 269 °C seinen elektrischen Widerstand verliert. Derart extreme Kälte läßt sich allerdings nur unter größtem Aufwand erreichen. Deshalb wurde seither nach Materialien geforscht, die auch bei höheren Temperaturen supraleitend sind. 1986 gelang mit Metalloxid-Keramiken ein Durchbruch zu Hochtemperatur-supraleitern. Sie müssen nur auf minus 150 °C abgekühlt werden. Daher genügt der vergleichsweise billige flüssige Stickstoff als Kühlmittel.

Allerdings sind seither keine ähnlichen Erfolge mehr zu verzeichnen gewesen. Doch auch bereits mit den heute verfügbaren Supraleitern eröffnen sich interessante Anwendungsfelder etwa in Hochgeschwindigkeitsrechnern und in Stromnetzen.

Einzelne Experten richten nun Hoffnungen auf Nanotubes, Materialien mit molekularer Röhrenstruktur. Sie könnten die Revolution bringen.

E. T. ruft an

Die ersten unzweifelhaften Signale einer außerirdischen Zivilisation werden empfangen.

Wahrscheinlichkeit: ● ○ ○ ○ ○ ○ ○
Wirkungsstärke: ● ● ● ○ ○ ○ ○
Frühindikatoren: Keine

Auswirkungen auf	
Gesellschaft:	Angeregter Diskurs über philosophische und religiöse Fragen, starke kulturelle Anreize
Wirtschaft:	Impulse für High-Tech-Industrien und für die Medien- und Werbebranche
Sonstiges:	Forschung (speziell Weltraum)

Szenario

»Kopernikus hat recht« titeln die Zeitungen. Dabei hatte gar nicht Kopernikus, sondern Giordano Bruno die Existenz anderer Menschheiten im unendlichen All behauptet, eine Spekulation, die sich jahrhundertelang nicht erhärten ließ. Seit etwa 1960 hatten Forscher immer wieder mit den größten und besten Radioteleskopen nach Signalen von Außerirdischen gesucht. Erfolglos. Doch nun, im Mai 2021, meldet SETI@home: E.T. funkt! Die Ergebnisse dieses Netzwerks von Privatpersonen, die einen Teil ihrer Computerkapazitäten für die Auswertung kosmischer Radiostrahlungen zur Verfügung gestellt haben, werden bald von professionellen Radioastronomen bestätigt.

Weltraumforscher und Science-fiction-Autoren sind plötzlich heiß begehrte Gesprächspartner für Interviews und Talkshows. Und immer wieder müssen sie zu denselben Fragen Stellung beziehen: Wer sind sie? Wann kommen sie? Glauben sie an Gott? Sollen wir uns freuen oder fürchten? Dürfen wir antworten?

Natürlich wissen auch die echten oder vermeintlichen Experten im Grunde nicht mehr als der Normalbürger. Die Signale sind aufgrund ihrer statistischen Charakteristika unzweifelhaft künstlichen Ursprunges. Von einer Entschlüsselung kann vorerst keine Rede sein. Womöglich handelt es sich um rein technische Kommunikation zwischen Automaten. Sicher ist eigentlich nur, daß eine zielgerichtete Botschaft an die Menschheit ausgeschlossen werden kann und der nächste Stern in Herkunftsrichtung der Signale 73 Lichtjahre entfernt ist.

Je dürftiger die Fakten, desto wilder die Spekulationen. Angeblich hat Nostradamus die »transgalaktische Botschaft« vorausgesehen – sie wird das Weltende einleiten. In den Kirchen wird diskutiert, ob auch andere Welten ihren Erlöser haben. Nur die Buddhisten wahren Gemütsruhe.

Auf die Diskussionen folgen die Aktionen. Cosmo-Look und Cosmo-Sound erobern Laufstege und Charts. UFO-Sichtungen häufen sich. Wie sich Präsidentschaftskandidaten über E. T. und Co. äußern, kann wahlentscheidend sein. Raumfahrt ist wieder in. Die großen Nationen legen milliardenschwere Forschungsprogramme auf. Falls die Außerirdischen doch kommen, möchte die Menschheit nicht als eine Bande von Neandertalern dastehen.

Kommentar

Seit etwa vierzig Jahren wird nach Signalen aus dem All geforscht. Wenn außerirdische Zivilisationen wenigstens über den technischen Stand der Menschheit verfügen, müßte doch etwas von ihnen zu hören sein ... SETI, Search for Extra-Terrestrial Intelligence, gleicht freilich der Suche nach der Stecknadel im Heuhaufen. Millionen von Frequenzen aus Millionen von Richtungen (für jeden Stern eine) müssen durchforstet werden. Selbst mit der modernsten Technik ist dies ein ziemlich aussichtsloses Unterfangen, und die bisherigen Mißerfolge machen die Existenz von hochentwickelten Zivilisationen irgendwo in unserer galaktischen Umgebung nicht gerade wahrscheinlicher. Kein Wunder, daß die Himmelslauscherei immer mehr zum Privatvergnügen der Enthusiasten von SETI@home wird. Zudem verhindern die gewaltigen kosmischen Entfernungen eine echte Zweiwege-Kommunikation. Ein Radiosignal braucht für die Strecke bis zum nächsten Fixstern, dem Proxima Centauri, und zurück fast neun Jahre. Wer aber kann im besten Fall Jahrzehnte, wahrscheinlicher aber Jahrhunderte, auf eine Antwort warten?

Falls es aber tatsächlich Zivilisationen von kosmischen Dimensionen gibt, könnte es sein, daß wir eines Tages ein wenig Streuverluste von ihrer internen Kommunikation auffangen – unverständliches Trommeln, das ein günstiger Wind von der Nachbarinsel heranträgt. Auch wenn wir die Nachricht nicht verstehen, zwingt sie uns, über unseren Platz im Universum neu nachzudenken.

Basistrends: Wirtschaft und Finanzen

Wir leben in einer Ära der wirtschaftlichen Globalisierung, wenn wir auch ihre Ursachen und Wirkungen noch nicht bis ins letzte verstehen. Schon früher, beispielsweise zu Zeiten des britischen Empire, gab es einen hochentwickelten Welthandel – Rohstoffe gegen Industriegüter –, doch heute verschmelzen die Märkte in einem nie gekannten Ausmaß. Viele Unternehmen, die sogenannten Global Players, aber auch kleinere Firmen, agieren nicht mehr im nationalen Rahmen, sondern bieten ihre Produkte weltweit an. Sie produzieren und forschen an Standorten rund um den Globus. Sie betreiben in vielen Ländern Absatznetzwerke, kaufen gegebenenfalls lokale Firmen auf. Und sie spielen bisweilen bei Ansiedlungsentscheidungen einzelne Staaten als Standorte gegeneinander aus oder wandern, wenn die Rahmenbedingungen nicht mehr stimmen, in andere Länder ab.

Nicht nur die Aussicht auf höhere Gewinne veranlaßt dabei gerade die ohnehin schon großen Mega-Corporations zu immer neuen Fusionen und Allianzen – obwohl sich allmählich herumgesprochen haben dürfte, daß über die Hälfte von ihnen an kulturellen Differenzen scheitert oder sich zumindest die Hoffnungen auf Synergien nicht erfüllen. Ein starker Antrieb ist auch die Überzeugung, daß auf den globalisierten Märkten bei vielen Produktgruppen nur drei bis fünf Hersteller oder Marken überleben werden. Wachse oder sterbe, heißt es da.

Eine besondere Rolle kommt den globalen Finanzmärkten zu. Sie stecken die Rendite-Erwartungen ab, denen die Unternehmen zu entsprechen haben, wenn sie nicht auf der Börse abgestraft werden wollen. Über sie laufen die Kapitalinvestitionen in Volkswirtschaften, die geeignete Rahmenbedingungen bieten, oder, im entgegengesetzten Falle, die Abflüsse von Kapital. Die Summen, die täglich über die globalen Finanzmärkte zirkulieren, haben mittlerweile die phantastische Höhe von ca. 3 000 Milliarden Dollar erreicht. Nur etwa 2 Prozent davon sind Zahlungen im Zusammenhang mit dem Handel, der Rest ist Anlagekapital, das auf Renditedifferenzen von wenigen Promille reagiert. Vor allem institutionelle Anleger – die amerikanischen Rentenfonds beispielsweise – prägen diesen Markt. Grob geschätzt haben die globalen Finanzströme etwa das 15fache Volumen des Welt-Bruttoprodukts.

Bei einem derartigen Ungleichgewicht ist es nicht verwunderlich, daß viele Kritiker den unregulierten Kapitalverkehr als sehr problematisch ansehen: Wechselkursspekulationen können die Märkte destabilisieren. Nicht weniger als 87 Staaten haben seit 1975 mit einer Hyperinflation kämpfen oder ihre Währungen abwerten müssen. In vielen Fällen haben auch die Instrumente des Internationalen Währungsfonds – Finanzspritzen, um die Währungen zu stützen, und als Gegenleistung Reformen – wenig ausrichten können. Andererseits darf aber auch nicht übersehen werden, daß die hohe Beweglichkeit des Kapitals den Transfer von Know-how und Technologie fördert und viel zum Wachstum in den aufstrebenden Volkswirtschaften beigetragen hat. Südostasien beispielsweise hat lange vom Kapitalzufluß profitiert.

Global wachsen die Wirtschaften recht unterschiedlich. Das japanische Wirtschaftswunder ist vorüber, die EU kann nur niedrige Wachstumsraten realisieren, die asiatischen Tigerstaaten haben eine Verschnaufpause eingelegt. Große Erwartungen richten sich auf China und Indien mit ihren expandierenden Bevölkerungen. Wenn es diesen Staaten gelingt, weiter dynamisch voranzuschreiten, könnten sie in ein, zwei Jahrzehnten global den Ton angeben. Voraussetzung dafür ist allerdings, daß sie ihre sozialen und ökologischen Probleme in den Griff bekommen.

Spätestens dann werden auch die großen neuen Mitspieler in der globalen Wirtschaft dem Beispiel der frühindustrialisierten, westlichen Staaten folgen und sich in Dienstleistungsgesellschaften verwandeln, in denen nur noch der kleinere Teil der Beschäftigten mit der Herstellung von Gütern befaßt ist. Neben Kapital, Arbeit und Rohstoffen ist Wissen in diesen Gesellschaften zum vierten Produktionsfaktor und zu einer Schlüsselgröße für Wachstum, Beschäftigung und für die Position im globalen Wettbewerb geworden. Mehr als die Hälfte des Bruttosozialprodukts in den OECD-Ländern beruht bereits jetzt auf der Produktion und Verteilung von Wissen. Geistiges Eigentum ist dementsprechend immer wichtiger geworden, und letztlich ist Bildung die Voraussetzung für wirtschaftlichen Erfolg im 21. Jahrhundert.

Wild Cards könnten die stromlinienförmige Welt beständigen Wirtschaftswachstums und voranschreitender Globalisierung zerstören oder in andere Bahnen lenken. Von besonderem Interesse sind dabei Wild Cards für die Finanzmärkte, weil sie den Nerv der globalisierten Wirtschaft treffen und branchenübergreifend wirksam sind.

E-Cash goes Globo

Ein digitales Zahlungsmittel im Internet ersetzt die nationalstaatlichen Währungen.

Wahrscheinlichkeit:	●●●●●○○
Wirkungsstärke:	●●●●○○○
Frühindikatoren:	Zunahme von Internet-Zahlungsmitteln

Auswirkungen auf	
Gesellschaft:	Stabilisierende Wirkung in Ländern mit vormals schwachen Währungen; Gefahr sozialer Spaltung
Wirtschaft:	Verstärkte und erleichterte Globalisierung, verschärfter Wettbewerb
Sonstiges:	Weiterer Kompetenzverlust der Nationalstaaten, Probleme bei der Besteuerung

Szenario

Im Jahr 2015 platzt der Knoten: Die Widerstände der amerikanischen Fed und der Europäischen Zentralbank sind überwunden, die Internet-Behörde ICANN und die Assoziation der E-Payment-Anbieter verkünden, daß sie dem Währungswirrwarr ein Ende bereiten wollen. Künftig wird das Netz nur noch Transaktionen in der ersten Weltwährung mit dem runden Namen »Globo« unterstützen. Über den Daumen gepeilt, ist ein Globo 130 EuroCent oder 162 US-Cent oder ziemlich genau ein Pfund Sterling wert.

Den Unternehmen erleichtert der Globo die Geschäfte, vor allem dann, wenn sie nicht primär im Euro-Raum oder in der Dollar-Zone stattfanden. Die Utopie der »frictionless economy«, des Wirtschaftens ohne Reibungsverluste, rückt ein Stückchen näher. Vor allem die ohnehin von Krisen geplagten Banken bekommen allerdings einen noch weiter verschärften globalen Wettbewerb zu spüren.

Die Durchschnittseuropäer gehen an die Umwälzung mit sehr gemischten Gefühlen heran. Schließlich ist abzusehen, daß in Bälde auch die Euroscheine ausrangiert werden müssen. Man kann nicht im Netz die eine Währung benutzen und im sogenannten realen Leben eine andere. Wer aber garantiert, daß der Globo so stabil wird wie der Euro?

Und am Globo hängen auch noch die unsicheren Kantonisten der Dritt-weltstaaten, wo es vor kurzem noch dreistellige Inflationsraten gab … Jedenfalls steigt unmittelbar nach der Verlautbarung von ICANN der Goldpreis merklich an. Verschwörungstheorien machen die Runde. ICANN regiert die Netz-Welt. Wer aber regiert ICANN?

Mit ihren Währungen haben die Nationalstaaten wieder einmal Kompetenzen an eine globale Organisation abgegeben. Aber muß man dem wirklich nachweinen? Weshalb eigentlich sollen immer nur National-staaten Währungen herausgeben?

»Der Globo«, heißt es in der Wirtschaftspresse, »ist der Kulminations-punkt aller bisherigen Anstrengungen. Durch ihn wird die Globalisie-rung auf einer nicht-hegemonialen Basis vollendet.«

Kommentar

In der Frühphase elektronischer Zahlungssysteme im Internet sind eine Reihe Konzepte und Modellversuche mehr oder weniger gescheitert. Prinzipiell sollte digitales Bargeld so anonym wie Münzen oder Scheine sein, von einem Computer oder Mobiltelefon beliebig auf andere über-tragbar, vielleicht auch noch auf die Geldkarte. Natürlich muß es sich in richtiges Geld konvertieren lassen. Es sollte eine unbegrenzte Laufzeit haben, sich wiederauffinden lassen, wenn es gestohlen wird, und sich wiederherstellen lassen, wenn es – etwa durch einen Festplattencrash – verloren geht. Erst wenn das »virtuelle Geld« so bequem wie die Kredit-karte funktioniert, wird es zu einer »Killer-Applikation«.

Heute ist noch nicht abzusehen, welche Internet-basierten Zahlungs-systeme sich durchsetzen werden. Viele der elektronischen Geld-Pro-dukte sind entweder zu umständlich oder nicht sicher genug. Aber Akzeptanz und Verbreitung steigen, und in einem Jahrzehnt könnte digi-tales Bargeld zur Normalität im Netz gehören, so wie heute die Euro-card aus dem Einkaufsalltag nicht mehr wegzudenken ist. Eine erfolg-reiche Einführung von digitalem Bargeld würde zuerst vor allem dem Teleshopping und dem mobile shopping per Handy zugute kommen und einen zusätzlichen Veränderungsdruck auf die Bankenbranche aus-lösen. Je größer die Verbreitung von E-Cash, desto stärker der Verein-heitlichungsdruck – im Internet natürlich auch über Landesgrenzen hin-weg. Perspektivisch könnten – wenn zumindest die wichtigsten Staaten dies zulassen und geeignete währungsrechtliche Voraussetzungen schaf-fen – digitale Geldformen die nationalstaatlichen Währungen ersetzen. Die langfristigen Konsequenzen wären immens.

Europa blickt nach Osten

Auf die Osterweiterung der EU folgt eine zunehmende Ausrichtung auf die GUS-Staaten.

Wahrscheinlichkeit: ●●●●●○○
Wirkungsstärke: ●●●●●○○
Frühindikatoren: Verstärkte wirtschaftliche Kooperation mit den GUS-Staaten

Auswirkungen auf
Gesellschaft: Wachsendes Interesse an russischer Kultur
Wirtschaft: Starke Impulse für die EU-Wirtschaft, vor allem in den Sektoren Bau, Verkehr, Bildung, Rohstoffe
Sonstiges: Verschiebung in den weltpolitischen Konstellationen

Szenario

Eine Zeremonie mit viel Reden, Musik und Drumherum: Der europäische und der russische Präsident zerschneiden auf dem funkelnagelneuen Brester Bahnhof das Band für die Transrapidstrecke Berlin – Warschau – Moskau. Stunden vorher haben sie das Paneuropäische Freihandels- und Investitionsschutzabkommen unterzeichnet, nun wird es mit Leben erfüllt. Die Wirtschaft der EU hat den weiten Raum zwischen Njemen und Ural und darüber hinaus entdeckt.

Viele Politiker und Wirtschaftsführer spekulieren nun darauf, daß sich die Erfolgsgeschichte der Osterweiterung noch einmal wiederholen könnte. Es geht um Ausweitung des Arbeitskräftepotentials, Zugang zu Rohstoffen, Gelegenheiten für Investitionen, neue Märkte, gemeinsame High-Tech- und Raumfahrtprogramme. Vorerst einmal müssen Milliarden in neue oder erweiterte Verkehrswege gesteckt werden – Schilder mit dem Sternenkranz der EU stehen bis nach Baku und Jekatarinburg am Straßenrand. In Brüssel jedoch weiß man, daß es nicht allein auf die rechtlichen Rahmenbedingungen und gute Infrastrukturen ankommt. Austauschprogramme vermitteln schwedische Manager nach Wolgograd und russische nach Spanien. Was vor Jahren die Bundesrepublik im Kleinen begonnen hatte, setzt nun die EU in großem Maßstab fort.

Die Ostorientierung verleiht der europäischen Wirtschaft einen gewaltigen Impuls. Ungesättigte Märkte, wann gab es das zum letzten Mal? »Young man goes east«, heißt es selbst in der Londoner City, und auch manche Experten im Seniorenalter packt plötzlich die Abenteuerlust. Einige Zeitungen ziehen schon den Vergleich mit einem Goldrausch, der aber würde bald vorübergehen. Die Investitionen sind dagegen auf Jahrzehnte angelegt, und solange wird es wohl auch dauern, bis Regelungen und Standards der GUS-Staaten einigermaßen EU-konform sind. Auf die Dauer werden Rußland und selbst Kasachstan de facto zu assoziierten Mitgliedern der EU.

In den USA formuliert man es platt: Europa hat die russische Karte ausgespielt, jetzt sollten wir die chinesische ausspielen. Die Interessengegensätze zwischen den Mächten diesseits und jenseits des Atlantik – beispielsweise in der Frage des kaspischen Öls – treten nun prägnanter zu Tage. Aber auch die EU selbst wird durch die Öffnung bis hinter den Ural vor eine Zerreißprobe gestellt: Portugal und Spanien, Griechenland und Irland fürchten, marginalisiert zu werden, und verlangen vom Hauptprofiteur Deutschland Kompensationen.

Kommentar

Schon die Osterweiterung der Europäischen Union ist ein enormer Kraftakt für alle Beteiligten, der tiefgreifende Reformen sowohl der neuen Mitglieder als auch der EU erzwingt und dessen Gestaltung Jahrzehnte in Anspruch nehmen wird. Eine nochmalige Erweiterung in Richtung Osten scheint daher auf absehbare Zeit ausgeschlossen.

Während eine politische Kooperation der EU mit Rußland heute trotz aller Schwierigkeiten fast schon Normalität ist, entwickeln sich die Wirtschaftsbeziehungen nur langsam und ungleichmäßig. Zwar steht eine verstärkte Zusammenarbeit der EU mit den GUS-Staaten schon lange auf dem Programm, doch erschweren Demokratie-Defizite, Mafia-Strukturen und allgemein instabile Rahmenbedingungen ein engeres Zusammengehen und bilden erhebliche Hindernisse für ein Engagement der Wirtschaft. Die riesigen Marktpotentiale stehen daher vorerst nur auf dem Papier. Bis Rußland, Weißrußland, die Ukraine und die anderen Staaten der Region ihre Hausaufgaben erledigt haben, bleibt ein »russisches Wunder« für die EU eine Wild Card.

Tausch statt Geld

Neben dem Euro etabliert sich ein informelles System von Tausch-währungen.

Wahrscheinlichkeit: ● ● ● ● ○ ○ ○
Wirkungsstärke: ● ● ● ● ● ● ○
Frühindikatoren: Ausbreitung von Tauschringen

Auswirkungen auf
  Gesellschaft: Mehr Engagement und Solidarität
  Wirtschaft: Etablierung einer parallelen Ökonomie, Wirtschafts-
    wachstum von unten
  Sonstiges: Verantwortung verschiebt sich von den Staaten zu
    den Bürgern

Szenario

Am Ende des Kongresses »Europa tauscht« im März 2010 in Straßburg knickt die Europäische Regierung ein. Produkte und Dienstleistungen, die mit Knochen, Batzen, Gilders, Altmärkern, Groszys, Pistolen, TauschThalern, Talenten, Kreuzern oder anderen inoffiziellen »Pseudo-währungen« bezahlt werden, unterliegen weder der 23prozentigen all-europäischen Mehrwertsteuer noch sonst einer Steuer. Der Druck seitens der Abgabenlast-geplagten europäischen Bürger ist einfach zu groß.

Jahre der Krise sind dem Durchbruch vorausgegangen. Nach dem Millennium waren die meisten EU-Staaten immer weiter in die Rezession gerutscht, allenthalben wurden Sozialleistungen abgebaut. Die öf-fentlichen Kassen waren so leer, daß viele Kommunen begannen, ihre Angestellten mit selbstgedrucktem Notgeld zu bezahlen.

Je mehr sich die Krise verschärfte, desto mehr breitete sich die Szene der Tauschringe aus. Wer arbeitslos ist, möchte zwar etwas dazuverdie-nen, aber auch nicht jeden Cent gleich wieder beim Sozialamt abliefern. Also wird Arbeitsleistung durch Arbeitsleistung vergolten: Ich schneide dir das Haar, und du bringst meinem Sohn Mathe bei. Ich pflege deine Oma, und du hältst meinen Garten in Schuß. Und wenn mir die Polites-sen ein Knöllchen verpassen, bezahle ich dafür, indem ich in der Stadt-bücherei aushelfe. Unter diesen Bedingungen ist es ganz praktisch, wenn man wenigstens im lokalen Rahmen die Leistungen verrechnen kann. Omapflege gegen TauschThaler, TauschThaler gegen Mathe-Nachhilfe.

Natürlich hieß es zuerst, dies sei Schwarzarbeit. Natürlich wollte der Staat dafür zuerst abkassieren. Aber wo nichts ist, hat der Kaiser sein Recht verloren. Vor allem dann, wenn bereits ein Viertel aller europäischen Haushalte den Privatbankrott angemeldet hat.

Der Kongreß »Europa tauscht« markiert nicht nur den Durchbruch der Tauschszene, sondern auch den Stimmungsumschwung. Der Staat hat sich zurückgezogen. Die Pseudowährungen werden – wenn auch vorläufig noch in begrenztem Maße – konvertierbar: Guilders gegen Altmärker. Die Wirtschaft wächst von unten neu.

Kommentar

Seit etwa Mitte der achtziger Jahre wurde in vielen Städten und Regionen – etwa in den USA, Deutschland und Brasilien – mit Tauschringen und komplementären Währungen experimentiert. Derzeit existieren etwa 3000 derartiger lokaler Geld-Arten. Die Währungseinheit ist dabei zumeist die beanspruchte Arbeitszeit. Volkswirtschaftlich spielen die Tauschringe allerdings keine Rolle. Sie sind eher als Indikatoren für den ideenreichen Kampf gegen den sozialen Niedergang und für die Herausbildung eines dritten, informellen Sektors der Wirtschaft – neben dem privatwirtschaftlichen und dem staatlichen – anzusehen.

Hohe Abgabenlasten begünstigen die Entwicklung dieses dritten Sektors, der nur allzuoft die Form der Schattenwirtschaft annimmt. Doch während die Steuervermeidungsstrategien großer Unternehmen in der Regel die Gemeinschaft schädigen, haben die Tauschringe positive Wirkungen: Sie bringen die Menschen näher zueinander, Aktivität und Engagement werden belohnt.

Im Prinzip entscheidet sich alles daran, ob eine wirtschaftliche und soziale Krisensituation kreatives Handeln freisetzt. In dem Falle könnten sich Tauschringe praktisch flächendeckend durchsetzen, denn sie eröffnen den Bürgern neue Betätigungs- und Erwerbschancen. So könnten gerade soziale Dienstleistungen, wie heute schon z. T. die Altenpflege in Japan, über Tauschringe ohne Belastung der Staatskassen abgewickelt werden. Verfechter des Konzepts der komplementären Währungen wie der Geld-Experte Bernard A. Lietaer hoffen darauf, daß sich auf lange Frist neben der bisherigen »competitive economy« mit ihren staatlichen Währungen eine »cooperative economy« mit Tauschwährungen herausbildet.

Zusammenbruch des Euro

In einer Wirtschaftskrise flüchten die Euroländer in nationale Währungen.

Wahrscheinlichkeit:	●●●●●○○
Wirkungsstärke:	●●●●●○○
Frühindikatoren:	Divergierende Wirtschaftspolitiken in Europa

Auswirkungen auf	
Gesellschaft:	Wachsende anti-europäische Mentalität und zunehmender Chauvinismus
Wirtschaft:	Abschottung der nationalen Märkte, verstärkte Wirtschaftsprobleme
Sonstiges:	Blockade der europäischen politischen Institutionen

Szenario

Im August 2008 ist das Experiment Euro endgültig gescheitert. Die Deutsche Bundesbank gibt wieder DM heraus. Überall in den Bankfilialen läuft die Umtauschaktion. Der Ansturm ist größer als vor sechseinhalb Jahren, denn jeder möchte das Unglücksgeld rasch wieder loswerden. Die Zeitungen rechnen vor, wieviel Spargroschen der deutsche Durchschnittshaushalt in der Eurozeit verloren hat: siebzig bis neunzig Prozent. Die Opposition wirft der Regierung vor, in der Zeit der anschwellenden Inflation zu lange am Euro geklebt zu haben; die Regierung beschuldigt die Opposition, alle Entscheidungen im Bundesrat blockiert zu haben ... Und der Bürger sieht sich wieder einmal in der Rolle dessen, der das Mißmanagement auf höchster Ebene ausbaden muß.

Wenn der Bürger aber hofft, daß die neue Deutschmark wieder so hart wird wie die alte, dann irrt er sich. Denn der Euro ist schließlich nicht an sich selbst gescheitert, sondern an einer unglückseligen Verquickung von globaler Rezession, wirtschaftspolitischen Dummheiten in mehreren Euroländern, Bevölkerungsentwicklung und Populismus. Und keines dieser Probleme wird mit dem Umtausch von bunten Scheinchen in andere bunte Scheinchen ausgeräumt. Sie signalisieren nur die veränderte Mentalität: Rette sich, wer kann – und zwar jeder für sich.

Gewiß haben fast alle Euroländer – vielleicht mit Ausnahme der reichen Luxemburger – in den letzten Jahren Fehler begangen und ihre Staatsverschuldung nicht in den Griff bekommen. Auch hat der Euro Entwicklungsunterschiede eher verstärkt, statt sie, wie erhofft, zu mindern. Vor allem aber wirkt sich zum Ende des Jahrzehnts in ganz ehemals Euroland ein Faktor aus, der mit der Währung wirklich nichts zu tun hat – es gibt zu viele Senioren und zu wenige junge Leute. Die Wirtschaftskraft läßt nach und die Innovationsbereitschaft ebenfalls. Keine Experimente mehr! Lieber zurück in die Vergangenheit, in der es uns allen besser ging!

Die Rückkehr zu den nationalen Währungen leitet den Prozeß der Desintegration der Europäischen Union ein.

Kommentar

Bislang ist der Euro eine Erfolgsgeschichte. Abgesehen vom Preisauftrieb bei Einführung des Euro-Bargeldes bringt die Gemeinschaftswährung zahlreiche Vorteile. Verbraucher können Preise vergleichen, Touristen benötigen nur noch ein Portemonnaie, und für die Unternehmen vereinfachen sich die Transaktionen.

Allerdings existieren auch Faktoren, die mittelfristig den Erfolg der gemeinsamen Währung in Frage stellen können. Der Euro ist ein Instrument der Integration, er erfordert aber auch Integrations- oder zumindest Abstimmungsleistungen. Eine gemeinsame Wirtschafts- und Steuerpolitik wäre angeraten; die Kriterien des Vertrages von Maastricht setzen dafür nur einen finanzpolitischen Rahmen – und vielleicht sogar einen zu engen.

Solange die konjunkturelle Entwicklung einigermaßen günstig verläuft, ist der Euro keinen größeren Belastungsproben ausgesetzt. Sollte es aber zu einer dramatischen Verschlechterung der Wirtschaftslage – global oder europäisch – kommen, könnten einige nationalstaatliche Regierungen die Basis des Währungspaktes verlassen. Als Folge würden die Staaten, die sich noch an die Maastricht-Kriterien halten, wirtschaftlich benachteiligt. Schlecht abzuschätzen sind zudem die zusätzlichen Belastungen der öffentlichen Haushalte durch die Osterweiterung der EU, die wahrscheinlich wenigstens in einer Anfangsphase nicht durch eine vergrößerte Wirtschaftsleistung kompensiert werden können.

Bei einem katastrophalen Absacken des Außen- und Binnenwertes des Euro könnten die Staaten ihr Heil in der Wiedereinführung einer nationalen Währung suchen. Damit würde das gesamte Projekt der europäischen Integration torpediert.

Ein neuer Ölpreisschock

Eine drastische Erhöhung der Rohölpreise beendet das Zeitalter der fossilen Energie.

Wahrscheinlichkeit: ●●●●●●○
Wirkungsstärke: ●●●●●○○
Frühindikatoren: Anziehende Rohölpreise

Auswirkungen auf
Gesellschaft: Kurzfristige Verminderung von Mobilität
Wirtschaft: Krise der Weltwirtschaft
Sonstiges: Impuls für die Energiewende

Szenario

Am 30. Mai 2018 beschließt die OPEC, die Rohölpreise zu verdoppeln. Bereits vorher haben sich zahlreiche Spekulationen an die kurzfristig einberufene Sondersitzung geknüpft. Daß das Rohöl teurer würde, hatten viele vermutet. Aber keinen derartig extremen Preissprung! Innerhalb von Minuten reagieren die Aktienmärkte mit einem wahren Hexensabbat. Energieversorger, Chemiefirmen, Fahrzeughersteller, Touristikunternehmen, Einzelhandelsketten – fast alle Branchen werden in den Strudel hinabgezogen. Auch im Jahr 2018 ist Öl immer noch das Lebenselixier der Weltwirtschaft. Die boomenden, aufstrebenden Industrien Chinas benötigen es ebenso wie die High-Tech-Regionen Deutschlands oder die australische Landwirtschaft. Und eine Verteuerung des Öls treibt die gesamte Welt in eine Rezession.

Alte Dokumentarfilme machen die Runde: Schlangen vor Tankstellen, leere Autobahnen, Sonntagsfahrverbot. Hausbesitzer decken sich in Panik mit überteuertem Heizöl für den nächsten Winter ein. Biodiesel und Wasserstoffautos bestimmen über Nacht die Diskussionen in den Talkshows. Dabei ist Deutschland dank eines vergleichsweise hohen Anteils von alternativen Energien geringer betroffen als andere europäische Staaten oder die USA. Vor allem letztere fordern im Interesse der Weltwirtschaft eine Rückkehr zu Marktpreisen. Doch Ölpreise waren schon immer politische Preise.

Der Hintergrund läßt sich leicht erraten. Nordsee- und amerikanische

Ölfelder sind fast erschöpft, Mittelasien und Sibirien liefern nicht genug, und auf mittlere Sicht werden auch die Ölfelder rund um den Persischen Golf versiegen. Die Regierungen der Region versuchen nun, aus den noch vorhandenen zigmilliarden Barrel das meiste herauszuschlagen. Mit massiven Investitionen setzen sie auf Innovation, HighTech, Dienstleistungen, um damit, ehe es zu spät ist, ihre Staaten aus der Abhängigkeit vom Öl zu lösen. Ähnliche Bestrebungen gab es schon früher; sie wurden angesichts sprudelnder Ölquellen immer nur halbherzig verfolgt.

Das Ziel, das alle Klimaschutzabkommen verfehlten – eine drastische Reduktion des CO_2-Ausstoßes –, wird nun erreicht. Windkraft und selbst Photovoltaik sind auf einen Schlag konkurrenzfähig. Wasserstoff ist, umgerechnet auf den Kilometer, als Treibstoff billiger als Benzin.

Kommentar

Ein plötzlicher Ölpreisschock ist wahrscheinlich diejenige Wild Card, die am frühesten von Zukunftsforschern – von Pierre Wack von Shell Corporate Planning um 1970 – in Betracht gezogen wurde. Seine Szenariostudie führte dazu, daß Shell als einzige der Ölfirmen auf den tatsächlichen Anstieg der Rohölpreise vorbereitet war. Zwei Mal hatten damals, in den siebziger Jahren, die OPEC-Staaten die Preise aus politischen Gründen massiv angehoben. Die Auswirkungen auf die Konjunktur waren dramatisch, und die »Grenzen des Wachstums«, die der Club of Rome beschworen hatte, schienen in greifbare Nähe gerückt.

Die OPEC und insbesondere die Golfstaaten besitzen heute nicht mehr den einstigen überragenden Einfluß auf die Rohölmärkte. Ihr Anteil an der Welt-Ölproduktion ist merklich gesunken, aber er reicht immer noch aus, um die Märkte zu beeinflussen. Auch könnte ein neuer Golfkrieg, unabhängig davon, zwischen welchen Staaten er geführt wird, die Rohölmärkte aus dem Gleichgewicht bringen und damit die Weltkonjunktur erschüttern.

Aus ökologischer Sicht sind höhere Preise für fossile Brennstoffe naheliegenderweise zu begrüßen, sie würden die Umorientierung der Energiewirtschaft auf alternative Energien erleichtern.

Höhe und Zeitpunkt des Schocks sind unsicher – eben eine Wild Card –, nicht aber, daß die Rohölpreise spätestens in zehn Jahren wieder kräftig anziehen werden.

Ein Promille für die Welt

Eine Steuer auf internationale Finanztransfers dämpft die globale Spekulation und stabilisiert das Weltfinanzsystem.

Wahrscheinlichkeit:	●●●●●○○
Wirkungsstärke:	●●●●○○○
Frühindikatoren:	Diskussion über eine Neuordnung der globalen Finanzmärkte

Auswirkungen auf	
Gesellschaft:	»Globalisierung mit menschlichem Antlitz«
Wirtschaft:	Umsatzverluste bei Großbanken, langfristig stabilere Finanzmärkte
Sonstiges:	Geld für globale Gemeinschaftsaufgaben

Szenario

Über Jahre war es um die G-8, die acht größten Wirtschaftsmächte der Welt, recht ruhig geworden. Doch nun plötzlich, am 11. November 2009, schließt das turnusmäßige Treffen mit einer Nachricht, die wie eine Bombe in den globalen Finanzmärkten einschlägt. Ab sofort (auf die Sekunde!) wird auf sämtliche internationalen Finanztransfers eine Abgabe von 1 Promille erhoben.

Schon im Vorfeld hatte es Mutmaßungen um einschneidende Maßnahmen gegen die neuerliche Aufblähung der Finanzmärkte gegeben. Wie Ende der neunziger Jahre wuchsen die Anlagesummen und Börsenwerte sprunghaft, immer schneller schwappten Milliardensummen rund um den Globus – auf der Suche nach winzigen Renditevorteilen. Eine kaum mehr kontrollierbare Bewegung, die die Finanzmärkte zu destabilisieren und ganze Regionen in die Krise zu stürzen drohte. Und nur zu deutlich stand den Wirtschaftspolitikern noch die geplatzte Blase der new economy vor Augen. Etwas mußte geschehen, sollte es nicht zu einem ungleich größeren Crash kommen. Diskutiert wurde vielerlei: Reglementierungen und Auflagen, Zinserhöhungen der Nationalbanken. Die Medien glaubten, daß die üblichen, nationalen Steuern erhoben würden – mit dem üblichen, vernachlässigbaren Effekt. Kaum jemand hatte einen Zusammenhang mit der in den letzten Monaten rasch vorangetriebenen

Umstellung der banktechnischen Softwaresysteme gesehen. Doch nun genügt es, eine Einstellung im Untermenü »Optionen« zu ändern, und schon fließen Millionen auf die Spezialkonten des GTF – Global Tobin Fonds.

Zwei Tage lang halten die Börsen den Atem an. Die Umsätze sacken auf ein Zehntel ab, die Kurse von Finanztiteln bewegen sich nur noch in Sprüngen. Dann beginnt eine allmähliche Erholung und Konsolidierung. Die Überhitzung der Finanzmärkte ist gebannt und vielleicht sogar ein nachhaltiger Wachstumspfad eingeschlagen worden.

Wie abzusehen, gibt es Streit um die Verwendung der »Tobin-Milliarden«. Sollen sie in Entwicklungsprojekte gesteckt oder dazu verwendet werden, die ärmsten Länder zu entschulden? Soll mit ihrer Hilfe die UNO eine eigene Finanzquelle erhalten oder global Umweltschutz betrieben werden? Das erste Resultat der Tobin-Steuer ist daher eine neue, supranationale Behörde, die über die Verwendung der Gelder entscheidet und wacht.

Kommentar

Derzeit fließen pro Tag etwa 3 000 Mrd. Dollar um den Globus, und fast die gesamte Summe ist Spekulation. Nur etwa 2 Prozent der Transaktionen geschehen im Zusammenhang mit realem Handel. Nach Ansicht von Experten birgt das so aufgeblähte internationale Finanzsystem mit seinen frei flottierenden Währungen beträchtliche Unsicherheiten in sich. Rußlandkrise, Asienkrise, Lateinamerikakrise – immer wieder sind Staaten oder sogar Staatengruppen Angriffen auf ihre Währung ausgesetzt. Ein neuartiges finanztechnisches Instrument könnte hier Abhilfe schaffen. Nach seinem Erfinder, dem amerikanischen Wirtschafts-Nobelpreisträger James Tobin wird es Tobin-Steuer genannt. Tobin hat vorgeschlagen, die Finanzströme durch eine Steuer auf internationale Finanztransfers zu beschränken. Bei einem Steuersatz von etwa 1 Promille wäre der eigentliche Handel nicht betroffen; die globale Spekulation würde dagegen deutlich eingeschränkt, denn sie reagiert üblicherweise bereits auf Renditedifferenzen in dieser Größenordnung.

Es versteht sich von selbst, daß eine derartige Steuer nur durch internationale Vereinbarungen der wirtschaftlich stärksten Staaten eingeführt werden kann: entweder von den G-8-Staaten, über die WTO oder die OECD. Falls es zu einer neuerlichen globalen Finanzkrise mit panikartigen Fluktuationen der Geldströme kommt, könnte sich diese Wild Card sehr schnell als eine realistische Möglichkeit erweisen.

Weltfinanzcrash

Ein Zusammenbruch der globalen Finanzmärkte löst eine Weltwirtschaftskrise aus.

Wahrscheinlichkeit: ●●●●●●○
Wirkungsstärke: ●●●●●●○
Frühindikatoren: Heftige Schwankungen der Finanzmärkte

Auswirkungen auf
Gesellschaft: Massiver Vertrauensverlust in die globalisierte
kapitalistische Wirtschaft
Wirtschaft: Allseitige Krise
Sonstiges: Ruf nach dem starken Staat, der alles regelt

Szenario

Schwarzer Montag 2006: Weltweit werden die Börsencomputer abgeschaltet, aber es ist schon zu spät. Aktien, Rentenfonds – alle Werte sind im Keller. Und mit Ausnahme des Schweizer Frankens hat fast jede Währung gelitten. Fluchtgelder fließen um den Globus und wissen nicht, wohin. Selbst die Immobilien werden mit in den Strudel gerissen, Büros in Manhattan, Hotels an der Côte d'Azur, Seniorenresidenzen am Starnberger See sind für einen Apfel und ein Ei zu haben. Aber wer wagt es noch, sein Geld in Freizeitparks, Fluglinien oder Bundesschatzbriefen anzulegen? Kurzfristig flackert die Konjunktur bei Konsumgütern auf, Flucht in den Sachwert, doch dann, als es zu den ersten Massenentlassungen kommt, erlischt auch dieses Strohfeuer.

Der Zusammenbruch der Neuen Märkte Anfang des Jahrhunderts erscheint nun im Vergleich als ein leichtes Einknicken. Damals war niemand von der Dachterrasse gesprungen ...

In den Tagen unmittelbar nach dem Crash sucht man unter Analysten, institutionellen Anlegern und Großspekulanten nach den Schuldigen. Schließlich präsentiert die amerikanische Börsenaufsicht einen Händler, der aus Versehen auf den falschen Knopf gedrückt hat: Statt Aktien im Wert von 100 Millionen Dollar hat er eine Verkaufsorder für Aktien im Wert von 100 Milliarden Dollar ausgelöst. Dergleichen hatte es auch schon früher gegeben, doch diesmal hat das Sicherungssystem nicht funktioniert, ein fallender Kurs riß den nächsten mit in die Tiefe, und die auf »Stop loss« programmierten Computer reagierten in kollektiver Panik, stießen ab, sobald bestimmte Limits unterschritten waren, und zogen so die Börse immer tiefer in den Abgrund.

»Wir haben ja schon immer gewußt, daß die Finanzmärkte ein im strengen Sinne chaotisches System sind«, äußert sich ein Börsenjournalist sarkastisch, »nun haben wir den Schmetterlingseffekt erlebt.«

In der Depression mit ihren wachsenden sozialen Spannungen haben Radikale jeder Richtung Auftrieb: kommunistische und faschistische Ideologien erleben ein Comeback, der islamische Fundamentalismus findet einen fruchtbaren Nährboden, und in den USA erlangen Protektionisten und Isolationisten die Oberhand. Die Geschichte wiederholt sich ...

Nach dem Schwarzen Freitag 1929 dauerte es 6 097 Börsentage, bis der Dow-Jones-Index wieder das Niveau vor dem Crash erreicht hatte.

Kommentar

In den neunziger Jahren haben mehrere Krisen die globalen Finanzmärkte erschüttert: Lateinamerikakrise, Rußlandkrise, Asienkrise ... Immer wieder haben Staaten wie Mexiko oder Argentinien mit einer Hyperinflation kämpfen und ihre Währungen trotz Unterstützung durch den Internationalen Währungsfonds abwerten müssen. Meist dauert es viele Jahre, bis sich die Volkswirtschaften einigermaßen erholen.

Das derzeitige globale Finanzsystem leidet unter mehreren Unsicherheitsfaktoren. Schon allein, daß sich die Finanzsphäre fast völlig von der der Produktion und des Handels gelöst hat, macht sie anfällig für unkontrollierte Bewegungen. Die elektronischen Medien, die blitzschnellen Transaktionen und der teilweise vollautomatische Wertpapierhandel beschleunigen diese Bewegungen noch. Der Handel mit sogenannten Derivaten (Aktionoptionen, Futures) bläht die Volumina weiter auf und schafft zusätzliche Hebelwirkungen.

Bislang allerdings hat das Weltfinanzsystem Krisen insgesamt recht erfolgreich bewältigt, sie blieben jeweils auf einen Staat oder eine Region beschränkt. Doch die Weltwirtschaft wächst immer mehr zusammen, und gleichzeitige Krisen in unterschiedlichen Regionen könnten das gesamte System erschüttern – mit unkalkulierbaren wirtschaftlichen, sozialen und politischen Folgen.

Asien läßt die Muskeln spielen

China, Indien und Rußland bilden eine Allianz.

Wahrscheinlichkeit:	●●●○○○○
Wirkungsstärke:	●●●●○○○
Frühindikatoren:	Annäherung der asiatischen Mächte

Auswirkungen auf	
Gesellschaft:	Wachsendes Interesse für asiatische Kultur
Wirtschaft:	Herausbildung eines neuen Wirtschaftsraumes
Sonstiges:	Rußlands Beziehungen zur EU stagnieren

Szenario

Der Gipfel von Almaty ist vorüber. Gemeinsam mit ihrem Gastgeber, dem kasachischen Präsidenten, treten die Staatschefs von China, Indien und Rußland vor die versammelten Medienvertreter. Monatelang ist das Treffen geheim vorbereitet worden. Noch vor Tagen war ungewiß, ob die bekannten Rivalitäten wieder ausbrechen, die Verhandlungen an den alten Problemen scheitern würden. Doch nun liegt der »Pakt von Almaty« auf dem Tisch. Die Staaten haben sich auf eine allseitige gleichberechtigte Kooperation verpflichtet. Das beinhaltet die Schaffung eines asiatischen Wirtschaftsraumes, den Aufbau eines transasiatischen Verkehrsnetzes, die Freizügigkeit für Menschen und Waren und die Zusammenarbeit auf den Gebieten von Bildung, Forschung und Innovation, Umwelt- und Klimaschutz. Als Partner sind die zentralasiatischen Republiken und die Mongolei mit dabei.

Gern lassen sich die Staatschefs über Details aus. Die asiatische Allianz umfaßt etwa 45 Prozent der Weltbevölkerung. Almaty wird Sitz des Wirtschaftsrates, von Ulan Bator aus werden die Verkehrs- und Infrastrukturprojekte koordiniert. Rußland hofft auf indische Arbeitskräfte, China auf sibirische Rohstoffe. Geplant sind gemeinsame Investitionen in Zentralasien, Verkehrsstrassen, Sonderwirtschaftsgebiete ... – Ein Militärabkommen? Selbstverständlich wären auch Fragen von gemeinsamem Sicherheitsinteresse behandelt worden. Mehr ist nicht zu erfahren. Aber gerade dies hätte die Journalisten interessiert.

Tatsächlich verschieben sich durch die Allianz die weltpolitischen –

nicht nur die weltwirtschaftlichen – Gewichte. Die drei großen, nicht-westlichen Nuklearmächte kooperieren. Gegen sie wird sich global kaum mehr etwas bewegen lassen, nicht allein der Sitze im UNO-Sicherheitsrat wegen. Pakistan wird nicht mehr die chinesische Karte gegen Indien ausspielen können. Der amerikanische Einfluß in Zentralasien und in der Kaukasusregion wird zurückgedrängt. Die südostasiatischen Staaten wetteifern um lukrative Infrastrukturaufträge. Der Anschluß Taiwans an das chinesische Mutterland steht unmittelbar bevor. Natürlich steigen die Ölpreise, und natürlich fallen die Kurse in New York, Tokio und Frankfurt. Mittelfristig aber erhält die Weltwirtschaft einen Wachstumsimpuls.

Kommentar

In der Vergangenheit gab es immer wieder Konflikte zwischen China und Indien (Tibet-Frage, indisch-chinesischer Krieg 1962) und zwischen China und der Sowjetunion (Ussuri-Krise 1969). Ideologische Gegensätze wie früher zwischen der Sowjetunion und China bestehen nicht mehr, doch die Überschneidungen der Einflußsphären beispielsweise in Mittelasien und ungeklärte Grenzfragen sind geblieben. Nach wie vor sind auch die Außenhandelsbeziehungen zwischen den drei Ländern – im Vergleich zum Handel mit der EU und der USA – minimal.

Treibende Kraft für eine asiatische Dreierallianz könnte ein Rußland sein, das sich nach Osten orientiert. Es müßten allerdings schon besondere politische Umstände eintreten, damit eine Partnerschaft kulturell, politisch und wirtschaftlich so unterschiedlicher Länder wahrscheinlich wird. Zu denken wäre an neuerliche Spannungen zwischen Rußland und China auf der einen, den USA auf der anderen Seite oder enttäuschte Hoffnungen Rußlands über gescheiterte Kooperationen mit der EU. Ein Ausgangsmotiv könnten auch gemeinsame Umweltprobleme oder der Wunsch, Naturressourcen zu erschließen, sein.

Es ist ziemlich sicher, daß das wirtschaftliche und politische Gewicht Asiens im 21. Jahrhundert zunehmen wird. Fraglich ist, in welchen Konstellationen sich dies ausdrückt.

Kleingeld für die Dritte Welt

Durch den weiteren Ausbau des Systems von Kleinstdarlehen wird das Wirtschaftswachstum in der Dritten Welt angekurbelt.

Wahrscheinlichkeit: ●●●●○○○
Wirkungsstärke: ●●●●●○○
Frühindikatoren: Ausbreitung von Mikrodarlehen-Modellen

Auswirkungen auf
Gesellschaft: Mehr Beschäftigung und verminderte soziale Gegensätze in Entwicklungsländern
Wirtschaft: Langfristige Ankurbelung der heimischen Wirtschaft
Sonstiges: Stärkung des Solidaritätsgedankens

Szenario

Es bedarf einer Weltkonferenz und eines globalen Abkommens, um die schon länger in einigen Regionen praktizierten Mikrodarlehen im Jahr 2007 tatsächlich weltweit zu etablieren. Dabei ist es im Kern so einfach: Arme Leute erhalten eine winzige Summe Geld, um sich eine Existenz zu schaffen. Hundert Dollar oder Euro oder etwas mehr genügen zumeist, und in der Regel sind die Empfänger Frauen, die sich Saatgut oder eine Nähmaschine oder etwas Werkzeug kaufen. Aber welche Bank hat schon Interesse an diesen armen Schluckern? Selbst wenn sie wie die ortsüblichen Wucherer zwanzig Prozent Zinsen nehmen, wiegen diese die Kosten nicht auf. Bankpersonal ist teuer, viel Papierkram ist zu erledigen, Sicherheiten existieren in der Regel auch nicht. – Also kein Geschäft.

Mit dem neuen Abkommen verpflichten sich Geber- und Nehmerländer, künftig die Hälfte der Entwicklungshilfe in Mikrodarlehen zu stecken. Der Widerstand gegen diese Reglementierung war groß, denn der Nachteil liegt auf der Hand. Da entstehen keine Flugplätze oder Chemiewerke, keine Staudämme oder Chipfabriken. Mikrodarlehen bringen kein Prestige für die Empfängerländer und keine Aufträge für die Geberländer. Aus Sicht der heimischen Eliten versickert das Geld einfach irgendwo in den Slums oder auf dem platten Land. Aber genau dies ist der Zweck.

Jedes Mikrodarlehen schafft ein bis zwei Arbeitsplätze, und zwar für einen phantastisch niedrigen Investitionssatz. Die Rücklaufquote ist hoch, wenn auch nicht ganz 100 Prozent. Und das Geld kann sofort neu investiert werden. Es ist das alte Prinzip der Hilfe zur Selbsthilfe, das schon vor einhundertfünfzig Jahren kluge Köpfe wie Raiffeisen oder Schulze-Delitzsch genutzt haben. Wagniskapital auf kleinster Ebene und von unschlagbarer Effizienz.

Das globale Abkommen verpflichtet die Staaten, erstens Entwicklungshilfeorganisationen das Recht zuzugestehen, »Bankfilialen im Aktenköfferchen« zu eröffnen, und zweitens, den Fiskus eine Weile fernzuhalten. Schon nach wenigen Jahren ist der Effekt auf volkswirtschaftlicher Ebene meßbar, weniger am Einkommen als vielmehr an einer wachsenden Anzahl von Frauen und Männern, die ein kleines Geschäft betreiben, und an Erholungstendenzen in der Landwirtschaft. Nach zehn Jahren ist der Wachstumsschub im nationalen Rahmen deutlich spürbar. Nun setzen auch die Regierungen massiv auf das neue Instrument. Die Initialzündung ist da. Die Dritte Welt schließt auf.

Kommentar

Seit 25 Jahren gibt es gute Erfahrungen mit Kleinstdarlehen für eine »Entwicklungspolitik von unten«. Einrichtungen wie die Ökumenische Entwicklungsgenossenschaft Oikocredit haben in zahlreichen afrikanischen, asiatischen und lateinamerikanischen Ländern mit kleinen und kleinsten Krediten Straßenhändler und Landwirte, aber auch Fischerei- und Textilgenossenschaften gefördert. Beispielsweise wurden über die Fundación Sartawi in Bolivien über 30 000 Darlehen in Höhe von 130 bis 300 Dollar an Kleinlandwirte vergeben.

Über 7 000 Mikrokredit-Programme laufen derzeit weltweit. An sie knüpft sich die Hoffnung, daß damit den Ärmsten der Armen ein Weg aus der Abhängigkeit von Hilfe in die Selbständigkeit gewiesen wird. Trotz dieser beeindruckenden Zahlen handelt es sich noch um sporadische, lokale Modelle, deren Ausstrahlung begrenzt bleibt. Dabei liegt es so nahe, das Modell des Wagniskapitals von der High-Tech- und Makroebene in die Low-Tech- und Mikroebene zu übertragen, »Marktwirtschaft von unten«, wie einer der Vordenker der Mikrodarlehen, der peruanische Geschäftsmann Hernando de Soto, formulierte. Langfristig könnte es die Welt verändern.

Basistrends: Politik

Die Politik ist ein Gebiet, das mehr noch als andere Bereiche von Wild Cards geprägt wird. Zum einen hinterlassen fast alle Störereignisse ihre Spuren auch in der Politik. Zum anderen birgt menschliches Handeln, angetrieben von Ambitionen oder aus purer Not heraus, immer ein erhebliches Maß an Willkür und Ungewißheit in sich. Politiker fällen überraschende Entscheidungen, das Wahlvolk verhält sich anders als gedacht, Institutionen, die jahrzehntelang selbstverständlich waren, werden über Nacht in Frage gestellt. Man kann davon ausgehen, daß sich manche Veränderungen in der Gesellschaft für uns – die Beteiligten – unmerkbar, sozusagen hinter unserem Rücken, vollziehen. Wir nehmen sie erst wahr, wenn sich die Wirkungen nicht mehr übersehen lassen.

Dagegen liegen andere Entwicklungslinien auf der Hand. Die wirtschaftliche Globalisierung geht mit einer kulturellen und teilweise auch mit einer politischen einher. Bewußte Entscheidungen der westlichen Staaten wie die Deregulierungen und Liberalisierungen des Welthandels und der globalen Finanzmärkte etwa im Rahmen der Welthandelsorganisation haben die Globalisierung der Märkte erst möglich gemacht. Und diese beeinflußt nun ihrerseits die Politik. Produktion und Verteilung, Arbeit und Innovation können in immer geringerem Maße auf nationaler Ebene gesteuert werden. Die Nationalstaaten verlieren daher an Souveränität, und sie reagieren, indem sie verstärkt regional kooperieren oder sich in regionale Verbünde wie die Europäische Union begeben.

Die europäische Integration ist alles in allem eine historisch beispiellose Erfolgsgeschichte. Nach Jahrhunderten von »Erbfeindschaft«, Konflikten und Kriegen ist Westeuropa zusammengewachsen. Auch die Osterweiterung ist beschlossene Sache, sie erzwingt aber eine gründliche Reform der europäischen Institutionen. Daß diese gelingt, ist derzeit nicht sicher. Ein langer und schwieriger Prozeß mit manchen möglichen Überraschungen steht uns auf jeden Fall bevor. Ebensowenig ist klar, ob und wie die europäischen Staaten die Herausforderungen für ihre Sozialsysteme meistern werden. Für Renten- und Gesundheitssystem sind schon wegen der Alterung neue Konzepte nötig – aber welche? Und welche Zerreißproben wird es geben? Wie werden die Europäer mit Migranten zusammenleben? Angesichts der vielen ungelösten Fragen und eines überall spürbaren Reformstaus wächst die Politikverdrossenheit.

Sie könnte umschlagen in Rechtspopulismus oder eine generelle Abkehr von Staat und Parteien.

Viele Fragezeichen sind ebenfalls hinter die weltpolitische Rolle Europas in den nächsten Jahrzehnten zu setzen. Die gemeinsame Außen- und Sicherheitspolitik der EU gehört derzeit noch größtenteils in den Bereich der gutgemeinten Absichtserklärungen. Neben den USA und Japan ist die EU als Ganzes ein wirtschaftliches Schwergewicht, aber noch spricht sie vorwiegend mit dem bisweilen disharmonischen Chor ihrer Mitgliedsstaaten. Jedoch sind die Zeichen auf Integration gesetzt.

Die USA dagegen geben seit dem Zusammenbruch des Ostblocks weltpolitisch den Ton an. Sie sind dank ihrer wirtschaftlichen und militärischen Stärke Weltmacht Nr. 1, und nach ihnen kommt lange nichts. Mit der »Allianz gegen den Terror« ist es ihnen zudem gelungen, in Zeiten wachsender Unsicherheiten ihre hegemoniale Rolle zu festigen. Wie lange sich der amerikanische Unilateralismus allerdings durchhalten läßt, ist fraglich. Viel hängt von der wirtschaftlichen Entwicklung Asiens ab.

Außerdem haben nach dem Ende der Ost-West-Konfrontation die lokalen und regionalen Konflikte, Bürgerkriege und bürgerkriegsähnliche militärische Auseinandersetzungen zugenommen, und spätestens mit Al-Kaida hat sich auch der Terrorismus globalisiert. Die UNO ist als Schlichtungs- und Befriedungsinstanz häufig überfordert und bedarf ebenfalls gründlicher Reformen. Zugleich deutet sich ein allmählicher Aufbau weiterer internationaler Institutionen wie der Internationale Strafgerichtshof an. Vielleicht sind dies erste und dringend erforderliche Schritte hin zu einer »Global Governance«, einer besser regierten Welt, ohne daß es eine Weltregierung gäbe. Ein Hoffnungszeichen ist auch, daß der Einfluß der Nichtregierungsorganisationen – etwa in den Bereichen Umwelt, Entwicklung, Menschenrechte – wächst.

Angesichts der vielen sich widersprechenden – verheißungsvollen und gefährlichen – Entwicklungen fällt es nicht schwer, sich unterschiedliche Szenarien für die Menschheit im 21. Jahrhundert auszumalen. In unserem Wunschszenario wächst die Menschheit auch politisch zusammen und bildet globale demokratische Institutionen, die ein funktionierendes Gegengewicht zur Macht der globalisierten Wirtschaft sind. In unserem Horrorszenario eskalieren die Konflikte zwischen den Kulturen, die Auseinandersetzungen um Ressourcen und reißen zum Schluß die Weltwirtschaft in den Ruin. Zwischen diesen Extremen liegen viele Wild Cards. Und manche von ihnen scheinen noch über die Extreme hinauszuweisen.

Freie Fahrt auf privaten Autobahnen

Angesichts leerer Rentenkassen privatisiert die Bundesregierung die Autobahnen.

Wahrscheinlichkeit: ● ● ● ○ ○ ○ ○
Wirkungsstärke: ● ● ● ○ ○ ○ ○
Frühindikatoren: Private Finanzierung von Autobahnen

Auswirkungen auf
Gesellschaft: Kontroversen um Privatisierung
Wirtschaft: Verkehrswirtschaft
Sonstiges: Stärkere Belastung der Autofahrer, verkehrs-
technische Innovationen

Szenario

Tumult im Reichstag! Mit den Autobahnen wird der Nerv der Nation getroffen! Die Gesetzesvorlage der Bundesregierung 13/2013 zur »Deregulierung der Straßeninfrastrukturen« löst lautstarke Auseinandersetzungen aus. Die Opposition spricht von »Irrwitz« und sieht sich in der Rolle des Verteidigers der Rechte des kleinen Mannes. Taxifahrer blockieren die Berliner Stadtautobahn. Die Koalition hält dagegen: Wer sagt, daß freie Fahrt für freie Bürger nur auf staatlichen Straßen möglich sei? Sie verweist auf die erfolgreichen Privatisierungen bei Post und Bahn. Im Detail gäbe es Unterschiede, gewiß ...

Tatsache ist, daß die Rentenlücke trotz aller Privatvorsorgemodelle weiter und weiter aufklafft. Eine höhere Belastung ist weder Lohnempfängern noch Unternehmen zuzumuten. Rentenabschläge (Generationen-Soli) sind vom Bundesverfassungsgericht für unzulässig erklärt worden, der Ausweg in eine höhere Staatsverschuldung oder mehr Inflation ist in einem fiskalisch vereinten Europa nicht mehr gangbar, und mehr als die derzeitigen 25 Prozent Mehrwertsteuer oder andere Steuererhöhungen kann auch keine Partei politisch verantworten.

Was bleibt, ist der Verkauf von Tafelsilber. Zum Schluß wird nur noch über die Verfahren und den Preis gestritten. Mindestens 500 Mrd. Euro sollten bei der Auktion schon hereinkommen. Für die künftigen Eigentümer – mehrere internationale Konsortien haben sich gemeldet – gibt es strike Auflagen: Flächendeckung, Grundversorgung sichern, Obergrenzen für die Benutzungsgebühren. Auch erfolgt die Versteigerung nur in großen Tranchen, z. B. die gesamte A2 oder das Netz der Rhein-Ruhr-Autobahnen, der Großraum München. Damit wird ausgeschlossen, daß Besitzer von kleinen, aber wichtigen Abschnitten als Wegelagerer auftreten oder daß sich Bürgerinitiativen Stücke heraussteigern und zurückbauen. Eine neu geschaffene Bundesregulierungsbehörde für Autobahnen führt die Auktionen durch und wird später die Einhaltung aller Bestimmungen kontrollieren.

Parallel zur Infrastruktur wird auch die Autobahnpolizei privatisiert. Sie sorgt u. a. für die Einhaltung der überarbeiteten und entschlackten Straßenverkehrsordnung, die den Autobahnbetreibern eine Art Hausrecht einräumt. Sie können eigene Vorschriften erlassen, etwa, elektronisch gesteuerten Konvoiverkehr für LKWs festschreiben. Viele Betreiber weisen die Überholspur als echte Turbospur aus. Sie darf nur von Wagen befahren werden, die die Mindestgeschwindigkeit von 150 km/h einhalten und dafür eine Tempozulage zur normalen Maut zahlen.

Trotz einer Verminderung der KfZ-Steuer läuft die Privatisierung langfristig auf eine große Umverteilung hinaus: von den Autofahrern zu den Senioren.

Kommentar

Vor dreißig, vierzig Jahren hätte kaum ein verantwortungsbewußter Politiker daran gedacht, die Bundespost oder die Bundesbahn zu privatisieren. Die Infrastrukturen für Verkehr und Kommunikation waren Staatsangelegenheit. Heute wird bisweilen eine private Finanzierung von Neubaustrecken diskutiert, und die LKW-Maut wird einem privaten Konsortium überantwortet. Prinzipiell ist es denkbar, daß sich der Staat noch weiter zurückzieht. Dagegen sprechen unter den heutigen Bedingungen allerdings ökonomische Argumente. Um eine Autobahn wirtschaftlich rentabel betreiben zu können, müßte ein Privatunternehmen wahrscheinlich recht hohe Nutzungsgebühren verlangen. Zusätzliche Abschreibungen für den Erwerb der Strecke würden diese weiter in die Höhe treiben. Wer sollte unter solchen Umständen Interesse daran haben, eine Autobahn zu ersteigern? Aber die Umstände können sich ändern ...

Als positiver Nebeneffekt würde eine Privatisierung Kostentransparenz in diesem ökologisch hochsensiblen Bereich schaffen. Autozüge der Bahn könnten an Attraktivität gewinnen.

Allah ist mit den Toleranten

Eine aufgeklärte und liberale Spielart des Islam setzt gewaltige kulturelle Kräfte frei.

Wahrscheinlichkeit: ●●●●○○○
Wirkungsstärke: ●●●●●●○○
Frühindikatoren: Zunehmende Verbreitung von Reformbewegungen innerhalb des Islam

Auswirkungen auf
Gesellschaft: Intensiver Dialog der Religionen
Wirtschaft: Wachsende Bedeutung der Mittelmeerregion
Sonstiges: Kulturelle Impulse

Szenario

Sie nennen sich die »Drei Erleuchteten«, und sie verkünden voller Leidenschaft und Charisma ihre Thesen in Mekka im Schatten der Kaaba: Allah, der Allbarmherzige, steht über den Buchstaben des Koran. Nicht mit dem Schwert, sondern mit der Erkenntnis von Gut und Böse wird sich der Glaube ausbreiten, und er wird zu jeder Epoche die Form finden, die der Zeit angemessen ist. Das Internet ist live dabei, und noch am gleichen Tag wird ihre Botschaft über alle Fernsehsender der arabischen und islamischen Welt ausgestrahlt. Selbst in den Vororten von Paris und im Zentrum Berlins ist sie zu hören.

Für die Konservativen unter den Mullahs ist die These, daß heute Mohammed, damit der Geist seiner Lehre erhalten bliebe, manches anders predigen würde als zu Zeiten der Hedschra, ein klares Sakrileg. Rasch ist eine Fatwa ausgesprochen, einer der Erleuchteten wird ermordet. Doch das saudische Königshaus stellt sich hinter die Reformatoren. Die Ölquellen werden in wenigen Jahrzehnten versiegt sein, eine religiöse Neuorientierung könnte die ökonomische fördern. An den Universitäten von Riad, Mekka, Medina soll ein freier Geist herrschen. Letztlich ist es auch ein Versuch, die sich unter den Studenten und Gastarbeitern im Lande abzeichnenden Spannungen zu mildern.

Die Rechnung der Saudis geht auf. Solar-, Bio- und Nanotechnologien sollen in die Wüsten die grüne Farbe des Propheten bringen. Und jeder Hadschi, der aus Mekka zurückkehrt, trägt ein wenig von dem Enthusiasmus der Erleuchteten in seine Heimat. Hatte die islamische Welt nicht, als die christlichen Giaurs noch in Wäldern hausten, die hervorragendsten Gelehrten, Mediziner, Dichter? An jene Blütezeit, deren architektonische Höhepunkte noch von Cordoba bis Samarkand bewundert werden können, die noch in Wörtern wie Algebra und Arithmetik nachhallt, gilt es anzuknüpfen.

In Teheran und Sanaa fällt der Schleier, und in Kuwait sitzen Frauen am Steuer, als hätten sie nur auf ein Zeichen aus Mekka gewartet ... Auf den Sufs besingen Poeten den ermordeten Erleuchteten und seine Gefährten. Arabische Soaps werden bei den Jugendlichen zwischen Sevilla und Stockholm zum Renner der Saison.

Der Einfluß der Erneuerungsbewegung strahlt über alle traditionellen Schismen zwischen Sunniten und Schiiten hinweg, er zwingt die zentralasiatischen Republiken und Indonesien in seinen Bann und macht sich in den europäischen Großstädten bemerkbar. Selbst die Arabische Liga erlangt, inspiriert von dem neuen Geist, wieder Dynamik. Der Weg zu einem nordafrikanisch-arabischen Gegenstück zur EU ist vorgezeichnet. Eine islamische Währung wird feierlich geweiht: das erste Geld der Welt, das keine Zinsen trägt. »Wir überflügeln das vergreisende Europa!« hallt es von den Minaretten.

Kommentar

Manche werden die Möglichkeit eines aufgeklärten, modernistischen Islam bestreiten. In seiner Geschichte jedoch hat die mohammedanische Religion vielerlei Wandlungen durchgemacht, und es gibt mehr als genug Anknüpfungspunkte für eine weltoffene Auslegung der Lehre, sofern nur die sozialen und politischen Umstände diese gestatten. Modernisierungsschock und die Globalisierung mit ihren kulturellen Verwestlichungstendenzen haben in den letzten Jahrzehnten in vielen islamischen Ländern antiwestliche und fundamentalistische Gegen- und Abwehrreaktionen ausgelöst. Die Spekulation ist zulässig, daß diese Reaktionen verebben werden und die nächste Generation sich vielleicht auf andere Weise mit den Veränderungen auseinandersetzen könnte. Auf jeden Fall wäre es kurzsichtig, den islamischen Gesellschaften eine Reformfähigkeit abzusprechen.

Die Nationalstaaten erhalten Konkurrenz

Globale Organisationen und Ethnien treten gleichberechtigt neben die Nationalstaaten.

Wahrscheinlichkeit: ● ● ● ● ○ ○ ○
Wirkungsstärke: ● ● ● ● ● ○ ○
Frühindikatoren: Wachsende Bedeutung von globalen Nicht-
regierungsorganisationen

Auswirkungen auf
Gesellschaft: Stärkung der Welt-Zivilgesellschaft
Wirtschaft: Sozialverträgliche Gestaltung der Globalisierung
Sonstiges: Impulse für politische Beteiligung jenseits der
Parteien

Szenario

Nicht nur für die Medien ist die UNO-Generalversammlung im Januar 2012 ein Großereignis. Die Delegierten aus fast 200 Ländern sind sich mit dem Weltsicherheitsrat einig und beschließen eine durchgreifende Reform der Weltorganisation an Haupt und Gliedern. Daß an der Administration und den Strukturen der Unterorganisationen einiges geändert würde, war ja abzusehen, nicht aber, daß die Staaten sich quasi selbst entmachten! Gewiß, in der jüngsten UNO-Finanzkrise war der politische Druck der Bevölkerungen erheblich gewachsen, und einige Regierungen hatten schon vorher erklärt, daß endlich die Nichtregierungsorganisationen gebührend berücksichtigt werden mußten ...

Neben die »Vollversammlung der Staaten« tritt nun die »Vollversammlung der Gesellschaften«. Das britische Modell mit Oberhaus und Unterhaus, das amerikanische mit Senat und Repräsentatenhaus und partiell auch das deutsche mit Bundesrat und Bundestag haben Pate gestanden. Mitglieder der VVG sind so unterschiedliche Körperschaften wie das Internationale Komitee des Roten Kreuzes / Roten Halbmonds und Greenpeace International, der Verband der Hansestädte, die Ethnien der Waliser, der Basken und der Kurden oder die großen Weltkirchen und Religionsgemeinschaften. Während in der Vollversammlung der Staaten die Repräsentation der Menschheit nach dem Territorialprinzip erfolgt, soll die »untere Vollversammlung« die Welt-Zivilgesellschaft repräsentieren. Nicht, daß es in dieser weniger Konflikte gäbe als unter den Staaten.

Jahrelang haben Nichtregierungsorganisationen und ethnische Gemeinschaften auf die UNO-Reform gedrängt. Je schwerfälliger die alte Vollversammlung mit ihren 200 auf Souveränität pochenden Mitgliedern wurde, desto lauter wurden die Stimmen nach einer Veränderung. Und erodierte nicht ohnehin die Autorität der Staaten? Beispiel Europäische Union: Nach und nach gaben die Nationalstaaten Kompetenzen nach oben (an die Union) und nach unten (an die Regionen) ab, offensichtlich ein brauchbarer Weg. Und wenn jemand den globalen Konzernen Paroli bieten konnte, dann waren es wiederum nicht Staaten, sondern global aufgestellte Arbeitnehmervertretungen oder globale Umweltschutzverbände. Freilich gab es auch Stimmen, die vor endlosen Aushandlungsprozessen um jedes Detail und Kompromissen auf dem kleinsten Nenner warnten.

Für die UNO aber bedeutet die Reform eine Stärkung: mehr Impulse von unten, mehr Legitimität, mehr politische Beteiligung. Wie sagte die erste Präsidentin der Vollversammlung der Gesellschaften: »Weltinnenpolitik ist zu wichtig, um sie den Nationen zu überlassen.«

Kommentar

Es ist unwahrscheinlich, daß Nationalstaaten freiwillig auf Kompetenzen oder sogar auf Souveränität verzichten. Die Europäische Union bildet eine Ausnahme; ihre Einigung wurde durch die grauenvollen Erfahrungen der Weltkriege inspiriert und durch das Zusammenwachsen der Wirtschaften und der Menschen vorangebracht. Sie könnte ein Vorbild abgeben.

Auf globaler Ebene haben in den letzten beiden Jahrzehnten internationale Nichtregierungsorganisationen zunehmend an Einfluß gewonnen. In fast allen Politikbereichen – von der Umwelt- und Entwicklungspolitik über die Armutsbekämpfung bis zur Bildungspolitik – sind sie aktiv. Seit dem ersten »Erdgipfel für Umwelt und Entwicklung« in Rio de Janeiro 1992 sind sie als anerkannter Partner zu den UNO-Weltkonferenzen zugelassen, allerdings nur für die Beratung, nicht für die Entscheidung. Ihre Stimme findet zunehmend Gehör.

Falls also eines Tages die Wild Card eintreten und eine zweite Kammer der UNO installiert werden sollte, wird man darauf verweisen können, daß sich diese Neuerung schon lange abzeichnete.

Der Nahe Osten explodiert

Die Staaten der Region brechen in einer Serie von militärischen Auseinandersetzungen zusammen.

Wahrscheinlichkeit:	●●●●●○○
Wirkungsstärke:	●●●●●○○
Frühindikatoren:	Zunahme von Instabilitäten in der Region

Auswirkungen auf	
Gesellschaft:	Weltweit Angst vor Krieg und Terroranschlägen
Wirtschaft:	Krise der Weltwirtschaft durch Unsicherheit und dramatisch steigenden Ölpreis
Sonstiges:	Wellen von Flüchtlingen

Szenario

Nachher streitet man sich über den genauen Ablauf der Ereignisse: Flogen die Raketen zuerst auf Jerusalem oder Mekka? Brannten zuerst die saudischen oder die irakischen Ölfelder? Provozierten die Syrer die Israelis oder umgekehrt? Trafen fehlgelenkte eigene Marschflugkörper die USS Interpid? Für Außenstehende sind die Fronten, die Kampflinien unklar. Von Aden bis Damaskus, vom Mittelmeer bis zum Golf scheint sich jeder mit jedem im Krieg zu befinden.

Nicht nur christliche Sektierer sprechen von Armageddon. Auch Journalisten und Politiker malen den Teufel an die Wand: Wer wird zuerst zu Massenvernichtungswaffen greifen? Wird sich Israel, in seiner Existenz bedroht, mit taktischen Nuklearwaffen verteidigen?

Die Amerikaner verhalten sich trotz ihrer Verluste defensiv, schützen die eigenen Basen am Golf, haben weitere Flugzeugträger in Marsch gesetzt, mobilisieren ihre Verbündeten und unterstützen ansonsten Israel. Für eine Besetzung und tatsächliche Befriedung der Region würden aber auch ihnen die Ressourcen fehlen, selbst wenn sie ein UN-Mandat dafür erhielten. Iran, Ägypten und die Türkei werden von Flüchtlingsströmen überrannt. Und von Indonesien bis Marokko grassieren antiwestliche Stimmungen.

Die Ursachen des Krieges reichen viele Generationen weit zurück. Doch in den letzten Jahren haben in der Region radikale und fundamentalistische Kräfte noch mehr Zulauf als früher erhalten. Die prowestlichen Regimes in den Königreichen Jordanien und Saudiarabien sind gestürzt worden; die neuen Herrscher stützten sich auf islamische Milizen, die aber untereinander in Machtkämpfe verwickelt waren. Auch im Irak wächst in der Ära nach Saddam der Einfluß der panarabischen und islamistischen Kräfte noch an. Je radikaler sich ein Führer gibt, desto mehr Anhänger kann er mobilisieren. In Syrien gerät die staatliche Ordnung nach Terroranschlägen in Damaskus, die dem israelischen Geheimdienst Mossad angelastet werden, ins Wanken. Es bedurfte nur eines Funkens, und das Pulverfaß Naher Osten explodierte.

Israel kann sich zwar behaupten, doch die Region versinkt im Chaos. Nach dem Abflauen der schlimmsten Kämpfe sehen sich die UNO-Vermittler einer Vielzahl lokaler Warlords und Milizführer gegenüber. Die Einrichtung eines UNO-Mandatsgebietes wird diskutiert. Die USA sind stärker als je zuvor am Golf präsent. Im Kongreß wird jedoch darüber gestritten, ob der Preis für das Öl, nämlich die Gefahr eines zweiten Vietnam, nicht zu hoch sei.

Kommentar

Die Golfregion bleibt auf absehbare Zeit ein potentieller Krisenherd. Eine Vielzahl von Schreckensszenarien ist denkbar, schon allein deshalb, weil neben den arabisch-israelischen Gegensätzen zahlreiche andere Konfliktlinien existieren: eine Eskalation zwischen Syrien und der Türkei im Streit um Wasser, eine neuerliche irakisch-saudiarabische Konfrontation (auch ohne Saddam), eine Destabilisierung Jordaniens, eine Kündigung des Camp-David-Abkommens durch Ägypten ... Und jede Krise kann in einer Art Dominoeffekt auf andere Staaten, vielleicht auf die gesamte arabische Welt, überspringen. Außerdem sollte nicht vergessen werden, daß Saudiarabien nach wie vor islamistische Bewegungen unterstützt. Würde die Golfregion nicht über die größten Ölvorräte der Welt verfügen, würde sich der Westen womöglich aus dem Nahen Osten zurückziehen wie aus manchen Krisengebieten Afrikas.

Wenn der Nahe Osten explodiert, könnte sich die These des Historikers Samuel Huntington vom »Kampf der Kulturen« bewahrheiten, denn es ist fraglich, ob sich der Konflikt überhaupt auf das Gebiet zwischen Mittelmeer und arabischer Halbinsel eingrenzen läßt. Insofern gibt das Szenario nicht einmal die schlimmste mögliche Wild Card wieder.

UNO – ade!

Nachdem sich wichtige Staaten zurückgezogen haben, bricht die UNO auseinander.

Wahrscheinlichkeit:	● ● ● ○ ○ ○ ○
Wirkungsstärke:	● ● ● ● ○ ○ ○
Frühindikatoren:	Die UNO verliert an Einfluß

Auswirkungen auf	
Gesellschaft:	Wachsende Unsicherheit
Wirtschaft:	Weniger verläßliche Rahmenbedingungen
Sonstiges:	Krise des Gedankens einer geeinten Menschheit

Szenario

Kurz vor ihrem siebzigjährigen Jubiläum lösen sich die Vereinten Nationen auf. Entgegen den Hoffnungen vieler Menschen hat sich die Weltorganisation zunehmend als unfähig erwiesen, die Krisen des 21. Jahrhunderts zu bewältigen. Gerade jetzt, wo eine aktive Weltinnenpolitik gefordert wäre, um die lokalen Konfliktherde einzudämmen, die sozialen Mißstände wenigstens etwas zu verbessern, eine langfristige globale Umwelt- und Klimaschutzpolitik zu betreiben, versagt die UNO.

Die Krise hat sich in den letzten Jahren abgezeichnet. Immer deutlicher hatte sich die Weltorganisation zu einem bloßen Podium der widerstreitenden Interessen entwickelt. Resolutionen, falls sie überhaupt zustande kamen, blieben wirkungslos. Ein schwacher Generalsekretär vermochte ihr keine Richtung zu geben, der Weltsicherheitsrat blockierte Entscheidungen der Vollversammlung – und immer mehr lief schlicht an der UNO und ihren Gremien vorbei. Europäische Union und NATO bereinigten Konflikte bis zum Kaukasus. Über die mittelamerikanischen Krisenregionen und die im Nahen Osten hielten die USA ihre Hand. Bei den ethnischen Konflikten in Süd- und Südostasien verbaten sich erstarkte Regionalmächte Einflußnahmen. Allenfalls für den Schwarzen Kontinent hatten UN-Resolutionen noch ein gewisses Gewicht.

Angesichts der veränderten weltpolitischen Strukturen wäre eine UNO-Reform dringend nötig gewesen. Doch gegen den Willen des Weltsicherheitsrates – und den der USA – war keine Veränderung möglich. So blieb die Organisation, wie sie nach dem Zweiten Weltkrieg gegründet wurde, erhalten. In den Augen der Weltöffentlichkeit wurde die UNO zu einem unbeweglichen Saurier aus dem zwanzigsten Jahrhundert. Zum Schluß taugte sie nicht einmal mehr als Instrument zur Beschaffung von Legitimität.

Als einer der ersten Staaten stellten die USA ihre Beitragszahlungen ein und ließen sich als Nichtzahler ausschließen. Die Europäer diskutierten heiß, dann folgten sie dem transatlantischem Beispiel. Nach einem Jahr reichte das Budget nicht einmal mehr für die dringend nötige Sanierung des UNO-Hauptquartiers in New York.

Erst nachdem die UNO zerfallen ist, wird den Staaten klar, welche entscheidende Rolle die Weltorganisation doch gespielt hat. Anarchische Zustände zeichnen sich ab, das Völkerrecht wird unterminiert, die regionalen Blöcke stehen gegeneinander.

Kommentar

Die UNO hat stets mit dem Auseinanderklaffen von Anspruch und Wirklichkeit und mit tiefen Interessengegensätzen leben müssen. Doch alles in allem hat die Weltorganisation nicht nur die Lösung akuter Konflikte befördert, sondern auch mit ihren Weltkonferenzen dazu beigetragen, daß sich gemeinsame Positionen der Staaten zu den globalen Problemen herausbilden konnten. Allerdings wird die UNO im 21. Jahrhundert neuen Entwicklungen Rechnung tragen müssen. Neue Akteure treten auf der globalen Bühne auf: Nichtregierungsorganisationen, multinationale Konzerne, globale kriminelle und terroristische Organisationen. Die Regionen, auch regionale Staatenbünde, erlangen einen wachsenden Einfluß. Sicherheitspolitik und Rüstungskontrolle bleiben wichtig, aber auch der Stellenwert der globalen Herausforderungen durch Umweltzerstörung, Klimafolgen etc. wächst. Die ausschließliche Fixierung der Weltorganisation auf Staaten als souveräne Akteure könnte sich mittelfristig als Problem erweisen. Es wäre eine Katastrophe, wenn die UNO das Schicksal des Völkerbundes teilte.

Blitz über Kaschmir

In einem lokalen Krieg setzt die unterlegene Partei taktische Atomwaffen ein.

Wahrscheinlichkeit:	●●●●●○○
Wirkungsstärke:	●●●●●●○
Frühindikatoren:	Wachsende Konfliktpotentiale zwischen »kleinen« Nuklearmächten

Auswirkungen auf	
Gesellschaft:	Angst vor einer Ausweitung des Konflikts und vor Radioaktivität, Impulse für eine globale Friedensbewegung
Wirtschaft:	Panik an den Börsen, möglicherweise Krise der Weltwirtschaft
Sonstiges:	Umweltzerstörung und Zunahme von Krebserkrankungen nicht nur in der unmittelbar betroffenen Region

Szenario

Siebzig Jahre nach Hiroshima verbrennt der nukleare Blitz einen Teil Kaschmirs. Der politische Schock läuft schneller noch als der seismische um den Globus. Vor den Fernsehapparaten zittert die Weltbevölkerung: Wird es zu einem Schlagabtausch zwischen Indien und Pakistan kommen? Und welche Folgen wird er für den Rest der Welt haben? Beide Staaten verfügen über Atomwaffen, beide besitzen Mittelstreckenraketen ... Minuten, Stunden vergehen. Allmählich wird klar, daß die großen Atommächte sofort interveniert haben müssen, vielleicht nach einem gemeinsamen Notfallplan? Als Nachbarländer sind China und Rußland direkt betroffen ...

Kommentatoren sprechen von der Explosion einer taktischen Atombombe über einer Truppenkonzentration. Sie sei als Warnungszeichen gedacht: Bis hierher und nicht weiter! Überall auf der Welt finden Geigerzähler, Schutzanzüge und Überlebensrationen reißenden Absatz. Plötzlich ist den Menschen die Gefahr wieder präsent, seit Jahrzehnten schwebt das Damoklesschwert über ihnen. Die wenigen Bilder aus dem Kaschmir zeigen geschmolzene Panzer, verbrannte Dörfer und immer wieder verkohlte Leichen. Eine Handvoll Kinder, die den Blitz gesehen haben, wird nach Europa und Australien ausgeflogen.

Unisono treten die Großmächte im Weltsicherheitsrat auf. Ihr Interesse ist das Monopol. Sie fordern ultimativ eine sofortige Einstellung der Kämpfe und die Auslieferung der Verantwortlichen an das Internationale Strafgericht. Kein Staat darf sich den nuklearen Erstschlag erlauben, auch nicht mit taktischen Waffen! Doch die Situation ist kompliziert. Die Verantwortlichen sitzen fest im Sattel und gelten sogar als Retter der Nation. Und welche Machtmittel kann man einem atombewaffneten Land androhen?

Die Eskalation ist verhindert, aber die Sorgen bleiben. Läßt sich, wie die EU es fordert, im Anschluß an den Nichtweiterverbreitungsvertrag ein globaler Abrüstungsvertrag für Nuklearwaffen durchsetzen? Und wie soll die Überwachung garantiert werden? Durch UNO-Inspektoren? Eine globale Friedensbewegung fordert die sofortige Abschaffung aller Atomwaffen – auch die der alten Nuklearmächte.

Die USA setzen dagegen auf ihr nationales Raketenabwehrsystem. Es schützt allerdings nicht vor dem Fallout, den der Wind heranträgt. Die radioaktiven Wolken sind noch in Europa meßbar.

Kommentar

Alle Wahrscheinlichkeit spricht dafür, daß es einmal zu einer Katastrophe kommen wird. Nach den USA, Rußland, England, Frankreich und China verfügen aktuell Indien, Pakistan und Israel über Nuklearwaffen. Trotz des Vertrags über die Nichtweiterverbreitung von Kernwaffen könnten bis 2010 Korea, Iran, Südafrika und Ägypten nachziehen. Es ist anzunehmen, daß bis zur Mitte des einundzwanzigsten Jahrhunderts Japan, Argentinien und Brasilien, Kanada, Mexiko, die Europäische Union, die Türkei, Kasachstan, Libyen und die Ukraine hinzukommen. Jede technologisch einigermaßen potente Nation kann innerhalb weniger Jahre die Bombe bauen. Allein ein unbemerktes Testen stellt noch ein Problem dar. Aus dem exklusiven Club von einst wird trotz aller Verträge ein mitgliederstarker Verein. Was berechtigt eigentlich einige wenige Länder, sich das Monopol auf die ultimative Waffe zu reservieren?

Auch kleinen Staaten und terroristischen Organisationen fällt es immer leichter, sich die Waffe zu verschaffen. Die Technologie ist weitgehend bekannt, es gelingt immer weniger, den Weg allen spaltbaren Materials zu überwachen, und in Zeiten innerer Krisen ist die Sicherheit der Arsenale nicht mehr gewährleistet. Und sinkt nicht tatsächlich so lange nach Hiroshima und Nagasaki auch die Hemmschwelle?

Die USA auf dem Rückzug

Die USA schlittern in einen lang anhaltenden Abschwung und verlieren ihre globale Führungsrolle.

Wahrscheinlichkeit: ●●●●●○○
Wirkungsstärke: ●●●●●●○
Frühindikatoren: Rezession in den USA

Auswirkungen auf
Gesellschaft: Nachlassen der kulturellen Hegemonie der USA
Wirtschaft: Schwächung der Weltwirtschaft
Sonstiges: Neue weltpolitische Unsicherheiten

Szenario

»Get our boys home«, titeln die amerikanischen Zeitungen. Fast über Nacht haben sich in den Medien, in Kongreß und Repräsentantenhaus die Protektionisten durchgesetzt. Nur der Präsident zaudert noch ein Weilchen, bis er endlich zum Rückzug aus unnötigen überseeischen Verpflichtungen bläst.

Schuld an der plötzlichen Kehrtwende der Supermacht sind womöglich die amerikanischen Verbraucher, denn sie haben vor Monaten zu sparen begonnen. Für die Wirtschaftsexperten bedeutete das eine Schreckensbotschaft. Die wichtigste Grundlage der amerikanischen Wirtschaft, das Konsumentenvertrauen, ist zerstört! Die anhaltende Flaute der Weltwirtschaft, neue Unternehmensskandale, Entlassungen bei vielen Großkonzernen und Fernsehdiskussionen über Privatbankrotte mögen dazu beigetragen haben. Bislang hatten sich die Konsumenten in Krisen – beispielsweise während der Rezession um das Jahr 2000 – damit trösten können, daß der Wert ihrer Häuser zunahm. Das kompensierte Verluste mit Aktien und steigende Zinsen für Kredite. Doch im Jahr 2008 schrumpfen auch die Immobilienwerte, und nichts kompensiert den Verlust an privatem Vermögen. Wer nicht abbezahlt, wird über kurz oder lang in die private Schuldenfalle rennen.

So aber schlittert die gesamte amerikanische Wirtschaft in eine Abwärtsspirale: weniger Vertrauen – weniger Konsum – sinkende Produktion – geringeres Volkseinkommen – weniger Vertrauen. Die Baisse nährt die Baisse. Und die Märkte reagieren. Angesichts der Misere zieht sich das ausländische Kapital aus amerikanischen Werten zurück. Der Dollar, einst Reservewährung in Krisenzeiten, gerät unter Druck. Der Euro steigt – sehr zum Mißvergnügen der Europäer, die ihre Exportchancen dahinschwinden sehen.

Schließlich kippt wie während der Weltwirtschaftskrise die Stimmung im Lande. Weshalb sollen sich die USA überall in der Welt engagieren? Das kostet den Steuerzahler Unsummen, und zu Hause gibt es wahrlich genug Probleme. Amerika kapselt sich ab. Globalisierung, das war einmal. Man sieht ja, was es der amerikanischen Wirtschaft gebracht hat! Gewinner sind in den Augen des kleinen Mannes die Europäer und die Asiaten, also diejenigen, die man so lange uneigennützig vor dem Kommunismus und vor dem Terrorismus beschützte.

Auf den Exodus der amerikanischen Truppen aus Übersee folgt der der amerikanischen Unternehmen.

Kommentar

Jedes Weltreich hat bislang einen Zyklus von Aufstieg, Blütezeit und Niedergang durchlaufen. Politisch und wirtschaftlich sind die USA heute so potent wie nie, und es spricht nichts für einen nahenden Niedergang. Allenfalls kann man über eine Verschiebung der wirtschaftlichen und damit auch der politischen Gewichte im einundzwanzigsten Jahrhundert spekulieren. Seit Jahren wachsen die Wirtschaften Chinas und Indiens schneller als die der USA – bei einer entschieden größeren Bevölkerungszahl und einem enormen Potential für eine weitere Marktexpansion. Es liegt nahe, in ihnen künftige Supermächte zu vermuten. Asien insgesamt könnte in den nächsten Jahrzehnten die Kapitalflüsse und Investitionen auf sich ziehen, sofern es den Ländern gelingt, ihre hohen Wachstumsraten beizubehalten.

Zudem gehen die USA derzeit immer neue weltpolitische Engagements ein wie Kampf gegen den Terrorismus und Aktionen gegen »Schurkenstaaten«. Sie sind die potenteste Macht, aber auch sie könnten ihre Kräfte überstrapazieren so wie einst die Sowjetunion.

Ein Rückzug der USA aus weltpolitischer Verantwortung wäre, so kritisch man auch dem derzeitigen Unilateralismus der USA gegenüberstehen mag, mit neuen Risiken, Unwägbarkeiten und Unsicherheiten verbunden.

Cyber-Zorro schlägt zu

Ein Krieg im Cyberspace zieht gewaltige wirtschaftliche Schäden nach sich.

Wahrscheinlichkeit: ●●●○○○○
Wirkungsstärke: ●●●●●○○
Frühindikatoren: Keine

Auswirkungen auf
Gesellschaft: Vertrauensverlust für Informationstechnik
Wirtschaft: Verluste in allen Wirtschaftsbereichen durch Störung der Transaktionen, Rückgang von E-Commerce
Sonstiges: Ende von Microsoft, neue Software-Systemarchitekturen

Szenario

Der 12. Oktober 2007 ist ein schwarzer Tag für das Internet. Wer online geht, holt sich ZORRO. Da helfen weder Firewalls noch die aktuellsten Virenschutzprogramme. ZORRO dringt durch alles, was irgendwie über Datenleitungen oder Funk verbunden ist. In den Großunternehmen brechen die Intranets zusammen. Verwaltungen müssen ihre Arbeit einstellen. Auch bei den Banken streiken die Computer. Die Börsen müssen den Handel aussetzen. Sogar die neue Generation von Mobiltelefonen und PDAs versagt ihren Dienst, was bleibt, ist ein blinkendes rotes Z auf dem Miniaturdisplay.

Natürlich sind keine mexikanischen Rächer der Enterbten am Werk, und natürlich handelt es sich nicht um einen einzelnen Virus, sondern um eine ganze Klasse von unterschiedlichen Netzwürmern, Trojanern, logischen Bomben, Makro-Viren, und was immer an destruktiver Daten-Fauna existiert. Es ist, als habe jemand die Büchse der Pandora geöffnet.

Die Vorgeschichte reicht Monate zurück. Sie begann recht harmlos mit zunehmenden Hackeraktivitäten, die offensichtlich von einem Staat ausgingen, der bereits als »Rowdystaat« auf der UNO-Embargoliste stand. Nach Geheimdiensterkenntnissen wurden immer wieder von dort aus Viren in den Cyberspace geschleust. Alle Aufforderungen, den Cyber-Terrorismus zu unterbinden, fruchteten nicht. Schließlich verhängte die

UNO informationelle Sanktionen. Dazu wurden sämtliche Datenleitungen in diesen Staat gekappt – eine Maßnahme, hundertmal wirksamer als eine Wirtschaftsblockade. Aber wie diese nicht 100prozentig durchsetzbar.

In dem nun folgenden InfoWar zeigte es sich, daß frühere Virenanschläge nur Waffentests waren, die die Verletzlichkeit der Informationsinfrastruktur erkunden sollten.

Es dauert Monate, bis die Netze wieder funktionieren, die Computer wieder laufen. Die Weltwirtschaft erleidet einen Verlust von fast einem Zehntel des Jahresprodukts, viel mehr als nach dem 11. September 2001. Die Verluste an Menschenleben sind schwer abzuschätzen – Todesfälle in Krankenhäusern oder durch Ausfall der Notrufsysteme, Unfallopfer, Selbstmorde. Aber auch sie könnten höher liegen als damals.

Kommentar

Die Verletzlichkeit der Informationsinfrastrukturen ist schon seit zwei Jahrzehnten ein Thema. Heute kann sich jeder beispielsweise beim Bundesamt für Sicherheit in der Informationstechnik über Schutzmaßnahmen informieren. In der Regel wissen Unternehmen und Verwaltungen, ihre Netze zu schützen, nur selten gelingt es einem außenstehenden Hacker, wirklich größeres Unheil anzurichten. Nachlässigkeiten und Racheakte von Insidern, etwa IT-Spezialisten, die entlassen werden, sowie Industriespionage erzeugen die wirklichen Schäden. Dagegen sind die Hackerangriffe stets sehr medienwirksam, vor allem wenn Einrichtungen wie das Pentagon oder die NASA blamiert werden. Außerdem beunruhigen ständig neue Viren die Internet-Gemeinde.

Neuartige Sicherheitsprobleme werden sich in den nächsten Jahren durch die massenhafte Verwendung von mobilen Geräten und Funktechnologien ergeben. Sobald die Software in Mobiltelefonen Programme ausführen kann, werden auch diese zu potentiellen Virenträgern. Ein Funknetz-Notebook oder ein aufgerüsteter PDA kann Viren von etwa einer Flughafenlobby oder einem Universitätscampus beim Dateienabgleich in das lokale Netz einer Firma einschleppen. Gegen Funk helfen keine Firewalls.

Hacker sind in der Regel Einzelkämpfer und Laien-Experten. Ein professionelles Großprojekt könnte viel wirkungsvollere Datenwaffen hervorbringen. Ihr Ziel wären die lebenswichtigen Infrastrukturen: Energieversorgungsnetze, Verkehrssysteme und natürlich die Kommunikationsnetze selbst. Im Gegensatz zum konventionellen Krieg würde ein InfoWar sehr wahrscheinlich nicht erklärt, aber er wäre nicht weniger tödlich.

Staat ohne Beamte

Bis auf einige wenige Berufsgruppen wird der Beamtenstatus abgeschafft.

Wahrscheinlichkeit: ● ● ● ● ● ○ ○
Wirkungsstärke: ● ● ● ○ ○ ○ ○
Frühindikatoren: Wachsende öffentliche Kritik an Verkrustungen des
politisch-administrativen Systems

Auswirkungen auf
Gesellschaft: Bürgerfreundlichere Verwaltung
Wirtschaft: Unsicherheit wegen veränderter Rahmenbe-
dingungen, Vorteile durch Abbau von Bürokratie
Sonstiges: Abschied von der »Beamtenmentalität«

Szenario

Tumult im Bundestag! Der Regierungsentwurf zur »Rückführung des
Beamtentums« spaltet das Hohe Haus. Selbst Teile der Koalitionsfraktion
wollen sich den radikalen Maßnahmen, die das Gesetz vorsieht, verweigern. Doch gegen Ende des Jahres 2009 befindet sich die Republik in
einem Zustand, der geradezu revolutionäre Umwälzungen verlangt. Die
Medien zeigen jeden Tag, welche Belastungen der administrative Appa-
rat für die öffentlichen Haushalte mit sich bringt und wie ineffizient
größere Teile arbeiten. Die Veränderungen, die in den letzten Jahren
durch die gesamte Gesellschaft gegangen sind – Reformen auf dem Arbeitsmarkt, Reformen des Renten- und Gesundheitssystems – kommen
nun auch beim Staat selbst an. Die Deutschland AG braucht ein gründ-
liches Reengineering. Und der Staat als Dienstleistungsunternehmen
muß, wie andere Unternehmen auch, wenn nötig, heuern und feuern
können.

Wirtschaftsexperten rechnen vor, daß mindestens ein Drittel des Ap-
parates abgebaut werden könnte, und immer wieder ziehen die Medien
Fälle an das Tageslicht, wo unsinnige Vorschriften Aktivitäten behindern
oder sich routinemäßige Genehmigungsverfahren über viele Monate
hinschleppten. Zuwenig Personal, lautet dann in der Regel die Antwort.
Der Mann auf der Straße sieht vor allem, daß das Leben für den Durch-

schnittsbürger immer unsicherer geworden ist: die Arbeitsplätze, die Renten, selbst die Gesundheitsleistungen. »Flexibilität«, wohin man schaut. – Ein Teil der Bevölkerung aber scheint immer noch im gemütlichen zwanzigsten Jahrhundert zu arbeiten und macht sich höchstens Gedanken darüber, welche Farbe bei der nächsten Umstrukturierung der Bürostuhl hat.

Der Beamtenbund protestiert. Die Beamten dürften nicht zu den Sündenböcken der Nation abgestempelt werden. Nicht sie seien für schlechte Gesetze, zu viele Verordnungen und Vorschriften und die allgemein miserable Wirtschaftslage verantwortlich. Der einfache Bürger aber vermutet doch einen Zusammenhang. – Und man kann mit den Fröschen nicht über die Trockenlegung der Sümpfe verhandeln.

Neben der Stimmung in der Bevölkerung ist letztlich aber wohl doch die Finanzlage der öffentlichen Hände ausschlaggebend. Und gewiß spielt auch eine Rolle, daß die Wähler von der neuen Regierung einschneidende Maßnahmen erwarten. Zudem sind in letzter Zeit zu viele Skandale publik geworden: Zwar herrscht seit zwei Jahren auf Bundesebene Einstellungsstop, aber in dieser Zeit ist die Zahl der höchsten Verwaltungsbeamten um 5 Prozent gewachsen.

Obwohl wie in früheren Zeiten die Hälfte der Abgeordneten selbst Beamte sind, entscheidet sich der Bundestag mit einer Zweidrittelmehrheit für die Neuregelung.

Kommentar

Schon seit Jahren werden immer wieder einmal Rolle und Funktion des Beamtentums diskutiert. Ist es einer Epoche, in der sich der Staat als Dienstleister versteht, überhaupt noch angemessen? Wieso müssen Mitarbeiter in städtischen Verwaltungen oder Angestellte in Ministerien und Landes- und Bundesämtern verbeamtet werden? Wird Loyalität gegenüber der Republik und Gesetzestreue etwa dadurch erzeugt? Welche hoheitlichen Funktionen erfüllen beispielsweise Lehrer oder Universitätsprofessoren? Auch das Argument, daß Beamte effektiv billiger als Angestellte wären, verliert, wenn man näher hinschaut und die langfristigen Belastungen mit einberechnet, viel an Überzeugungskraft. Nur bei bestimmten Berufsgruppen wie Richtern, Polizisten oder Soldaten sprechen wirklich triftige Gründe für ein besonderes Rechtsverhältnis zum Staat.

Daran, daß Deutschland unter aufgeblähten Verwaltungen leidet, ist keinesfalls der einzelne Beamte schuld. Das gesamte System jedoch gehört auf den Prüfstand.

Transatlantische Konfrontation

Interessenkonflikte zwischen der EU und den USA mehren sich, bis es zu einer offenen Konfrontation kommt.

Wahrscheinlichkeit: ● ● ● ● ● ● ○
Wirkungsstärke: ● ● ● ● ○ ○
Frühindikatoren: Wachsende transatlantische Interessengegensätze

Auswirkungen auf
Gesellschaft: Zunehmender Antiamerikanismus
Wirtschaft: Neue Handelsbarrieren, Rückschlag für die Globalisierung
Sonstiges: Veränderte weltpolitische Konstellationen

Szenario

Im Mai 2016 zerbricht die NATO. Die USA und Kanada ziehen sich aus dem Verteidigungspakt zurück, wenige Tage später wird die NATO formell aufgelöst. Vor allem in den britischen Medien gibt es einige Kommentare des Bedauerns, das sei das Ende einer langen Freundschaft. Doch die Stimmen, die von einer unausweichlichen Entwicklung sprechen, dominieren selbst im Vereinigten Königreich. Mit verhaltener Genugtuung zeigen die Nachrichtenmagazine den Abzug der letzten amerikanischen Truppen aus Ramstein und Heidelberg.

Für die älteren Europäer ist der schroffe Tonfall, der diesseits und jenseits des Atlantiks herrscht, eine Schande, ein Greuel, eine Katastrophe. Die jüngeren zucken nur mit den Achseln. Das mußte ja einmal so kommen. Die Welthegemonialmacht USA ist an ihre Grenzen gestoßen, noch länger läßt sich Europa nicht vorführen.

Tatsächlich hat sich in den letzten Jahren der Konfliktstoff gehäuft. Wirtschafts- und Umweltkrisen haben dazu beigetragen, die Interessengegensätze der beiden Machtblöcke hervortreten zu lassen. Das Ölreserven der Welt schrumpfen, die Preise steigen, doch die USA verbrauchen nach wie vor den Löwenanteil des Erdöls und sind nicht bereit, irgendwelche Sparmaßnahmen durchzuführen oder sich einem globalen Verbrauchsquotenregime zu unterwerfen. Mehr oder weniger offen beanspruchen sie die Kontrolle über die Ölfelder, selbst die kaukasischen und mittelasiatischen.

Aus Washingtoner Perspektive aber sind die Europäer Trittbrettfahrer, die von der amerikanischen Weltdominanz profitieren, auch in punkto Öl, doch sich selbst nicht engagieren wollen. Ein undankbarer kleinerer Bruder. Aus europäischer Perspektive stehen die USA für Rücksichtslosigkeit gegenüber der Umwelt, dem Klimaschutz, gegenüber ihren Verbündeten – eben »America first!«. Schutzzölle gegen ausländische Waren, massive Industriespionage, politisch gesteuerte Überbewertung des Dollars, rechtliche Schikanen für europäische Unternehmen in den USA. Es gibt viel, was die Europäer den USA vorzuwerfen haben...

Alte Ressentiments kommen wieder auf: Europa verkörpere Kultur, Werte, Zivilisation, die Vereinigten Staaten nur den entfesselten Kommerz. Wird sich aus der transatlantischen Eiszeit ein Kalter Krieg entwickeln?

Kommentar

Das Verhältnis zwischen den USA und den europäischen Staaten war immer kompliziert, und in einer Epoche, in der keine massive äußere Bedrohung die Partner zusammenhält, treten die Differenzen deutlicher zutage. Amerikanischer und rheinischer Kapitalismus unterscheiden sich in vielen Zügen, die Partner sind in vieler Hinsicht auch Konkurrenten und verfolgen ihre eigenen Interessen. Bisweilen erscheinen ihre Positionen – etwa beim Klimaschutz – geradezu unvereinbar. Dennoch hat bislang die Basis gemeinsamer Werte und Interessen genügt, größere Krisen zu vermeiden. Ob dies in einem Zukunftsszenario einer außenpolitisch geeinten und selbstbewußt auftretenden Europäischen Union auch noch so sein wird, ist nicht gewiß.

Viele Faktoren können zu einer zunehmenden Entfremdung der USA und der EU beitragen: währungspolitische Gegensätze, unterschiedliche Auffassungen, wie die Globalisierung sozial- und umweltverträglich gestaltet werden kann, Interessenkonflikte über Einflußsphären in Mittelasien, im Kaukasus oder dem Nahen Osten...

Eine transatlantische Krise könnte die gesamte Weltwirtschaft in den Abgrund reißen, auch Drittstaaten würden leiden, die Globalisierung erlitte einen anhaltenden Rückschlag. Letztlich erscheint sogar die Gefahr einer militärischen Auseinandersetzung – etwa in Form von Stellvertreterkriegen – am Horizont.

Die selbstorganisierte Gesellschaft

Das politische Leben wird von einer Vielzahl selbstorganisierter Gruppierungen bestimmt.

Wahrscheinlichkeit: ● ● ● ● ○ ○ ○
Wirkungsstärke: ● ● ● ● ● ○ ○
Frühindikatoren: Wachsende politische Bürgerbeteiligung

Auswirkungen auf
Gesellschaft: Aktive Zivilgesellschaft
Wirtschaft: Nach anfänglichen Bedenken Wachstumsimpulse
Sonstiges: Ein neues Demokratiemodell

Szenario

Im Frühjahr 2011 kippt das politische System der Bundesrepublik. Bundestag und Bundesrat beschließen eine Verfassungsreform, die die Parteien de facto entmachtet und die Staatsgeschäfte den Bürgern selbst in die Hand legt. Volksabstimmungen und Volksentscheide werden die Regel, Tausende politische Gruppierungen beteiligen sich im Virtuellen Parlament, einer Internet-gestützten Meinungsbildungs- und Entscheidungsplattform. Auch auf Länderebene und auf der Ebene der Kommunen hat sich das neue Modell der Partizipation durchgesetzt.

Ein Dutzend Jahre früher war viel über Zivilgesellschaft und Bürgerengagement geredet worden. Wer hätte damals gedacht, daß die bestehenden Strukturen von den Bürgern geradezu überrannt werden würden! Krisen und Reformstau mögen ein Auslöser dafür gewesen sein, daß sich viele Menschen entschlossen, nicht länger nur resigniert zuzuschauen und zynische Kommentare abzugeben.

Kaum merklich begann die Entwicklung von unten. Die Kommunen zogen sich, bankrott und ausgeblutet, mehr und mehr zurück. Wo nicht Vereine und Initiativen aktiv wurden oder Bürgerstiftungen einsprangen, wurden Bibliotheken und Schwimmbäder geschlossen, vergammelten Kinderspielplätze, verrottete der öffentliche Raum. Mancherorts nahm eine Gruppe »Lokale Agenda 21« das Heft in die Hand. Andernorts organisierten die ehemaligen Stadtwerke das Leben. Und nicht selten begannen Stadtteile, sich selbst zu verwalten, unabhängig von den kommunalen Strukturen. Beispiele, die Schule machten und vielen die Chance gaben, aus der Nische oder der Passivität herauszukommen und praktische Demokratie zu lernen und zu üben. Und endlich begann auch der Verwaltungsabbau.

Zuerst war es nur ein kleiner bunter Haufen von jung gebliebenen Senioren und ihren total vernetzten Enkeln, die entdeckten: Politik selber machen, das ist Fun! Und natürlich nahm manche Aktion karnevaleske Züge an: Bürgermeister standen plötzlich vor verschlossenen Rathaustüren. Am Rosenmontag 2009 besetzten Kölner (!) Narren den Düsseldorfer Landtag... Und in Berlin frozzelte man angesichts der Staatspleite: Haste'n Euro? Willste Deutschland koofen?

Das Internet erweist sich als ideales Instrument für Partizipation. Jeder ist gefragt, jeder kann sich informieren, jede Meinung kann berücksichtigt werden. Selbstverständlich enden damit nicht die Interessenkonflikte, Verteilungskämpfe und Kungeleien. Aber soziale und technische Vernetzung erzeugen einen Quantensprung hin zu mehr Transparenz und Beteiligung.

Kommentar

Das politische System der Bundesrepublik ist in den letzten Jahren unter Druck geraten. Politik- und Parteienverdrossenheit grassieren, und daß die Misere nur auf mangelnde Kommunikation zurückzuführen sei, glaubt niemand mehr. Wenn aber ein strukturelles Problem existiert, wo liegen dann seine Wurzeln, und was muß geändert werden?

Ein Weg scheint die Stärkung der Zivilgesellschaft zu sein, auch wenn man oft den Eindruck hat, daß Vereine und Initiativen nur als Nothelfer ans Krankenbett der Städte gerufen werden. Das Modell bildet hier die USA, wo sich Bürger in einem viel höheren Maße als bei uns für das Wohl ihres Gemeinwesens engagieren. Neben diesem Kommunitarismus bieten auch die Konzepte der direkten oder Basisdemokratie Anknüpfungspunkte. Ohne ideologische Aufladung und Abgrenzungskämpfe könnten sie für einen neuen pragmatischen Schub von politischer Beteiligung sorgen. Volksbegehren, Volksinitiativen und Volksabstimmungen zeichnen diesen Weg vor.

In Kombination mit dem Internet können basisdemokratische Konzepte aufleben – auf einem höheren technologischen Niveau. Änderungen am politischen System sind allerdings schwierig und wollen gut durchdacht sein.

Basistrends: Werte, Lebensstile, Konsum

Werte und Lebensstile sind ein weites Feld, das durch zahlreiche, z. T. gegenläufige Trends, gekennzeichnet ist. Generell haben die westlichen Wohlstandsgesellschaften in den letzten Jahrzehnten einen prägnanten Wertewandel durchlaufen. Abzulesen ist dieser an Umfragen. Während die klassischen preußischen Sekundärtugenden mit ihren gemeinschaftsbezogenen Werten wie Pflicht, Gehorsam, Disziplin usw. an Boden verloren haben, war über lange Zeit ein markanter Bedeutungsanstieg von Ich-bezogenen Werten wie Selbstverwirklichung oder Freiheit in der Wahl des Lebensentwurfs zu verzeichnen. Neuere Umfragen deuten allerdings darauf hin, daß nun ein Ende erreicht ist und die jüngere Generation vielleicht wieder stärker zu den traditionellen Werten zurückkehrt.

Parallel zum Wertewandel haben die alten Orientierungsgeber – Abstammung und Geschlecht, Religions- oder Schichtzugehörigkeit – an Einfluß verloren. Früher bestimmten sie den Platz eines Menschen in der Gesellschaft, seine Identität und seinen Lebensweg. Heute stehen Männern und Frauen viele Optionen offen. Der einzelne kann in erheblichem Maße sein Leben selbst gestalten und sich seine Identität aussuchen bzw. aus den vielfältigen Möglichkeiten zusammensetzen: Im Büro bin ich die biedere Mitarbeiterin, abends die flotte Draufgängerin und am Wochenende eine völlig abgefahrene Westernlady. Und wenn ich will, schlüpfe ich in eine neue Rolle, bin für ein paar Jahre Aussteiger oder bilde mich fort …

Dem entspricht mehr Flexibilität in den sozialen Beziehungen. Zur »Bastelbiographie« paßt die Lebensabschnittspartnerschaft oder eben ein Singledasein. Erhöhte Flexibilität und Differenzierung der Lebensstile sind in allen Bereichen zu beobachten: in den vielfältigen Haushalts-, Familien- und Gemeinschaftsformen, in neuen Arbeitsmodellen, in der Freizeitnutzung, in der Verkehrsmittelwahl, der Mediennutzung, im Kommunikationsverhalten und im Konsumverhalten.

Der gewachsene Individualismus ist eng mit Hedonismus (Genußorientierung) verbunden, nicht zuletzt deshalb, weil die eigene Identität inszeniert werden muß und der Konsum eine immer wichtigere Rolle dabei spielt: Sage mir, welche Schnürsenkel du trägst, und ich sage dir, zu welcher Clique du gehörst. Sich etwas gönnen und das Leben genießen sind zentrale Ziele in der heutigen Gesellschaft, die sich nicht zu Unrecht als »Spaßgesellschaft« bezeichnet. Im Extremfall wird nur noch egoistisch gefragt: »Was bringt es mir?«

Für die Unternehmen bedeutet dies, daß angesichts weitgehender Marktsättigung sich in nahezu allen Konsumbereichen ein Übergang von Verkäufer- zu Käufermärkten vollzogen hat. Der Kunde ist König, verhält sich entsprechend selbstbewußt und will als Individuum angesprochen werden. Die neuen Konsumenten sind gut informiert und kritisch. Sie lassen sich von allzu plumpen Marketingversprechen nicht einfangen und kaufen, unabhängig vom sozialen Status, dort ein, wo es ihnen gerade paßt, mal als Schnäppchenjäger im billigsten Factory-Outlet, mal in der Nobel-Boutique. Auf Nachrichten über ein unethisches Verhalten des Herstellers oder Anbieters (Umweltskandale, Kinderarbeit ...) reagieren sie rasch und radikal. Markenloyalität – das war einmal!

Dank wachsenden Wohlstands können es sich die Menschen in den westlichen Industrieländern heute leisten, viel mehr als nur das Lebensnotwendige zu konsumieren. Vor einer Generation wurde knapp die Hälfte der Haushaltskasse in Lebensmittel und Kleidung, Möbel und Hausgeräte gesteckt, heute ist es nur noch ein Drittel. Statt dessen werden für Reisen und Freizeit nicht mehr nur 12 Prozent, sondern heute etwa 20 ausgegeben. Vom Zeitbudget her hat sich vor allem der Medienkonsum (Printmedien, Kino, TV, Internet) beträchtlich ausgeweitet.

Die Unternehmen versuchen, diesen Veränderungen zu entsprechen, indem sie die Produkte auf die Wünsche des einzelnen Kunden zurechtschneiden und die Erlebnisqualität der Angebote erhöhen. Waren werden inszeniert und mit dem Flair eines spezifischen Lifestyles versehen. In den Themenwelten der großen Shopping-Center verwandelt sich das simple Einkaufen zum Erlebnis-Shopping. Konsum wird zu Entertainment.

Abgesehen von bestimmten Grundwerten wie Achtung der Menschenrechte oder Toleranz gibt es in den westlichen Kulturen den einen, für alle verbindlichen Wertekanon nicht mehr. Nationalstaat und Volkskirchen haben ihre Definitionsmacht zu großen Teilen verloren. Vielfältige religiös oder ethnisch geprägte Wertesysteme konkurrieren und koexistieren miteinander. Und das entfesselte Individuum fühlt sich an keine Tabus mehr gebunden, glaubt, machen zu können, was es will, und konsumiert eifrig. – Diese Gemengelage erzeugt eine spannende Situation, die viele Wild Cards hervorbringen kann.

Vegetarische Revolution

Die Bevölkerung lehnt tierische Lebensmittel ab.

Wahrscheinlichkeit: ●●●●●○○
Wirkungsstärke: ●●●●○○○
Frühindikatoren: Abnahme des Fleischkonsums

Auswirkungen auf
Gesellschaft: Wertewandel
Wirtschaft: Umstellung in der Land- und Nahrungsmittel-
wirtschaft, Gesundheitswesen
Sonstiges: Global verbesserte Ernährungssituation

Szenario

Ende 2007 haben die Verbraucher die Nase voll! Durchfall nach dem Genuß von Hamburgern, Hormone im Schnitzel, Schweinepest und ein noch unerklärliches Hähnchensterben. Wer Fleisch verzehrt, hat eine gute Chance, sich irgendeine Prionenkrankheit einzufangen oder langfristig seine Zeugungskraft zu verlieren! Vergebens kämpfen die Hersteller mit Labels und Erzeugerzertifikaten gegen das wachsende Mißtrauen an. Immer preiswertere Sonderangebote ruinieren um Weihnachten den Markt endgültig. Die Fleisch- und Wursttheken in den Supermärkten sind erst überfüllt, dann bleiben sie leer und werden schließlich abgebaut. Selbst Milch, Butter und tierische Fette geraten in Verruf. Vergebens bieten Öko-Bauern Fleisch aus garantiert natürlicher Aufzucht an. Der Verbraucher geht auf Nummer sicher. Widerwillig profilieren sich die Metzgereien auf Obst, Gemüse und vegetarische Produkte um. Die Tierschützer triumphieren. Und viele hoffen sogar auf eine grundsätzliche Umorientierung der Gesellschaft weg von Aggressivität und Gewalt. Sind Vegetarier nicht eigentlich sanftmütigere Menschen?

Der Fleischesser-Streik ist das Menetekel für einen Großteil der industrialisierten Landwirtschaft – und der Auslöser für einen Boom hochwertiger vegetarischer Lebensmittel: Hunderte Sorten von Veg-Wurst unterschiedlichster Konsistenz und Geschmacksrichtungen kommen auf den Markt, Veg-Fleisch jeglicher Sorte, sogar mit Veg-Knochen!, ist bald so populär, daß die wenigen unverbesserlichen »Kannibalen« bei ihren

Spezialanbietern (gleich neben den Porno-Läden) »tierisches Schweinesteak« verlangen müssen.

Ironischerweise fördert die Abkehr von der Tierzucht eine neue Technisierungswelle im Ernährungssektor. Die pflanzlichen Ausgangsstoffe werden bis zur Unkenntlichkeit verarbeitet und mit synthetischen Geschmacksstoffen versetzt. Dem Novel Food ist seine Herkunft nicht mehr anzusehen. – Die nächste Krise ist nur eine Frage der Zeit.

Kommentar

In den letzten Jahren folgten die Lebensmittelskandale Schlag auf Schlag: erst BSE, dann Maul- und Klauenseuche und Schweinepest, schließlich Hormon- und Pestizidskandale. All diese Krisen haben bislang das Ernährungsverhalten nicht grundsätzlich verändert. Zwar brach in der BSE-Krise der Rindfleischkonsum dramatisch ein, doch orientierten sich die Verbraucher auf Schweine- und Geflügelfleisch um, und allmählich erholte sich auch der Verbrauch an Rindfleisch wieder. Bei den jüngsten Skandalen machte sich sogar eine gewisse resignative Stimmung breit: Nicht einmal Bio-Produkte sind sicher, man kann eh nichts machen. Was bleibt, ist ein erschüttertes Vertrauen in die Segnungen der modernen Landwirtschaft.

Möglicherweise könnten neuerliche gravierende Fleischskandale ein Umkippen des Verbraucherverhaltens auslösen. Voraussetzung wären aber glaubhafte Alternativen. Werden erst einmal in den Supermärkten hochwertige und vertrauenswürdige pflanzliche Nahrungsmittel zu günstigen Preisen angeboten, könnte ein Großteil der Bevölkerung zu einem vegetarischen Ernährungsstil übergehen.

Neben den Erzeugern vegetarischer Lebensmittel würden Umwelt und Dritte Welt zu den Gewinnern zählen. Zum einen würden die Umweltbelastungen durch die Viehzucht vermindert, zum anderen würde sich die Welternährungssituation deutlich verbessern, da weniger landwirtschaftliche Flächen in der Dritten Welt für die Erzeugung von Tierfutter in Anspruch genommen würden. Möglicherweise würden auch einige ernährungsbedingte Erkrankungen weniger verbreitet sein. Spekulativ dürfen die tiefgreifendsten Wirkungen auf der Werteebene vermutet werden. Eine vegetarische Revolution wäre auf jeden Fall Teil eines grundsätzlicheren Bewußtseinswandels.

Zorn Gottes, Zorn der Natur

Angesichts von Naturkatastrophen breitet sich ein religiöses Umweltbewußtsein aus.

Wahrscheinlichkeit:	● ● ● ○ ○ ○ ○
Wirkungsstärke:	● ● ● ○ ○ ○ ○
Frühindikatoren:	Sekten greifen ökologische Themen auf

Auswirkungen auf	
Gesellschaft:	Religiös-konservativ geprägtes Bewußtsein, neue Umweltgesetze
Wirtschaft:	Strenger ökologischer Verhaltenskodex für Unternehmen, besonders betroffen: Energiewirtschaft, Chemiebranche
Sonstiges:	Wendung zur Spiritualität

Szenario

Preacher John ist im Herbst 2008 der Medienstar Nummer eins. Gleich
ob in den Fernsehkanälen oder im Internet, er ist überall präsent, der
Mann, der die Zeichen der Zeit erkannt hat. Denn niemand kann das
Strafgericht Gottes leugnen: Die Schleusen des Himmels sind geöffnet,
wütende Stürme tosen über die Länder, die Wälder brennen, Wolken
giftiger Insekten überfallen die Städte, Inseln versinken im Meer, neue
Krankheiten suchen die Menschen heim. – Toben da bereits die apoka-
lyptischen Reiter über die Kontinente?

Tatsächlich trifft in jenem Herbst vieles zusammen. Zuerst erschüttert
ein Erdbeben Kalifornien und legt halb San Francisco in Trümmer, dann
bricht der Fujiyama aus, über Mitteleuropa rasen Tornados, Spanien erlebt eine regelrechte Sintflut, Hagel vernichtet die Ernten in Australien...

Preacher John ist nur einer von vielen Erweckungspredigern, die die
Naturkatastrophen und den Klimawandel für sich entdeckt haben. Aber
wie kein anderer bringt er die Sache auf den Punkt. Fast täglich unter-
malen Nachrichten von Wirbelstürmen und Überschwemmungen seine
Botschaft. Fast jeder Wetterbericht wird zu einer Strafpredigt. Selbst wer
keiner Kirche angehört, selbst wer nicht an Gott glaubt, spürt, es ist etwas

dran an der Phillippika. Die Menschheit hat einen Irrweg beschritten und wird nun bestraft; die Gier, die Jagd nach Profit, der Fetisch Konsum sind des Teufels; die wahren Werte sind geistiger Natur, Buße ist angesagt, eine grundsätzliche Umkehr...

Gerade die wildesten Prediger haben den größten Zulauf. Umsonst verweisen die Kirchen darauf, daß sie seit Jahrzehnten Umweltthemen aufgegriffen und entschiedene Positionen formuliert haben und daß viele Bekundungen der Prediger theologisch, milde ausgedrückt, hochgradig verwegen sind. Obwohl die Öko-Erweckten nirgendwo wirklich die Mehrheit stellen, ist ihr Einfluß gewaltig. Das Spiritualitäts-Business boomt. Eine Ergänzung zur amerikanischen Verfassung gibt »ökologisch korrektem Verhalten« Gesetzeskraft. Unternehmen gehen Selbstverpflichtungen ein oder werden boykottiert. Wieviel sich wirklich ändert, steht auf einem anderen Blatt.

Kommentar

Tatsächlich hat die Umweltbewegung schon immer viel Kraft von einem religiös gespeisten Umweltbewußtsein erhalten, geht es doch um nichts Geringeres als um die »Bewahrung der Schöpfung«. Im letzten Jahrzehnt haben jedoch Umweltfragen in den Augen der Öffentlichkeit viel an Prägnanz verloren, zum einen dank einer teilweisen Verbesserung der Umweltsituation hierzulande, zum anderen, weil sich anscheinend brennendere Probleme wie die Arbeitslosigkeit in den Vordergrund schoben. Mit dem nächsten Wellenschlag des Zeitgeistes könnte Ökologie jedoch wieder ganz vorn auf der politischen Agenda landen, insbesondere dann, wenn sich eine klarere Vorstellung von der tatsächlichen Dimension des Klimawandels und seiner Folgen herausschält.

Ist ein Krisenbewußtsein erst einmal gegeben, könnte die zunehmende Anzahl von Naturkatastrophen Wasser auf die Mühlen apokalyptischer Prediger schütten. Nur zu leicht läßt sich die Klimakatastrophe als Strafe Gottes für eine dem Mammon verfallene Gesellschaft interpretieren. Oder esoterisch-alternativ dahingehend auslegen, daß Gaia nun endlich zurückschlägt. Weder Politik noch Wirtschaft wird sich dem massiven Wandel des Zeitgeistes entziehen können.

Die mentalen Auswirkungen des Klimawandels werden beträchtlich sein, aber über ihre Richtung läßt sich vorerst nur spekulieren.

Jung gegen Alt

Die Jungen kündigen den Alten den Generationenvertrag auf.

Wahrscheinlichkeit: ●●●●●○○
Wirkungsstärke: ●●●●●●○
Frühindikatoren: Gründung spezieller Jugend-Parteien bzw. pressure groups

Auswirkungen auf
Gesellschaft: Verstärkte Konfliktpotentiale, Quotenregelungen, Welle von Reformen (Sozial- und Gesundheitswesen)
Wirtschaft: Zeiten der Unsicherheit und Umorientierung
Sonstiges: Vielleicht Abschied vom Mehrheitsprinzip?

Szenario

Der Generalstreik legt fast die gesamte Europäische Union lahm. Der öffentliche Verkehr stockt, die Betriebe stehen still, die Behörden leisten im besten Fall noch Dienst nach Vorschrift, Demonstrationszüge dringen ostentativ in die Bannmeilen der Parlamente ein: »Schluß mit der Doppelbelastung!« »Schluß mit der Gerontokratie!« Die Sicherheitskräfte sind nicht gegen den Aufstand zu mobilisieren, denn sie sympathisieren mit den aufgebrachten Massen, deren Umfang jede Love Parade in den Schatten stellt.

Der Ratspräsident versucht, mit einer Fernsehansprache und einer Reihe von Versprechungen die Wogen zu glätten, doch er erntet für seinen Spruch »Ich war auch einmal jung!« nur wütendes Gelächter. Immer radikaler werden die Forderungen aus der Jugendbewegung. »Weg mit: Jeder hat eine Stimme!« »Wahlrecht nur noch für Beitragszahler!«

Die Jüngeren, also die Menschen im erwerbsfähigen Alter, werden vom Staat bis an die Schmerzgrenze ausgebeutet. Zumindest kommt ihnen das so vor. Sie zahlen die Rente für eine anwachsende Anzahl von Senioren – aber wenn sie selbst in den Ruhestand gehen, wird es vielleicht überhaupt keine staatliche Rente mehr geben, sondern nur noch das, was sie privat beiseite legen! Das Problem ist seit langem bekannt, doch keine Regierung hat es gewagt, wirklich radikale Reformen vorzunehmen. Schließlich stellen die Senioren die Mehrheit des Wahlvolkes.

Und nichts geschieht gegen den Willen der Mehrheit. »Methusalem-Syndrom« nennen die extremen Junioren-Parteien diese Art der Stagnation und »Sozial-Parkinson«, Schüttellähmung der Gesellschaft.

Aber irgendwann bricht sich die Veränderung Bahn, und sei es durch wochenlange Streiks. Sobald erst einmal in Parteien und Parlamenten die Jugend-Quote von mindestens 50 Prozent durchgesetzt ist – als »jung« im Sinne der Gesetze gilt jeder unter vierzig! –, folgen die Reformen Schlag auf Schlag: Besteuerung, Rentensystem, Arbeitsgesetzgebung. Alles steht zur Disposition. Alles muß verändert werden.

Dann erst können sich die Alten wieder in Innenstädte und Geschäftsviertel wagen, ohne in Gefahr zu laufen, angepöbelt zu werden.

Kommentar

In den westlichen Industriestaaten ist eine historisch einmalige Umkehrung des Verhältnisses der Generationen zu beobachten. Während früher wenigen alten Menschen viele jüngere gegenüberstanden, werden in wenigen Jahrzehnten die Rentnerjahrgänge die zahlenstärksten sein. Immer weniger junge Menschen müssen für Renten und Pensionen von immer mehr alten Menschen aufkommen. Das Risiko der Altersarmut ist heute glücklicherweise einigermaßen reduziert; ein entschieden höheres Armutsrisiko gehen dagegen junge Familien mit Kindern ein. Sie tragen, bildlich gesprochen, zugleich die Last der Vergangenheit und die Last der Zukunft. Und auf sie schlagen die wirtschaftlichen Unsicherheiten der Gegenwart am stärksten durch.

Viele aus der Generation@ und der nachfolgenden Generation X haben sich von der Vorstellung einer einigermaßen gesicherten beruflichen Perspektive verabschiedet. Konzentration auf die Gegenwart, etwas erleben, Fun, lautet ihr Motto. Als eingefleischte Individualisten interessieren sie sich nur am Rande für Politik und schon gar nicht für die traditionellen Formen der Politikgestaltung. Auch die Aufkündigung des Generationenvertrages muß nicht unbedingt in der klassischen Form einer sozialen Bewegung geschehen. Zu denken ist auch an Flucht vor Steuern und Sozialabgaben – wenn es sein muß in den »grauen« Sektor der Schattenwirtschaft.

Die androgyne Gesellschaft

Infolge einer Lebensstil-Revolution verschwinden die biologischen Geschlechtsunterschiede.

Wahrscheinlichkeit: ●●○○○○○
Wirkungsstärke: ●●●●●○○
Frühindikatoren: Zunahme androgyner Werbung

Auswirkungen auf
Gesellschaft: Auflösung der noch bestehenden Geschlechterrollen
Wirtschaft: Lifestyle-Branchen, Werbung
Sonstiges: Starke Reaktionen in Kultur und Kunst, ein postpatriarchalischer Politikstil?

Szenario

»Ich bin ein Zwitter, und das ist auch gut so.« – Wer hätte noch vor vier, fünf Jahren gedacht, daß mit diesem Slogan der Wahlkampf um die europäische Präsidentschaft 2017 gewonnen würde? Emanzipation, Kampf um die Gleichberechtigung, Gender Mainstreaming, das war einmal. »Mann« und »Frau« sind im neuen, androgynen Europa archaische Wörter aus vergangenen Zeiten. Noch läßt sich bei vielen Menschen – meist den älteren – die sexuelle Identität an Gesicht, Körperformen und Verhalten ablesen. Doch die jüngeren wollen sich in der Regel nicht mehr einfach in eine »sexuelle Schublade« stecken lassen. Weshalb nicht von beiden Geschlechtern das Beste übernehmen? Oder mal das eine, mal das andere ausprobieren? Die neue »Generation XX/XY« gibt sich unisex und androgyn. Ihre Trendsetter vereinen feminine und maskuline Züge. Wenn der Körper nicht dem Wunschbild entspricht, helfen Schönheitsoperationen, Hormone und eine gentechnische Reprogrammierung nach.

Die Wirkungen durchdringen die gesamte Kultur. Am schnellsten passen sich Modebranche und Medienproduzenten an, die für die Generation XX/XY Unisex-Produkte liefern. Auf den Toiletten verschwinden die Schildchen für Damen und für Herren. Die Vornamen werden »sexuell neutralisiert« und enden vorzugsweise auf e, i oder el. Als neue Anrede setzt sich »Sehr geehrter Mensch Müller« durch. Selbst im traditionell sehr konservativen Bereich des Sports redet niemand mehr von »gemischten Mannschaften« oder »offenen Disziplinen« (wo eine Zeitlang beide Geschlechter zu den Wettkämpfen zugelassen waren). Viele Sportler verzichten ganz auf Reproduktionsorgane, denn ohne diese bringt der Körper mehr Leistung.

Nur die katholische Kirche und islamische Glaubensgemeinschaften predigen Widerstand: Gott hat den Menschen als Mann oder Frau geschaffen.

Kommentar

Gender ist ein soziales Konstrukt. Die Geschlechterrollen sind zwar biologisch bedingt, werden aber im Kindesalter festgelegt und können sich fortentwickeln. In den vergangenen hundert Jahren ist die traditionelle Rolleneinteilung in Ernährer und Hausfrau großenteils, wenn auch nicht vollständig überwunden worden.

Je mehr sich die Lebensumstände und Lebensweisen der Geschlechter angleichen, desto mehr verwischen auch die ehemals sozial festgelegten Unterschiede (nicht die biologischen). Gleichgeschlechtliche Partnerschaften, früher verpönt und lange verboten, haben einen rechtlichen Status erhalten.

Derzeit scheint sich ein – wenn auch vielleicht labiles – Gleichgewicht in Rollenzuteilungen und individuellen Wünschen herausgebildet zu haben, das von einem Nebeneinander unterschiedlicher Trends gekennzeichnet ist: Der Macho ist so wenig verschwunden wie das treusorgende Hausmütterchen, zugleich sind Karrierefrauen und Hausmänner keine Seltenheit mehr, und im Verlaufe der eigenen Bastel-Biographie ist es leicht möglich, zwischen verschiedenen Rollen zu wechseln. Zwar bestätigt fast jede Umfrage, daß unter den Jugendlichen beiderlei Geschlechts die intakte und komplette 2 + 2-Idealfamilie unter den Lebenswünschen ganz vorn rangiert, doch in der Realität verbreitet sich das Spektrum zu Patchwork-Familien und individuellen Arrangements.

Eine androgyne Revolution könnte die heutige Balance zum Kippen bringen. Auf die Dekonstruktion der sozialen Geschlechtsunterschiede folgt langfristig auch die der biologischen. Letztlich hat jede/r bei der individuellen Identität und der Umgestaltung des eigenen Körpers freie Hand. Ob allerdings die dazugewonnenen Optionen und Spielräume auch einen tatsächlichen Freiheitsgewinn oder nur neue Normierungen und Zwänge mit sich bringen, bleibt fraglich.

Rückkehr zu Kindern, Küche und Kirche

In einem konservativen gesellschaftlichen Klima werden die Errungenschaften der Frauenbewegung zurückgenommen.

Wahrscheinlichkeit:	●●○○○○○
Wirkungsstärke:	●●●●○○○
Frühindikatoren:	Umpolung in den Wertorientierungen, Zulauf zu fundamentalistischen Vereinigungen

Auswirkungen auf	
Gesellschaft:	Rückkehr zu den alten Geschlechterrollen, Verdrängung der Frauen aus der Politik
Wirtschaft:	Frauen wird das Recht auf Arbeit und Bildung abgesprochen
Sonstiges:	Verändertes Konsumverhalten

Szenario

Mit dem Gesetzespaket zur »Verbesserung von Frauen- und Mutterschutz« wird die Rückwärtsbewegung besiegelt: es schützt die Frauen vor allem vor bezahlter Arbeit. Fast über Nacht schmilzt – rein statistisch – die Arbeitslosigkeit dahin. Freie Stellen werden, wie es das Gesetz vorschreibt, nur noch an Männer vergeben; wer dem falschen Geschlecht angehört, zählt auf dem Arbeitsmarkt nicht mehr. Nur noch wenige »frauengerechte« Berufe in der Pflege und in einigen anderen sozialen Dienstleistungen stehen Frauen offen. Voraussetzung ist aber, daß kein Ernährer für sie sorgt. Gleichzeitig wird, wie es schon länger Kirchenvertreter gefordert haben, jegliche unnatürliche Geburtenkontrolle vom Gesetzgeber verboten. Bald folgen Razzien gegen den Schwarzmarkt mit Anti-Baby-Pillen. Mit mehr als nur sanftem Zwang wird der »Gebärstreik« beendet.

Die Entwicklung hat sich schon seit einiger Zeit abgezeichnet. Innerhalb weniger Jahre hat die »Frauen zurück an den Herd!«-Bewegung Deutschland und Europa überrollt. Vive la difference! heißt es, es lebe der geschlechtsspezifische Unterschied. Die Medien, zumeist beeinflußt von christlichen oder islamischen fundamentalistischen Gruppierungen, propagieren das wiederentdeckte Leitbild des treusorgenden Hausmütterchens, das Familie und Gesellschaft zusammenhält. Und der überwältigenden Mehrheit der Männer scheint dies nur recht zu sein. Allein der Haushaltsvorstand verfügt über das Konto ...

Noch gibt es einige wenige Politikerinnen, doch gerade sie predigen die echt weiblichen, familienbezogenen Werte, die gesellschaftliche Arbeitsteilung der Geschlechter, die für alle Seiten das Beste und ohnehin biologisch angelegt sei. Klare und eindeutige Rollen-Vorbilder für die Heranwachsenden, ein Ende der erniedrigenden Doppelbelastung für die Frauen, mehr und vor allem besser erzogener Nachwuchs ... Ausgerechnet die jüngeren Frauen folgen den Parolen und sehen ihre Perspektive nicht mehr in den Unwägbarkeiten des Arbeitslebens, sondern in Ehe und Familie. Allenfalls ein paar ergraute Feministinnen leisten erbitterten Widerstand.

Kommentar

Nein, sehr wahrscheinlich ist ein solches Szenario nicht. Würde heute eine Partei die volle Rolle rückwärts zum Programm machen, liefe sie in Gefahr, bei Wahlen nicht einmal unter »Sonstige« erwähnt zu werden. Es müßten schon extreme Umstände zusammenkommen, um eine antiemanzipatorische Revolution auszulösen und die Frauen dazu zu bringen, ihre ökonomische Selbständigkeit freiwillig aufzugeben: Religiöser Fundamentalismus plus Wirtschaftskrise mit noch höherer Arbeitslosigkeit plus Angst vor dem Bevölkerungszusammenbruch plus ...

Vor drei Jahrzehnten hat die islamische Revolution im Iran gezeigt, daß eine Rückwärtsbewegung prinzipiell möglich ist. Europa ist zwar nicht der Iran, aber doch nicht gegen jeglichen Fundamentalismus gefeit, insbesondere dann nicht, wenn die kulturelle Leitnation USA in den Sog entsprechender Bewegungen tief aus dem »bible belt« gelangen sollte. Gleichberechtigung ist heute in Europa eine Selbstverständlichkeit, auch wenn sie noch lange nicht voll verwirklicht ist. Aber werden sich die jetzt heranwachsenden Frauen in dem Maße für ihre Rechte engagieren wie ihre Mütter und Großmütter? Die heutige Generation junger Frauen kann sich vermutlich nicht vorstellen, wie es ist, als Mensch zweiter Klasse zu leben, und sie könnte, wenn sie ihre Rechte nicht verteidigt, überrumpelt werden.

Ausschüttung des Heiligen Geistes

In einer Woge spiritueller Begeisterung verlieren die Volkskirchen ihre Dominanz.

Wahrscheinlichkeit:	●●●●○○○
Wirkungsstärke:	●●●●○○○
Frühindikatoren:	Wachsender Zulauf zu Sekten; Esoterik-Boom

Auswirkungen auf	
Gesellschaft:	Veränderungen in der Wertebasis
Wirtschaft:	Spiritualität als Geschäft
Sonstiges:	Neuausrichtung der Politik, Wirkungen auf Umweltbewußtsein, Medizin, Menschenbild

Szenario

Christen sprechen von einem Zweiten Pfingsten, Juden von der bevorstehenden Ankunft des Messias, Mohammedaner vom Jahr der Erleuchtung. Fakt ist, daß im Frühling des Jahres 2011 eine Woge der Spiritualität den Globus umläuft. Bunt zusammengewürfelte Menschengruppen finden sich zu kleinen Gemeinden zusammen; die unüberwindbaren Klüfte zwischen den großen Religionen sind ihnen gleichgültig, sie wollen nur in einer Gemeinschaft von Gläubigen ihre Spiritualität leben. Von der Welle religiöser Begeisterung profitieren vor allem Sekten, die bereit sind, Kreuze und Ankh-Symbole nebeneinanderzuhängen, druidische Riten abwechselnd mit dem Gebetsruf in Richtung Mekka zu zelebrieren. Die konkreten Glaubensformen seien unwichtig, nur die Intensität – nein, die Inbrunst – zähle. Geißler ziehen durch die Straßen.

Theologieprofessoren konstatieren einen geschmacklosen Synkretismus. Die »Laien-Propheterei« habe überhandgenommen. Tatsächlich veröffentlichen Zeitschriften und Internet-Spirituality-Portale die Top-Listen der hundert beliebtesten Prophetinnen und Propheten. Wer da mithalten will, muß schon direkt von Gaia oder von »demjenigen, der da kommen wird«, inspiriert sein und die Gläubigen mitreißen und in Trance versetzen können.

Innerhalb von Wochen erfaßt die Spiritualitäts-Welle die Wirtschaft. Nicht nur für Zyniker ist Glauben Business. Neue Tempel wollen gebaut,

Zeitschriften und Internet-Seiten mit Inhalt gefüllt sein. Propheten brauchen eine professionelle Ausbildung. Die Gemeinden müssen gemanagt, Selbstglaubensgruppen moderiert werden ... Bald werden die ersten Spezialfonds für Glaubensdienstleister aufgelegt.

Natürlich steigt auch die Politik darauf ein. Pro und kontra Christentum wird Wahlkampfthema Nummer 1. Wann darf sich ein Verein Glaubensgemeinschaft nennen und somit von der Steuer befreit werden? Und welche Pläne haben die Parteien für den Fall, daß Aquarius tatsächlich aus dem Meer steigt?

Irgendwann folgt auf die Übersteigerung die Erschöpfung. Das Ende der Endzeit. Und das Leben danach.

Kommentar

In den letzten Jahrzehnten haben die Kirchen trotz schwindender Mitgliederzahlen ihren Platz behaupten können: in ihrer seelsorgerischen Funktion und als Orientierungsgeber, als Träger von sozialen Einrichtungen und als politischer Einflußfaktor. Sie geraten jedoch in einer individualistischen, säkularisierten und multikulturellen Gesellschaft zunehmend unter Druck. Sekten jeglicher Couleur – bis hin zu reinen Kommerz-Sekten wie Scientology – erhalten Zulauf. Der Esoterik-Boom scheint zwar abzuklingen, vielleicht aber nur deshalb, weil esoterische Inhalte, oft in Verbindung mit Lebenshilfe, Sinnsuche und Wellness, weit in die Gesellschaft eingedrungen sind. Und nicht zuletzt nimmt ein »Christentum light« zu, das die Kirchen nur noch zu speziellen biographischen Anlässen benötigt.

Schon heute wird auf dem Glaubensmarkt alles angeboten: von sanftem New Age bis zu Dämonismus und Satanskulten. Immer mehr Menschen betrachten Religion mit den Augen des Konsumenten und suchen sich aus der Vielfalt das heraus, was gerade gefällt oder zum Selbstbild paßt.

Ein Aufflammen von Spiritualität würde daher die bunte Szenerie der Sekten und losen Gruppierungen aufwerten. Eine derartige spirituelle Revolution würde die Wertebasis der Gesellschaft umwälzen und sich beispielsweise auf die Bioethikdebatte – von Embryonenschutz bis Sterbehilfe – auswirken. Auch könnte die alternative Medizin eine wachsende Bedeutung erlangen. Letztlich sind sogar Veränderungen im politischen System denkbar bis hin zur Auflösung des immer noch recht engen Verhältnisses von Staat und Kirche in Deutschland.

Hyper wird normal

Hyperaktivität, früher als psychische Störung interpretiert, wird zur Norm.

Wahrscheinlichkeit:	●●●●○○○
Wirkungsstärke:	●●●●●○○
Frühindikatoren:	Auftreten leistungsfähiger hyperaktiver Menschen

Auswirkungen auf	
Gesellschaft:	Spaltung in Hyperaktive und Langsammenschen
Wirtschaft:	Hyperaktive als Zielgruppe, erhöhte Produktivität und Innovationsfreude
Sonstiges:	Weiter gesteigerte Flexibilität und Mobilität

Szenario

Der Internationale Neurologen-Kongreß im Januar 2020 vollzieht eine radikale Neubewertung: Hyperaktivität ist kein Krankheitsbild, sondern eine evolutionäre Anpassungsleistung des menschlichen Nervensystems an die Anforderungen der Informationsgesellschaft. Kognitives Multitasking ziehe zwar häufig einen erhöhten Aktivitätspegel der Motorik nach sich, doch werde eine medikamentöse Behandlung nicht mehr empfohlen. In einer Podiumsdiskussion entwickeln die Teilnehmer sogar die Vision eines homo sapiens informaticus, der sich vom alten homo sapiens durch eine erweiterte Informationsaufnahmekapazität, vergrößerte Entscheidungsbereitschaft und allgemein mehr geistige Flexibilität unterscheidet. Noch könne man freilich nicht von einer neuen biologischen Spezies sprechen ...

Die Medien interpretieren es auf ihre Weise: Wer nicht zappelt, ist unangepaßt und nervenkrank. Früher galten Menschen, die während des Gesprächs um sich blickten, in Sitzungen E-Mails bearbeiteten oder beim Telefonieren mit dem Splitscreen drei Fernsehsendungen parallel verfolgten, als nervös, aufmerksamkeitsgestört und überhaupt als lästige Zeitgenossen. Jetzt sind sie nicht nur rehabilitiert, sondern die neuen Helden des 21. Jahrhunderts. Nun fällt unangenehm auf, wer still sitzen bleiben kann, Ruhe erträgt, beim Warten nicht sofort ausflippt. Tickt bei ihm etwas nicht richtig – eben zu langsam?

Schulen, Universitäten, Unternehmen reagieren. Wie früher die Raucherecken richten sie spezielle Schutzräume für Langsammenschen ein. Während man sich mit einer anderen Person unterhält, im Internet zu surfen verliert nicht nur den Ruch der Unhöflichkeit, sondern gilt als Leistungsnachweis. Es ist, als würden die Menschen auch im Alltag Ecstasy schlucken.

Obwohl der »Verein zur Entschleunigung der Zeit« massiv Mitglieder gewinnt und viele Senioren nach wie vor nur eine Tätigkeit auf einmal ausüben, können sich die sporadischen Protestbewegungen gegen das Getümmel der hyperaktiven Menschen nicht durchsetzen. 95 Prozent der Kinder sind schon in der Vorschule »hyper«.

Kommentar

Informationsüberflutung scheint eine der großen Geißeln unseres Zeitalters zu sein. Auf der Arbeit und im Alltagsleben ist praktisch jeder einer unablässigen Flut von Reizen ausgesetzt, und fast ständig stehen kleinere oder gewichtigere Entscheidungen an. Die Multioptionsgesellschaft entpuppt sich als Entscheidungszwang-Verein, die erstrebte hohe Flexibilität erfordert permanente Umorientierungen.

Viele Menschen klagen über die Last, ständig Informationen aufnehmen, bewerten, selektieren und dann entscheiden zu müssen. Und bei den Kindern bildet die Reizüberflutung den Rahmen, in dem sich verschiedene Aufmerksamkeitsstörungen entwickeln können.

Über die Langfristwirkungen dieser Belastungen wird kaum nachgedacht. Der Mensch zählt zu den Spezies, die über eine große Plastizität verfügen, sich auf die unterschiedlichsten Umwelten einstellen können – von der Existenz im arktischen Eis oder in der Wüste bis zum Großstadtslum. Wie werden sich Körper und Geist an das Leben in einer reizüberfluteten Informationsgesellschaft anpassen? Wir stehen damit ja erst am Anfang, und die nächsten Generationen könnten sich vom Habitus und Verhalten her mindestens so weit von uns unterscheiden wie der Großstadtneurotiker vom Bauern. Die Voraussetzung wäre allerdings, daß die künftigen Hyperaktiven wirklich besser mit Informationen und Entscheidungszwang umgehen könnten als der heutige Menschentypus. Schon daher handelt es sich um eine eher sehr unwahrscheinliche Wild Card.

Pictoranto

Eine auf Bildern beruhende Sprache revolutioniert das Kommunikationsverhalten.

Wahrscheinlichkeit: ●●●●●○○
Wirkungsstärke: ●●●●●○○○
Frühindikatoren: Zunahme von bildgestützter Kommunikation

Auswirkungen auf
Gesellschaft: Erleichterte multikulturelle Verständigung
Wirtschaft: Medienwirtschaft, insbesondere Verlage
Sonstiges: Von der Schriftkultur zur Symbolkultur

Szenario

Am 11. Oktober 2016 macht eine große konservative Tageszeitung mit einem Titel auf, der nur aus Piktogrammen besteht: Männchen in unterschiedlichen Posen, kleine Schildchen, Wellenlinien, Grimassen, Fähnchen, Gerätschaften, Blitze, mathematische Zeichen, Computer-Icons ... Es handelt sich um die Darstellung des EU-Nachtragshaushalts mit einem kritischen Kommentar.

Ältere Leser sind entsetzt. Erstens verstehen sie kaum etwas, und zweitens signalisiert ihnen das Blatt den endgültigen Sieg des »Comicdeutsch« über die Schrift. In dem Punkt irren sie sich jedoch, die Zeichen sind weder deutsch noch folgt ihre Reihung spezifischen Prinzipien germanischer Sprachen. Nicht umsonst nennt sich die Piktogramm-Schrift »Pictoranto«. Sie will international sein wie das Esperanto und ebenso leicht zu erlernen. Für Jugendliche ist »Picto« längst die zweite Muttersprache. Wenn sie einen Freund aus dem Ausland treffen, quälen sie sich nicht mehr mit Euro-English herum, sie ziehen ihre Handys vor, lassen ihre Finger über die Tasten flitzen, und auf dem Display erscheinen in rascher Folge die Bildchen. Jedes Kind versteht sie. Und man kann sich mit ihnen schneller und präziser verständigen als mit dem gesprochenen oder vielmehr genuschelten Wort.

Tatsächlich hat sich Pictoranto bereits in den nuller Jahren vorwiegend aus den Handy-Logos heraus entwickelt. Statt der üblichen SMS-Botschaften wurde es damals unter Kids Mode, sich kurze Bildsequenzen zuzuschicken: Berichte über die eigene Gefühlslage, lustige Mini-Comics, verschlüsselte Lösungen von Schulaufgaben. Mit der Zeit bildeten sich trotz aller spielerischen Varianten mehr oder weniger einheitliche Standards heraus.

Im Verein mit der steigenden Mobilität trug das europäische Sprachwirrwarr zur Verbreitung von Pictoranto bei. Manager übernahmen von ihren Kindern Teile der Bildersprache. Auf Betreiben der Franzosen förderte die EU Pictoranto. Sie wollten verhindern, daß die Union völlig auf das Englische einschwenkte.

Pictoranto wird zuerst zur universellen Gebrauchssprache der Jugendlichen, dann auch der Älteren. Es durchdringt das Internet und den öffentlichen Raum, es wird bei privaten Unterhaltungen wie bei geschäftlichen Verhandlungen genutzt. Vergebens wettern Sprachkonservative gegen das »Eurochinesisch« und die »Vercomicung« der Kommunikation.

Und nachts träumen die Menschen in Piktogrammen.

Kommentar

Manches deutet darauf hin, daß wir am Ende der Gutenbergschen Buchstabengalaxis angelangt sind. Bildhafte Zeichen und Symbole sind aus unserem Alltag nicht mehr wegzudenken: die Piktogramme, die uns auf Bahnhöfen und Flugplätzen den Weg weisen, Verkehrszeichen, die Markenzeichen bedeutender und unbedeutender Unternehmen, die Icons auf dem Computerbildschirm. Selbst Sportveranstaltungen und andere Events brauchen heute ein eigenes Logo. Graffiti-Sprüher hinterlassen ihre »Tags«. Wenn Kleidungsstücke nicht ohnehin als Werbeträger genutzt werden, tragen sie zumindest das Signet ihres Designers. In unsere E-Mails streuen wir kleine Emoticons ;-) ein . . .

Computer und Internet haben zur Verbreitung von bildhaften Zeichen massiv beigetragen. Fernsehen und Zeitschriften greifen das Web-Design auf und übernehmen dabei auch eine von Icons gestützte Kommunikationskultur. Im Comic wuchern ohnehin abstrakt-konkrete Zeichen – vor allem in emotionalen Denkblasen mit Totenköpfen und Blitzen.

Wir verstehen Tausende von Zeichen. Sie sind lediglich noch nicht hinreichend zu einem umfassenden System zusammengeflossen und vereinheitlicht worden. Dies könnte ein Pictoranto leisten. Seine Wirkungen würden unsere gesamte Kultur durchziehen.

Basistrends: Bevölkerung und Gesundheit

Demographische Explosion, Vergreisung, neue Völkerwanderung – mit der Bevölkerungsentwicklung verbinden sich seit jeher Ängste und Befürchtungen. Im 17. Jahrhundert beispielsweise malten französische Ökonomen das Horrorszenario einer Entvölkerung des Landes aus, Anfang des 19. Jahrhunderts erschreckte der englische Geistliche Malthus seine Zeitgenossen mit der Vorstellung, daß die Bevölkerung stets sehr viel schneller wüchse als die landwirtschaftliche Produktion und nur durch Seuchen, Hunger und Krieg im Gleichgewicht gehalten werde. In den 1920er Jahren dagegen projizierten deutsche Forscher den »Volkstod« – samt Zusammenbruch des Rentensystems – in die Zukunft der 1960er Jahre. Zu dieser Zeit aber schockierte Paul Ehrlich mit seinem Buch »The Population Bomb« die Welt: Die explodierende Bevölkerung wird bald die Belastungsfähigkeit der Erde überschreiten!

In einem Punkt hatten all die Warn-Propheten recht: Das Auf und Ab der Bevölkerungen beeinflußt den sozialen Zusammenhalt und die Funktionsfähigkeit der Sozialsysteme, es bestimmt über Konsum und Arbeitskräfteangebot die Wirtschaftsentwicklung, und letztlich hängt von ihm auch die politische Macht und die Stabilität der Staaten ab.

Tatsächlich sind die einzelnen Regionen der Welt heute mit sehr unterschiedlichen demographischen Problemen konfrontiert. Während in den Ländern der Dritten Welt die Bevölkerungen nach wie vor rasant anwachsen, sind für die Industriestaaten schrumpfende und alternde Populationen typisch. Auf kaum einem anderen Gebiet wird die Spaltung der Welt so deutlich wie da, wo es um den Nachwuchs und das Altern und Sterben der Menschen geht.

Deutschland steht wie den anderen Ländern der Europäischen Union eine »Bevölkerungsimplosion« bevor. Denn bei uns schenken die Frauen im Schnitt nur 1,3 Kindern das Leben, und sie entscheiden sich erst in zunehmend höherem Alter dazu, überhaupt ein Kind zu bekommen. Jede dritte Frau des Jahrganges 1965 verzichtet überhaupt auf Kinder... Wenn sich die Entwicklung fortsetzt, werden in 80 Jahren in Deutschland nur noch halb so viele Menschen leben wie jetzt. Rein rechnerisch wären etwa 350 000 Zuwanderer pro Jahr nötig, um das heutige Bevölkerungsniveau aufrechtzuerhalten! Angesichts der Integrationsprobleme werden in der Politik allenfalls Zahlen zwischen 100 000 und 200 000 diskutiert.

In geringem Maße wird der Geburtenausfall durch die steigende Lebenserwartung kompensiert. Seit dem Zweiten Weltkrieg hat die Lebenserwartung Neugeborener um etwa zehn Jahre zugenommen. Sie liegt heute für Frauen bei knapp über 80 Jahren, für Männer bei etwas über 74 Jahren. Die Prognosen sind auch für die nächsten Jahrzehnte weiter optimistisch, ein längeres Leben dank medizinischer Durchbrüche und einer allgemein besseren Gesundheitsvorsorge. Doch was für das Individuum ein Gewinn ist, stellt für die Gesellschaft ein Problem dar. Während heute einem Senior etwa vier Personen im arbeitsfähigen Alter gegenüberstehen, werden es schon 2010 nur noch etwa drei sein. Um 2035 werden einhundert Menschen unter 65 Jahren fünfzig über 65 zu versorgen haben. Die Herausforderungen für Renten- und Gesundheitssystem liegen auf der Hand.

Überhaupt bietet das weite Feld der Gesundheit heute ein überaus zwiespältiges Bild. Unbestritten sind die Erfolge der Medizin, selbst Krebs verliert allmählich das Odium des tödlichen Schicksalsspruches, doch zugleich wachsen die Kosten des Gesundheitssystems und folglich die Kassenbeiträge, und die Frage liegt nahe, wie lange wir uns eine immer kostenintensivere Gesundheitsversorgung noch werden leisten können. Die Spaltungstendenzen sind deutlich: Privatpatienten werden besser versorgt, die Höhe der Zuzahlungen für Arzneimittel oder Krankenhausaufenthalte steigt. Auf dem platten Land werden Ärzte rar …

Wie die Medizin werden die Biotechnologien heute Gegenstand von extremen Zukunftserwartungen, die sich in ihrer Kühnheit allenfalls mit den Visionen auf dem Gebiet der Informationstechnologien vergleichen lassen. Genomik und Proteomik, die gezielte Veränderung bzw. Erzeugung von Proteinen, sollen den Weg zu einer individuellen Medizin, abgestimmt auf die Besonderheiten des Stoffwechsels jedes einzelnen Menschen, ebnen. Hinter den Markterwartungen einer boomenden Biotech- und Wellnessbranche und hinter der Dynamik der Life Sciences steht das kulturelle Leitbild von ewiger Jugend und Schönheit als mächtige Triebkraft des biotechnologischen Fortschritts.

Im Vergleich zu manch anderem Gebiet läßt sich die Entwicklung der Bevölkerung recht gut und ziemlich langfristig – über Jahrzehnte – vorausberechnen. Grundlage dafür sind allerdings stets Annahmen über Geburten- und Sterberaten und über Zu- und Abwanderung. Genau in diesen Faktoren liegen zahlreiche Wild Cards verborgen. Auch an die Synergie von Life Sciences-Revolution, Erosion der Sozialsysteme und Lebensstilentwicklungen knüpfen sich zahlreiche Wild Cards: medizinische Durchbrüche und neue dramatische Gesundheitsgefahren, Abkehr von der natürlichen Reproduktion – jeweils mit ihren weitreichenden sozialen und kulturellen Folgen.

Ein neuer Babyboom

Die jüngere Generation setzt mehr Kinder in die Welt.

Wahrscheinlichkeit:	●●○○○○○
Wirkungsstärke:	●●●●○○○
Frühindikatoren:	Wachsende Betonung familienbezogener Werte

Auswirkungen auf	
Gesellschaft:	Wertewandel, Reformdruck, insbesondere auf Bildungswesen und Sozialsystem
Wirtschaft:	Familienfreundliche Arbeits(zeit)modelle, Freizeit-branche
Sonstiges:	Internetbörse für Kinderbetreuung

Szenario

Das Jahr 2015 bringt den Rekord: In Deutschland erblicken doppelt so viele Kinder das Licht der Welt wie im Vorjahr. Die Kliniken erweitern die Kreißsäle, Taxifahrer nehmen Geburtshelfer-Kurse, Zeitungen titeln »Schnulleralarm«. Schon 2014 wurden mehr Kinder geboren, als Menschen starben, das war aber nur den Statistikern aufgefallen, denn noch immer bestimmt die ältere Generation das Straßenbild.

Das wird sich nun ändern. Mütter – und Väter! – mit Kinderwagen gehören wie selbstverständlich zum Straßenbild. Die Hersteller für Buggys und Klappis kommen mit der Produktion kaum nach; ohne die Internet-Börse für die gebrauchten würden die Rucksack-Babys notgedrungen zunehmen. Autokonzerne werben schon mit einer separaten Babytransportliege im Fonds; in den Straßenbahnen und Bussen erheben sich die Senioren, um den Schwangeren Platz zu machen.

Die Zeit, in der eine Vergreisung der Gesellschaft drohte, ist nun Vergangenheit. Die jüngere Generation wünscht sich Nachwuchs, denn Kinder gehören zu einem glücklichen Leben. In Meinungsumfragen liegt als Idealvorstellung die Drei-Kinder-Familie klar vorn, und nur sehr wenige junge Erwachsene können es sich überhaupt vorstellen, kinderlos durchs Leben zu gehen. In ehemals recht leblosen Altbauvierteln und in den Vorstädten erschallt plötzlich wieder Kinderlachen.

Vielleicht haben ja die wirtschaftlichen und politischen Unsicherheiten der Nuller Jahre den Ausschlag für diesen Einstellungswandel gegeben. Je weniger der Staat und die Unternehmen für die soziale Absicherung bieten können, desto wichtiger werden soziale Netze, also Freunde, Nachbarn, Familienmitglieder.

Unter dem Eindruck der demographischen Implosion haben auch die europäischen Regierungen begriffen, daß der Nachwuchs eine gesamtgesellschaftliche Aufgabe ist und nicht bloß ein individuelles Vergnügen. Ein Paket von Maßnahmen stützt seither die pronatale Politik: die Rente wird in hohem Maße von der Kinderzahl abhängig gemacht; Gesetze und Verordnungen werden nach dem Prinzip der Kinderfreundlichkeit novelliert; Staat, Wirtschaft und gemeinnützige Vereine stellen ausreichend Kindergartenplätze zur Verfügung sowie Freizeitangebote für Kinder und Jugendliche ... Das Resultat ist eine nicht allein in Sonntagsreden kinder- und familienfreundliche europäische Gesellschaft.

Kommentar

Ein solches utopisches Szenario ist selbstverständlich nicht über Nacht zu erreichen. Ein genereller Wertewandel in der Gesellschaft − weg von einem überzogenen Individualismus, von der Orientierung auf materiellen Besitz und unreflektierten Fun, hin zu gemeinschaftsbezogenen Werten und Solidarität − braucht seine Zeit. Die formalen gesetzgeberischen Akte könnten freilich in einer Regierungsperiode verwirklicht werden.

Für eine ausgeglichene Bevölkerungsentwicklung kommt allerdings ein Babyboom um Jahrzehnte zu spät, denn die schwachen Geburtsjahrgänge aus den 1980er und 1990er Jahren können nicht rückwirkend kompensiert werden. Während Mitte der 1960er Jahre die amtliche Statistik noch über eine Million Lebendgeborene verzeichnete, ist die Zahl um die Jahrhundertwende unter eine Dreiviertelmillion gesunken.

Außerdem bringt der Babyboom auch Anforderungen mit sich: es müssen wieder Schulen gebaut, mehr Lehrer ausgebildet und Ausbildungsplätze geschaffen werden. Die Generation im arbeitsfähigen Alter, die ohnehin schon für die wachsende Seniorenzahl zu sorgen hat, wird zusätzlich belastet. Insbesondere muß der Alltag in der Arbeitswelt familien- und kinderfreundlicher gestaltet werden. Langfristig aber hätten alle einen Gewinn davon.

Zusammenbruch der Zeugungsfähigkeit

Ein Rückgang der männlichen Zeugungsfähigkeit verhilft den Reproduktionstechniken zum Durchbruch.

Wahrscheinlichkeit: ●●●●●○○
Wirkungsstärke: ●●●●○○○
Frühindikatoren: Zunehmende Anzahl unfruchtbarer Paare, Nachlassen der Sperma-Qualität

Auswirkungen auf
Gesellschaft: Probleme mit der sexuellen Identität, neue gesetzliche Regelungen für die Reprogenetik
Wirtschaft: Boom der Reproduktionsmedizin
Sonstiges: Unfruchtbare Tiere

Szenario

Die Menschen sterben aus! Zumindest die natürlich gezeugten. Niemand spricht gern darüber, doch in der Saure-Gurken-Zeit 2008 findet das Thema den Weg in alle Medien: Ob in der amerikanischen Großstadt, im ländlichen Raum Polens oder in den Wüstengebieten Afrikas – die Zeugungsfähigkeit der Männer hat dramatisch nachgelassen. Und vor allem die jüngeren sind betroffen! Über ein Zehntel von ihnen bringt überhaupt keine fruchtbaren Spermien mehr hervor, und bei der großen Mehrheit ist die Anzahl der intakten Spermien in erschreckendem Maße zurückgegangen.

Während das Problem in einigen Ländern weiterhin tabuisiert wird, erfreuen sich in den westlichen Industrieländern die Reproduktionskliniken eines wachsenden Zuspruchs. Im Prinzip sollte doch ein agiles Spermium genügen, oder? Wenn es unter all den defekten Kollegen den Weg nicht findet, hilft künstliche Befruchtung nach. Außerdem bieten doch die Samenbanken eine breite Auswahl an Spermien von Top-Qualität.

Früher bildeten sexuelle Lust und Reproduktion eine Einheit, jetzt werden sie endgültig voneinander getrennt. Die Zeugung wird zu einem ernsthaften, von Spezialisten überwachten und gesteuerten Vorgang. Gentests verstehen sich von selbst. Präimplantationsdiagnostik wird zum

Normalfall. Man/frau will kein Risiko eingehen. Zumal die Medien voll von Horrormeldungen sind: Schuld sind chemische Verbindungen in unserer Umwelt, insbesondere Hormone. Selbst im grönländischen Eis lassen sich Östrogene aus Antibabypillen nachweisen. Immer wieder müssen hormonverseuchte Nahrungsmittel aus dem Verkehr gezogen werden. Kein Wunder also, daß es auf den Menschen zurückschlägt, zunehmend Zwitter geboren werden. Kompensatorisch wird maskulines Aussehen und Macho-Gehabe schick. Aber schauen wir lieber nicht in die Badehose ...

Bald dreht sich das Verhältnis von natürlicher und künstlicher Zeugung um. Wer in einem Liebesakt entstanden ist, gilt als »Wildform« mit ungewissem genetischen Schicksal. Es ist doch nur konsequent, wenn auf die künstliche Zeugung bald das kontrollierte, professionelle Austragen folgt. Und irgendwann werden ja wohl auch künstliche Gebärmütter zur Verfügung stehen. Dann könnte Europa endlich seine Nachwuchssorgen industriell à la Huxley bewältigen.

Kommentar

Der Zusammenbruch der Zeugungsfähigkeit ist ein typischer Fall von schleichender Katastrophe. Schon seit Jahren berichten Reproduktionsmediziner davon, daß sich immer mehr unfruchtbare Paare hilfesuchend an sie wenden, und von einer nachlassenden Qualität des Ejakulats. Die Ursachen mögen komplex sein, diskutiert werden veränderte Lebensweisen, Belastungen durch Elektrosmog, aber viele Studien deuten auf chemische Stoffe in der Umwelt hin.

Fatalerweise trifft es nicht nur die Zeugungsfähigkeit des Menschen-Männchens, sondern auch die der Tiere. Der Vergleich mit der Pestizid-Krise in den 1960ern, als DDT und viele andere Stoffe verboten wurden, drängt sich auf. Wir müssen mit ähnlich langen Nachwehen rechnen. Nur die Wirkungen sind andere. Und im Gegensatz zu den Pestizid-Krisen sind die kulturellen Wirkungen immens. Letztlich werden die Geschlechterrollen erneut und tiefgreifend in Frage gestellt. Vor allem aber könnte sich das gesamte Fortpflanzungsverhalten der Menschheit ändern, weg von der natürlichen hin zur technisch assistierten Zeugung. In dem Maße, wie reprogenetische Praktiken zur Normalität werden, wird der Zufall aus der Nachwuchs-Produktion ausgeschaltet. Für gentechnische »Verbesserungen« und das Klonen von Menschen öffnet sich eine breite Einfallschneise.

Die neue Pest

Eine Infektionskrankheit rafft Millionen von Menschen hinweg.

Wahrscheinlichkeit: ●●●●●○○
Wirkungsstärke: ●●●●●●○
Frühindikatoren: Keine

Auswirkungen auf
Gesellschaft: Klima der Angst und des Pessimismus, Destabilisierung von Regierungen und Staaten
Wirtschaft: Globale Wirtschaftskrise, kurzer Boom in Pharmabranche und Gesundheitssektor, Zusammenbruch der Freizeit- und Tourismusmärkte
Sonstiges: Dritte Welt besonders betroffen

Szenario

Die Pest wütet in Südamerika und breitet sich rasend schnell über den Rest der Welt aus: erst Nordamerika und Europa, dann Asien, Afrika, Australien. Wie im 14. Jahrhundert befällt der Erreger einen Großteil der Bevölkerung, und wie damals rafft er ein Drittel der Infizierten hinweg. Doch im Unterschied zum Mittelalter braucht die neue Pest nicht Jahre, um den Globus zu umrunden; dank Luftfahrt, Ferntourismus und generell hoher Mobilität springt der Erreger in wenigen Wochen von Kontinent zu Kontinent. Da hilft es auch wenig, daß Rußland und China die Grenzen dicht machen, denn es ist bereits zu spät. Tröpfcheninfektion, hohe Infektiösität und eine zehntägige symptomlose Inkubationszeit ergeben eine fatale Kombination. Weltweit laufen die Forschungen auf Hochtouren; es ist ein beinahe aussichtsloses Wettrennen gegen die Uhr. Und selbst wenn Serum und Impfstoff gefunden sind, vergehen noch endlose Tage, bis eine Massenproduktion in Gang kommt. Für Millionen ist es bereits zu spät.

Die Epidemie löst die irrwitzigsten Panikreaktionen aus. Während die einen die Supermärkte stürmen, um dann mit voll beladenen Autos in die Berge zu fliehen, feiern andere die »letzten Tage der Menschheit« als eine einzige große Party. Wiederum andere hängen am Internet und beobachten wie hypnotisiert das Herannahen der Katastrophe. Parallel läuft die Suche nach Sündenböcken: Gentechnik-Firmen, Bio-Terroristen, Lebensmittel-Importeuren, Fernreisenden.

Noch Monate und Jahre später ist die Pest in den Köpfen der Davongekommenen präsent. Die Wirtschaft braucht ein Jahrzehnt, um sich von dem Schock zu erholen. Die Welt danach unterscheidet sich in vielerlei Hinsicht von der Welt davor. Sie ist weniger offen, weniger globalisiert, und ihre Einwohner bilden definitiv keine Spaßgesellschaft.

Kommentar

Filme wie »Outbreak« malen die Gefahr einer weltweiten Epidemie an die Wand. Nicht ohne Grund, denn immer wieder sind in den letzten Jahrzehnten besonders virulente Erreger scheinbar aus dem Nichts aufgetaucht. 1969 das Lassa-Fieber, 1976 Ebola, seit Ende der siebziger Jahre AIDS, 1993 das Hantavirus-Lungensyndrom, und in den neunziger Jahren in Zusammenhang mit BSE eine neue Variante der Creutzfeldt-Jacob-Krankheit. Selbst die klassische Beulenpest, die schon ausgerottet schien, zeigte sich 1994 wieder. In gewissen Sinne hatte die Menschheit mit Lassa und Ebola (oder allgemeiner mit den hämorrhagischen Fiebern) bislang Glück im Unglück: die Epidemien verzehrten sich in kurzer Zeit selbst, die Herde ließen sich mehr oder weniger isolieren. Doch jeden Tag sind weltweit etwa acht bis zehn lokale Ausbrüche von Infektionskrankheiten nachweisbar. Und mindestens dreißigmal waren im letzten Vierteljahrhundert neue Erreger darunter.

Die Geschichte der Epidemien zeigt, daß große Krankheitsausbrüche immer dann auftraten, wenn die Menschen ihre Lebens- und Ernährungsgewohnheiten veränderten oder in ihre Umgebung eingriffen. In keiner Epoche aber fanden die Veränderungen – mit Umweltzerstörung und Verstädterung, technisierter Arbeits- und Lebenswelt, Wandel in der Ernährung, im Sexualverhalten, in der Körperpflege usw. – so rasant statt wie in unserer. Die Mikroben werden sich darauf einstellen.

Wie groß der Blutzoll einer weltweiten Epidemie sein kann, hat die Spanische Grippe von 1918 unter Beweis gestellt. An ihr starben innerhalb von sechs Wochen vermutlich etwa 30 Millionen Menschen – doppelt so viele wie auf den Schlachtfeldern des Ersten Weltkrieges.

Einwanderungsland EU

Die Europäische Union öffnet ihre Tore und wirbt weltweit Arbeitskräfte an.

Wahrscheinlichkeit: ●●●●○○○
Wirkungsstärke: ●●●●○○○
Frühindikatoren: Zunehmende Anzahl von Green-Card-Modellen

Auswirkungen auf
Gesellschaft: Integration als Aufgabe, verschärfte Auseinandersetzungen um Immigration
Wirtschaft: Wachstumsimpulse durch verbessertes Arbeitskräfteangebot und mehr Nachfrage
Sonstiges: Verstärkter Dialog der Kulturen

Szenario

2012 beschließen die Mitgliedsstaaten der Europäischen Union eine Richtlinie über eine »aktive Immigrations- und Integrationspolitik«. Sie wird von den Mitgliedsstaaten über Nacht in nationales Recht umgesetzt. Auch Deutschland definiert sich nun endlich als Einwanderungsland. Ausschlaggebend für den Sinneswandel ist der Druck der Wirtschaft. Die deutschen Automobilbauer, die spanischen Lebensmittelveredler, die irischen Pharmahersteller – sie alle drohen, ihre Fabriken dichtzumachen und nach Übersee abzuwandern. Vom Nordkap bis Sizilien beklagen die Unternehmen in lautstarken Medienkampagnen den leergefegten Arbeitmarkt und verlangen neben einer Einwanderung auf Dauer auch Green-Card-Lösungen. Bereits wenige Tage nach der Entscheidung der Unionsregierung zeigen die Fernsehsender Schlangen von Einwanderern in spe vor den Konsulaten. Wirtschaftsverbände eröffnen in Indien und China Anwerbebüros.

Die EU-Staaten sind wählerisch. Willkommen sind nicht Armuts- oder Krisenflüchtlinge, sondern junge und tatkräftige Menschen, insbesondere dann, wenn sie eine qualifizierte Ausbildung nachweisen können. In den Einwanderungslagern nahe den Grenzen und den Flughäfen werden Gesundheitschecks und Intelligenztests durchgeführt. Wer nicht den EU-Normen entspricht, bleibt draußen. Dennoch ist der Ansturm enorm. Natürlich betonen die Politiker auch die humanitären Aspekte – Familienzusammenführung, Asyl –, Menschenrechtsorganisationen verweisen jedoch darauf, daß die Regelungen für diese Personengruppen immer enger gefaßt wurden.

Die künftigen Mitbürger werden in den einzelnen Städten und Regionen unterschiedlich warm empfangen. Nur Pflegekräfte aus China sind überall begehrt. Sprachkurse boomen. Auf Unverständnis stößt die neue Politik in Regionen, in denen immer noch eine hohe Arbeitslosigkeit herrscht, obwohl kaum einer der neuen Mitbürger den Weg dorthin sucht.

Ob langfristig die Rechnung der EU-Regierung aufgeht – Stabilisierung des Bevölkerungsniveaus, positive Impulse für die Wirtschaft –, muß sich erst noch zeigen.

Kommentar

Gegen Ende des ersten Jahrzehnts schlägt die demographische Implosion in fast allen europäischen Ländern auf den Arbeitsmarkt durch: zuerst 2008 in Spanien und Italien, um 2012 in Deutschland, und im Schnitt der EU scheiden viel mehr alte Menschen aus dem Arbeitsmarkt aus, als junge Menschen hinzukommen. Dies bedeutet noch lange nicht, daß damit die Arbeitslosigkeit einfach ausgesessen werden könnte, denn aller Voraussicht nach werden bei vielen Qualifikationen Angebot und Nachfrage weiterhin auseinanderklaffen. Kurzfristig kann neben verstärkten Ausbildungsanstrengungen nur eine massive Einwanderung Abhilfe schaffen. Wenn sie denn politisch durchsetzbar ist.

De facto ist die EU bereits ein Einwanderungsland. Im Jahr 2000 wuchs die Bevölkerung der EU um etwa 1 Million. Davon entfielen etwa drei Viertel auf die Zuwanderung. Tendenz steigend. Das Beispiel der USA zeigt, daß die Immigration wesentlich zum Wirtschaftswachstum beiträgt: Schätzungsweise die Hälfte der Zunahme des Bruttoinlandsprodukts in den Boom-Jahren der 1990er ist auf die Ausweitung der Bevölkerung zurückzuführen.

Allerdings darf nicht erwartet werden, daß die Migration in absehbarer Zeit das Schrumpfen der einheimischen Bevölkerung kompensieren könnte. Nach Modellrechnungen der Vereinten Nationen müßten jährlich etwa 3,4 Millionen Menschen nach Deutschland zuwandern, um die zahlenmäßige Relation der 15- bis 64-jährigen zu den mehr als 65jährigen aufrecht zu erhalten. Aber schon bei mehreren Hunderttausend Zuwanderern pro Jahr ergeben sich massive Integrationsprobleme.

Lebenserwartung 100

Ein biomedizinischer Durchbruch verlängert das Leben um Jahrzehnte.

Wahrscheinlichkeit: ● ● ● ○ ○ ○ ○
Wirkungsstärke: ● ● ● ● ● ○ ○
Frühindikatoren: Fortschritte in der Gerontologie / Geriatrie

Auswirkungen auf
Gesellschaft: Integration der Senioren in alle Lebensbereiche, Umbau des Sozialsystems
Wirtschaft: Senioren als Zielgruppe, Medizin und Gesundheitswesen profitieren
Sonstiges: Eventuell Spaltung der Gesellschaft

Szenario

»Altersgen abgeschaltet!« gellt es im Mai 2019 durch die Medien. Und diesmal ist die Meldung weder eine Übertreibung noch eine Ente. Nach Jahrzehnten der Forschung ist es endlich gelungen, die komplexen molekularen Grundlagen des zellulären Alterungsprozesses restlos aufzuklären – und den Prozeß umzukehren. Erste klinische Studien haben sich als Erfolg erwiesen. Der Jungbrunnen ist erfunden.

Die Hoffnungen, die nun emporbranden, sind enorm. Noch verweigern die Kassen eine Verjüngung auf Rezept, Altern sei keine Krankheit, und Nebenwirkungen könnten nicht ausgeschlossen werden. Zumindest anfangs ist eine Rejuvenations-Therapie eine sehr kostspielige Angelegenheit, die sich nicht jeder leisten kann, zumal wenn sie in Abständen weniger Jahre wiederholt werden muß. Und für viele Senioren kommt der Durchbruch auch zu spät.

Dennoch, innerhalb eines Jahres schießen die Verjüngungsinstitute wie Pilze aus dem Boden. Politiker und Manager sind die Vorreiter: Ich will mein Unternehmen noch einmal fünfzig Jahre führen! Rentner lösen ihre Lebensversicherungen ein oder verkaufen ihr Häuschen: Man müßte nochmals zwanzig sein! Wozu vererben, was man mühsam erspart hat? Über Nacht werden die Ex-Senioren zur wichtigsten sozialen Bewegung. Die Jüngeren haben das Nachsehen.

Gibt es ein Menschenrecht auf Verjüngung? Wer kommt für die Kosten auf? In der Presse wie in den Parlamenten tobt der Streit darüber, ob für die Verjüngten das Renteneintrittsalter auf einhundert oder mehr Jahre angehoben werden muß oder ob für sie, wie einige Junioren-Verbände fordern, die Rente überhaupt abgeschafft werden sollte. Muß nicht – trotz individueller Verjüngung – die Gesellschaft nun gerade versteinern, da keine natürliche Ablösung der alten Eliten mehr stattfindet? Die verwirklichte Utopie birgt eine Menge sozialen und politischen Sprengstoff in sich.

Kommentar

Schon seit Jahrzehnten geistert immer wieder einmal die Vision eines Sieges über das Alter durch die Medien. Diskutiert werden beispielsweise neue Therapien für altersbedingte Krankheiten oder gentechnische Verfahren. Tatsächlich hat es nicht den einen entscheidenden Durchbruch in der Altersforschung gegeben, sondern viele kleine Schritte voran. Die Alterungsprozesse sind sehr komplex und werden durch verschiedene Faktoren bedingt. Diese reichen von einer genetischen Programmierung bis zu Verschleißerscheinungen in den Geweben und Organen. Schon von daher ist es nicht sehr wahrscheinlich, daß von einem einzigen Ansatzpunkt aus das Alter besiegt werden könnte. All die Teil-Fortschritte könnten sich aber zu einem beachtlichen Sprung summieren. Heute geht das Statistische Bundesamt davon aus, daß sich die Lebenserwartung Neugeborener im nächsten Vierteljahrhundert um etwa zwei Jahre erhöht – auf 76,2 für Knaben und 82,6 für Mädchen. Bei einem gerontologischen Durchbruch auf breiter Front könnten es nicht zwei, sondern zwanzig Jahre sein.

Aber selbst dann würde viel Zeit vergehen, bis die Verfahren einem größeren Teil der Bevölkerung zugute kommen. Als negative Folgewirkungen sind bei hohen Anwendungskosten eine Spaltung der Gesellschaften in langlebige Wohlhabende und kurzlebige Arme sowie eine weitere Verkrustung ins Auge zu fassen. Für die Sozialsysteme ergeben sich Be- und Entlastungseffekte, deren Saldo nicht pauschal abzuschätzen ist, auf jeden Fall aber müßten sie an die neuen demographischen Verhältnisse angepaßt werden. Damit sind Verteilungskonflikte vorprogrammiert.

Das Störereignis wirkt in diesem Falle als Trendverstärker: Die Probleme, die sich aus der Alterung ergeben, werden noch einmal verschärft.

Bakterien werden immun

Die meisten Krankheitserreger werden gegen Antibiotika resistent.

Wahrscheinlichkeit:	●●●●●○○
Wirkungsstärke:	●●●○○○○
Frühindikatoren:	Zunehmende Verbreitung Antibiotika-resistenter Stämme

Auswirkungen auf	
Gesellschaft:	Höhere Gesundheitskosten
Wirtschaft:	Mehr Krankschreibungen, Umorientierungen in Medizin und Gesundheitswesen, Pharmaindustrie
Sonstiges:	Medizinische und gentechnische Forschungsanstrengungen

Szenario

Die Weltgesundheitsorganisation (WHO) schlägt im Frühjahr 2006 Alarm: Tuberkulose in Südamerika, Cholera in Südostasien, Ruhr im Mittelmeerraum – auf allen Kontinenten wüten fast vergessene Volkskrankheiten. Und die Epidemien sind kaum mehr in Schach zu halten. Die Antibiotika, das Mittel der Wahl bei den meisten bakteriellen Infektionskrankheiten, schlagen nicht mehr an. Streptomyzin, Penizillin, Cephalosporine, Polymyxine und andere Pharmaka versagen ihre Wirkung. Selbst der Tripper, früher routinemäßig mit einigen Tabletten behandelt, wird plötzlich wieder zum Problem.

Besonders die Menschen in der Dritten Welt und ältere Personen sind betroffen. Fatalerweise breiten sich manche der multiresistenten Erreger gerade über die Krankenhäuser aus. Und die großen Pharmafirmen versichern, daß sie auf absehbare Zeit kein aussichtsreiches neues Breitband-Antibiotikum in der Forschungs-Pipeline haben.

Die Staaten reagieren auf unterschiedliche Weise, angefangen mit Reisebeschränkungen, medizinischen Grenzkontrollen und Quarantäne bis hin zum Aufbau von erregerfreien High-Clean-Krankenhäusern und verstärkten Forschungsanstrengungen. Kindergärten werden vorsorglich geschlossen. Die Werbung preist antibakterielle Luftduschen für den Eingangsbereich von Wohnung und Büro an.

Gentechnisch maßgeschneiderte monoklonale Antikörper sollen an die Stelle der Antibiotika treten. Doch bis dahin ist noch ein weiter Weg. Eine gewisse Ratlosigkeit spricht aus den Empfehlungen der WHO: mehr Prävention, Impfungen und Vorsorgeuntersuchungen, mehr Hygiene und generell eine gesündere Lebensweise, die die körpereigenen Abwehrkräfte stärkt. Das »post-antibiotische Zeitalter« ist angebrochen.

Kommentar

Die zunehmende Resistenz von bakteriellen Krankheitserregern gegen Antibiotika ist bereits heute ein Problem. Noch läßt es sich durch maßvollen Einsatz der neuesten und besten Mittel in Schach halten. Doch die Karriere jedes einzelnen Antibiotikums ist vorgezeichnet: Es beginnt seinen Weg als gepriesenes Wundermittel, wird später zum Routine-Arzneimittel und läßt schließlich in seiner Wirksamkeit nach. Ursache dafür ist insbesondere der wachsende Einsatz von Antibiotika, oft auch da, wo dies als bedenklich angesehen werden muß. So werden häufig Virusinfektionen wie Grippe mit Antibiotika behandelt, obwohl diese keine Wirkung auf Viren haben und allenfalls opportunistische Infektionen mit bakteriellen Erregern verhindern. Bekanntlich wurden und werden Antibiotika in der Tierzucht als Futterbeimischung eingesetzt. Und wie oft werden Pillen, sobald die Symptome verschwunden sind, vorzeitig abgesetzt! – Ganz zu schweigen davon, daß man sich aus dem eigenen Apothekenschränkchen nach Gutdünken mit Antibiotika bedient oder übrig gebliebene Tabletten einfach in der Toilette herunterspült.

Da verwundert es nicht, daß Antibiotika heute in zahlreichen Wasser- und Bodenproben gefunden werden, offensichtlich eine weite Verbreitung in der Umwelt erfahren und somit die Evolution der Mikroorganismen beeinflussen.

Die Folge ist die Herausbildung resistenter Bakterienstämme. Häufig handelt es sich dabei schon um multiresistente Erreger, die auf eine Vielzahl von Antibiotika nicht mehr ansprechen. Die multiresistenten Stämme können durch neue Antibiotika, mit denen sie noch nicht in Kontakt gekommen sind, bekämpft werden. Im Wettrüsten zwischen Bakterien und Ärzten ist jedoch kein Sieg der Medizin möglich.

Seitens der Mediziner wird schon seit Jahren davor gewarnt, daß das scharfe Schwert im Kampf gegen die Infektionen stumpf wird und die Volkskrankheiten der Vergangenheit zurückkehren. Eine schleichende Katastrophe ist unterwegs.

Knabe oder Mädchen nach Wahl

Fortschrittliche Eltern legen fest, welches Geschlecht ihr Nachwuchs haben soll.

Wahrscheinlichkeit:	●●●●○○○
Wirkungsstärke:	●●●○○○○
Frühindikatoren:	Forschungen zu selektiven Kontrazeptiva

Auswirkungen auf	
Gesellschaft:	Neue Konflikte um Sex und Reproduktion
Wirtschaft:	Längerfristig Veränderungen im Arbeitskräfte-Angebot
Sonstiges:	Asiatische Länder sind besonders betroffen

Szenario

Die Pillen für die »Sex Selection danach« wurden in den USA erfunden, in Europa werden sie heftig diskutiert – und vorwiegend in Indien und China verkauft. Es gibt rosafarbene und blaue, rosa für Mädchen, blau für Jungen. Und merkwürdigerweise variiert der Absatz der hellroten und hellblauen Schächtelchen nicht nur von Land zu Land, sondern auch von Jahreszeit zu Jahreszeit. Wieso wollen die Europäer – mit Ausnahme der Schweizer – nach Weihnachten mehr Mädchen und nach Ostern mehr Jungen?

Ursprünglich waren die »postkoitalen geschlechtsspezifischen Kontra-zeptiva« dazu gedacht, die Verbreitung bestimmter an die X- oder Y-Chromosomen gebundenen Erbkrankheiten einzuschränken, und sie gab es nur auf Rezept. Doch als Generika in asiatischen Supermärkten auftauchten, zog man auch in Europa und Nordamerika trotz des hefti-gen Widerstands der Kirchen nach. Natürlich wurden auch bald Billig-präparate über das Internet vertrieben. Als Nebenwirkungen mußte man allerdings auf Zwillinge gefaßt sein.

Vor allem aber in Asien nutzen viele Paare die Möglichkeit, das Ge-schlecht ihres Kindes von vornherein festzulegen. In den immer noch pa-triarchalisch orientierten Gesellschaften werden Jungen in einem derar-tigen Maße bevorzugt, daß die Regierungen nun, wo mit Sicherheit nichts mehr auszurichten ist, die Verschreibungspflicht erwägen. Auch malen die staatlich gesteuerten Medien in China das Schreckgespenst einer nachwachsenden Generation aus, die zu zwei Dritteln aus Männern und zu nur einem Drittel aus Frauen besteht. Sie fürchten mehr Aggressivität, mehr Gewalt, politischen Extremismus. Die gesamte Gesellschaft könnte aus dem Gleichgewicht geraten. Und bald würde die Bevölkerung schrumpfen.

Weniger dramatisch sind die Wirkungen in Europa, wo die meisten Elternpaare sich am Idealbild einer Familie mit einer Tochter und einem Sohn orientieren. Bezeichnenderweise ist auch hier das erste Kind von traditionellen Ehepaaren überwiegend häufig ein Sohn, der Stammhalter, während alleinstehende Frauen offensichlich ein Mädchen bevorzugen. Wer aber mehrere Kinder gleichen Geschlechts hintereinander in die Welt setzt, gerät schnell in den Ruf, sexistisch oder hoffnungslos altmodisch zu sein. Der Zufall gilt nicht mehr als Ausrede.

Kommentar

Viele Paare wünschen sich Nachwuchs eines bestimmten Geschlechts. Angenommen, das erste Kind ist ein Junge, wäre es dann nicht schön, wenn noch ein Mädchen dazukäme? Ein Markt für die »Sex Selection Pille« wäre auf jeden Fall vorhanden. Auch biotechnologisch scheint die Vision nicht völlig phantastisch zu sein. Diskutiert wurde außerdem schon die Spermienseparation per Ultrazentrifuge im Rahmen einer künstlichen Befruchtung ... Bereits heute ist im Zusammenhang mit der Präimplantationsdiagnostik eine gezielte Geschlechtswahl möglich.

Wie groß die ethisch oder religiös motivierten Widerstände gegen einen derartigen Eingriff in den intimsten aller Akte sein werden, läßt sich kaum abschätzen. Fakt ist, daß in vielen Kulturen männlicher Nachwuchs bevorzugt wurde – bis hin zum Mord an neugeborenen Mädchen. Allerdings dürften die meisten Regierungen kaum großes Interesse an einer unausgeglichenen Zusammensetzung der Bevölkerung haben. Der Einfluß des Staates auf die menschliche Fortpflanzung ist aber schon immer beschränkt gewesen. Außer in repressiven Regimes – mit Einfuhrkontrollen und Bespitzelung – dürften Verbote kaum durchzusetzen sein.

Europa macht dicht

Nach dem Sieg der Rechtspopulisten schottet sich die Union gegen Migranten ab.

Wahrscheinlichkeit: ●●●●●●○
Wirkungsstärke: ●●●●●○○
Frühindikatoren: Rechtspopulismus und Ausländerfeindschaft

Auswirkungen auf
Gesellschaft: Umbau der Sozialsysteme
Wirtschaft: Probleme für globalisierte Unternehmen
Sonstiges: Gemengelage aus rechtsradikaler Aufbruch-
stimmung und Befürchtungen

Szenario

»Europa den Europäern« – mit diesem Slogan haben bei der Europawahl 2009 die rechtspopulistischen Parteien die Mehrheit der Sitze gewonnen. Auch in der Kommission haben sie die Dominanz erlangt. Und die Medien, die sich längst unter ihrem Einfluß befinden, begrüßen mit wenigen Ausnahmen den Wechsel.

Schlag auf Schlag kommen nun die neuen Verordnungen und Regelungen aus Brüssel: »Wiederherstellung von Ordnung und Sicherheit in Europa«, »Pakt gegen die Arbeitslosigkeit«, »Leitlinien für ein Europa der Vaterländer«, »Richtlinie über die kulturelle Identität Europas«... Innerhalb von wenigen Wochen krempelt die Kommission im Verein mit den nationalen Regierungen trotz gelegentlicher Vetos aus Luxemburg und Finnland die Union um. Die Grenzen werden für Immigranten faktisch dichtgemacht: einheitliche EU-Aufenthaltserlaubnis, einheitliches europäisches Asylverfahren, Verstärkung der Grenzkontrollen. Wer auffällt, wird abgeschoben. Zugleich werden die Voraussetzungen für die Einbürgerung verschärft, Maximalquoten festgelegt. Mehr als 200 000 Zuwanderer pro Jahr, heißt es, würden die Integrationskraft der Union überfordern. Im Jahr 2000 waren es noch 760 000.

Die Wirtschaft spielt mit, denn die neuen Herren Europas haben versprochen, die Lohnnebenkosten drastisch zu senken, den Einfluß der Gewerkschaften zu begrenzen und bürokratische Regelungen abzubauen. Von Portugal bis Finnland werden Sozialleistungen gekürzt. Arbeitslose erhalten nur mehr Unterstützung auf Gegenleistung, sie werden von den Kommunen für die verschiedensten einfachen Arbeiten eingesetzt.

Nach dem ersten Schock formiert sich eine Gegenbewegung. Unter Losungen wie »Für ein Europa mit menschlichem Antlitz«, »Weg mit der Arbeitsfront«, »Gegen eine Festung Europa« rufen Intellektuelle und VIPs der Epoche vor dem großen Wechsel zu Kampfdemonstrationen in Paris, Berlin, Brüssel und anderen Hauptstädten auf. Doch statt der erhofften Millionen demonstrieren nur einige Zehntausend.

Der Ruck nach extrem Rechts erzeugt eine eigene Dynamik. Politiker profilieren sich, indem sie fordern, alle Moscheen zu schließen und Koranschulen zu verbieten. Schon werden Stimmen laut, die Osterweiterung rückgängig zu machen. Nach wenigen Monaten werden die ersten Risse im »neu-rechten« Lager deutlich: Nationalstaats-Nationalisten gegen Paneuropa-Nationalisten.

Kommentar

Der Rechtspopulismus hat im letzten Jahrzehnt in Europa merklich an Einfluß gewonnen. In Ländern wie Österreich, Dänemark, Italien und den Niederlanden haben sich populistische Parteien zumindest vorübergehend an der Regierung beteiligt. Ihr Wählerpotential wird auf bis zu 20% geschätzt. Wenn die demokratischen Parteien es nicht vermögen, anstehende Probleme wie Arbeitslosigkeit, Reform des Sozialstaats und Perspektivlosigkeit der jungen Generation zu lösen, könnte der Rechtspopulismus noch breitere Kreise für sich mobilisieren. Neben der zunehmenden Parteienverdrossenheit kann er auch Angst vor Kriminalität und Terrorismus, latenten Ausländerhaß und Antiamerikanismus für seine Zwecke instrumentalisieren. Eine Abschottung hätte auch wirtschaftliche Konsequenzen, die im Verein mit einer gegen die Globalisierung gerichteten Polemik Europa ökonomisch in eine Wagenburg verwandeln könnten.

Es ist sicher, daß autoritäre Regierungen die Probleme Europas noch weniger zu lösen vermögen als demokratische. Die Geschichte zeigt, daß sie die Flucht in einer zunehmenden Radikalisierung suchen würden. Nach den Ausländern wären vielleicht die »Linken« als die nächsten Sündenböcke an der Reihe oder auch »Brüssel« und die europäischen Nachbarstaaten.

Basistrends: Umwelt

Wandel des globalen Klimas, mehr Naturkatastrophen, Artensterben und Rückgang der tropischen Wälder – weltweit verschärfen sich die Umweltprobleme. Zwar konnten die Industriestaaten in den letzten Jahrzehnten beträchtliche Erfolge beim Umweltschutz erreichen, doch global verschlechtert sich die Situation. Verstärkte wirtschaftliche Aktivitäten und ein wachsender Konsum zehren die Erfolge auf. In vielen Regionen sind die Belastungsgrenzen der Natur schon überschritten.

Nehmen wir als ein Beispiel das Wasser: Nach Expertenschätzungen werden im Jahre 2025 ca. 5 Mrd. Menschen – weit über die Hälfte der Menschheit – unter Wasserstreß leiden, also in Gebieten leben, in denen die beschränkten Süßwasservorräte nicht mehr für die steigenden Ansprüche von Landwirtschaft, Haushalten und Industrie ausreichen. Der Wassermangel behindert die wirtschaftliche Entwicklung, Wüsten und Steppen breiten sich aus, die Landwirtschaft leidet, durch verunreinigtes Wasser werden Infektionskrankheiten übertragen. Sie fordern schon heute jährlich etwa drei Millionen Todesopfer. Außerdem birgt die Verknappung der Ressource Wasser politischen Sprengstoff in sich, vor allem dort, wo mehrere Anrainerstaaten auf gemeinsame Wasserreserven zurückgreifen.

Die zentrale Herausforderung ist jedoch der Klimawandel. Bis auf wenige Außenseiter sind sich die Experten darüber einig, daß die Emission von Treibhausgasen wie Kohlendioxid zu einer globalen Erwärmung führt. Ihr Ausmaß läßt sich trotz immer besserer Klimamodelle nicht auf das Zehntelgrad genau bestimmen. Je nach Szenario werden sich die globalen Durchschnittstemperaturen bis 2100 um 1,4 bis 5,6 Grad Celsius erhöhen. Die Folgen sind dramatisch: Der Meeresspiegel könnte um bis zu einem Meter ansteigen, Klimazonen verschieben sich. Ein völlig neues globales Klima-Regime könnte sich einstellen, insbesondere mit mehr extremen Wetterlagen, heftigeren Stürmen und mehr wolkenbruchartigen Niederschlägen. Wie die Veränderungen im einzelnen regional und saisonal ausfallen, läßt sich schwer bestimmen. Für Mitteleuropa werden etwa feuchtwarme Sommer und nässere Winter diskutiert. Die Folgen beispielsweise für die Landwirtschaft, aber auch für die Gesundheit wären gravierend: Malaria diesseits der Alpen.

Die internationale Gemeinschaft hat sich zwar auf der Weltkonferenz von Rio de Janeiro 1992 verpflichtet, den Ausstoß von Treibhausgasen drastisch zu reduzieren, und dies im Klimaschutz-Protokoll von Kyoto 1997 bekräftigt, doch scheint es gelinde gesagt zweifelhaft, daß diese Ziele erreicht werden. Aber selbst wenn dies gelänge, würde sich der Klimawandel allenfalls verzögern und abmildern lassen. Und derzeit scheint nicht einmal der Klimaschutz-Vorreiter Deutschland – trotz Ökosteuer und Erneuerbare-Energien-Gesetz –, die gesteckten Ziele (Verminderung der CO_2-Emissionen um 25 Prozent gegenüber 1990 bis zum Jahr 2005) realisieren zu können.

Im letzten Jahrhundert wurde die Hälfte aller Tropenwälder abgeholzt und die Hälfte aller Sümpfe trockengelegt. Und während die Städte weiter ins Umland wuchern, mehr Flächen für die Landwirtschaft in Anspruch genommen werden und die Wüsten wachsen, schrumpfen die natürlichen Lebensräume. Auch im normalen Verlauf der Evolution verschwinden ständig Arten. Doch werden derzeit etwa eintausend- bis zehntausendmal soviel Arten vernichtet wie beim üblichen Gang der Naturgeschichte. Weltweit sind ein Viertel aller Säugetierarten, ein Drittel aller Fischarten, ein Fünftel aller Amphibien- und Reptilienarten, ein Achtel aller Vogelarten und fast die Hälfte aller Pflanzenarten vom Aussterben bedroht. Hinzu kommt der Klimawandel, der mit einer Verschiebung der Vegetationszonen die Arten einem zusätzlichen Druck aussetzt. Und nicht zuletzt ist auch so etwas wie eine »biosphärische Globalisierung« zu beobachten: Immer häufiger werden Tiere und Pflanzen zu Migranten, als Nutztiere und Kulturpflanzen werden sie bewußt von einem Kontinent zum anderen versetzt, als Trittbrettfahrer des Handels und des Tourismus eingeschleppt. Sie stehen dann in Konkurrenz mit heimischen Arten, und oft genug verdrängen sie diese. Insgesamt bedeutet das Artensterben nicht nur einen Verlust an genetischer Vielfalt und an wirtschaftlichen Potentialen, es destabilisiert die ohnehin schon gefährdeten Ökosysteme noch weiter.

Betrachtet man die Veränderungen in der natürlichen Umwelt aus einer geologischen Vogelperspektive, liegt ein Schluß nahe: Wir befinden uns in einer Übergangsepoche, die mit den großen erdgeschichtlichen Umbrüchen, etwa dem Übergang von der Kreidezeit zum Tertiär, also der Zeit des Sauriersterbens, vergleichbar ist. Wir stehen am katastrophenhaften Beginn eines neuen geologischen Zeitalters, des Quintärs.

Die Natur war schon immer eine Quelle für Risiken und Katastrophen. Über die Jahrhunderte lernte es der Mensch, sich immer besser vor ihren Unbilden zu schützen, doch indem er die Umwelt nun selbst beeinflußt, in die komplexen Ökosysteme eingreift, das Klima verändert, schafft er neue Ursachen für Wild Cards.

Tulavu gegen die Vereinigten Staaten

Die USA müssen Schäden, die durch die globale Erwärmung verursacht werden, bezahlen.

Wahrscheinlichkeit:	●●●●●○○
Wirkungsstärke:	●●●●○○○
Frühindikatoren:	Diskussionen um die Höhe der Klimaschäden

Auswirkungen auf	
Gesellschaft:	Orientierung auf Nachhaltigkeit
Wirtschaft:	Energiewirtschaft, Verkehr
Sonstiges:	Starke Impulse für einen ökologischen Umbau

Szenario

Ein Washingtoner Richter treibt gegen Ende des Jahres 2014 die USA an den Rand des Staatsbankrotts! Er entscheidet in erster Instanz zugunsten einer Sammelklage kleiner pazifischer Inselstaaten gegen die Regierung der USA. Tulavu, Kiribati und andere fordern Schadensersatz. Die Pazifikstaaten sind von der globalen Erwärmung besonders hart betroffen, einige kleinere Atolle sind bereits im steigenden Pazifik verschwunden. Hinzu kommen die menschlichen und wirtschaftlichen Verluste durch Orkane, sintflutartige Regenfälle, Flutwellen, Ernteausfälle, ausbleibende Touristen, Zerstörungen an Gebäuden und Infrastruktur. Und wie hoch soll man den Wert einer versunkenen Insel ansetzen? Kurzum, es geht um Hunderte, wenn nicht Tausende Milliarden Dollar.

Das New Yorker Anwaltsbüro, das die Kläger vertritt und überhaupt erst die Zulassung des Verfahrens erstritten hat, macht eine simple Rechnung auf: Nach Expertisen der Klimaforscher sind mindestens drei Viertel der globalen Erwärmung auf anthropogene Einflüsse zurückzuführen, niedrig geschätzt also 70 Prozent. Die USA allein emittieren aber etwa ein Viertel aller Treibhausgase. Folglich gehen mindestens 17,5 Prozent aller Schäden auf das Konto der USA! Es ist doch nur gerecht, wenn der größte Nutznießer der Energieverschwendung nun auch für die Schäden aufkommt! Weitere Industriestaaten sollen in Kürze belangt werden.

Kein Geld der Welt wird jedoch eine versunkene Insel wieder über den Meeresspiegel heben.

Kommentar

In den USA sind in den letzten Jahren und Jahrzehnten Sammelklagen von phantastischer Größenordnung erfolgreich gewesen. In zahlreichen Verfahren wurde die Zigarettenindustrie für gesundheitliche Schäden des Tabakkonsums – auch von Passivrauchern – haftbar gemacht. Drohende Sammelklagen haben die deutsche Wirtschaft veranlaßt, die ehemaligen Zwangsarbeiter noch fünfzig Jahre nach Kriegsende zu entschädigen. Die Bayer AG mußte für Gesundheitsschäden durch das Medikament LipoBay zahlen. Und unlängst haben Nachfahren der afrikanischen Sklaven die Vereinigten Staaten auf Kompensation für das ihren Vorfahren angetane Unrecht verklagt – mit ungewissen Erfolgsaussichten.

Voraussetzung für eine Klage zu Klimawandel-bedingten Schäden ist, daß auch auf diesem Gebiet das Verursacherprinzip anerkannt und Verursacher benannt werden können. Solange Außenseiter-Experten noch leugnen, daß die Klimaveränderung von der menschlichen wirtschaftlichen Aktivität, speziell von der Emission von Treibhausgasen, hervorgerufen wird, kann eine Klage sehr leicht am Dissens der Gutachter scheitern. Zahlreiche Beispiele medizinischer Sammelklagen zeigen jedoch, daß sich in einem günstigen gesellschaftlichen Klima die Mainstream-Expertise gegen Einzelvoten durchsetzen kann, vor allem wenn sichtbar wird, daß diese wirtschaftliche oder politische Interessen bedienen.

Angesichts einer wachsenden Anzahl klimabedingter Naturkatastrophen wird in den nächsten Jahren die Diskussion über Klimaschäden, ihre Höhe und über Hilfs- bzw. Kompensationszahlungen sowie über die Kosten von Vorsorgemaßnahmen immer wieder aufflammen. Bislang trägt neben dem einzelnen Betroffenen die Allgemeinheit diese Lasten. Auch ist eine Zurechnung der Verantwortung alles andere als einfach: schließlich sind wir alle als Verbraucher fossiler Energien beteiligt. Insofern wären Staaten als Vertreter der Allgemeinheit die naheliegenden Beklagten.

Bereits heute wird im Rahmen der Klimaschutzkonventionen über den Handel mit Emissionsrechten und Kompensationszahlungen für den Unterhalt von CO_2-Senken wie etwa großen Waldgebieten diskutiert. Schadensersatzzahlungen zwischen Staaten wären eine durchaus logische Ergänzung bei einem kommerzialisierten Umgang mit Klimafolgen.

Asteroid trifft Erde

Der Einschlag eines Asteroiden in den Atlantik löst eine gigantische Flutwelle aus.

Wahrscheinlichkeit: ● ○ ○ ○ ○ ○ ○
Wirkungsstärke: ● ● ● ● ● ● ●
Frühindikatoren: Astronomische Beobachtungen

Auswirkungen auf
Gesellschaft: Chaos in den betroffenen Ländern
Wirtschaft: Anhaltende Depression
Sonstiges: Verschiebungen im weltwirtschaftlichen Gleich-
               gewicht

Szenario

Das Verhängnis stürzt am 13.7.2040 aus dem Himmel auf die Erde. 1000
Seemeilen westlich der Azoren schlägt der Asteroid Nemesis in den
Atlantik. Mit einem Durchmesser von etwa einem Kilometer zählt er zu
den kleineren. Die Katastrophe, die nun folgt, ist jedoch die größte, die
die Menschheit je erlebt hat. Der Asteroid löst nicht nur eine gigantische
Flutwelle aus, er durchschlägt sogar die Erdkruste.

Etwa eine Woche vor dem Impakt haben die Astronomen Nemesis
entdeckt. Aber abgesehen von halbherzigen Evakuierungsmaßnahmen
waren weder Schutz noch Gegenwehr möglich. Nun rast eine fünfzig
Meter hohe Tsunamiwelle auf die europäische und die amerikanische
Küste zu. Zuerst rollt sie über Lissabon und wenig später über Rabat und
Casablanca hinweg. Auf der anderen Atlantikseite verwüstet die Welle zuerst Neufundland und trifft dann Neuengland. Boston, New York und
Minuten später Washington werden buchstäblich von der Landkarte ge-
wischt. Die Welle schiebt sich über die gesamte Breite Floridas, verschlingt
sämtliche kleinen Antilleninseln, lediglich einige Bergketten verraten
noch, wo Kuba lag. Bordeaux ist zu dieser Zeit schon überspült worden.
Im Ärmelkanal türmt sich die Welle noch einmal höher auf, dringt weit ins
Inland, überschwemmt London, auf der anderen Seite des Kanals verliert
sie aber wie durch ein Wunder kurz vor Paris ihre Gewalt. – Die vom Einschlag ausgelösten Erdbeben erschüttern den gesamten Globus.

Hunderte Millionen Menschen kommen innerhalb weniger Stunden um. Staaten wie Portugal, Kuba, die Niederlande existieren nicht mehr. Später wird geschätzt, daß die Menschheit etwa ein Drittel ihrer industriellen Kapazität durch den Einschlag und seine unmittelbaren Folgen verloren hat. Etwa ein Jahrzehnt kämpft man in den betroffenen Regionen um das bloße Überleben. Dann erst kann ernsthaft über einen Wiederaufbau gesprochen werden. In der Zwischenzeit haben sich neue Machtkonstellationen herausgebildet. China und Rußland sind die großen Gewinner der Katastrophe.

Kommentar

Einschläge von Himmelskörpern sind streng genommen berechenbare Risiken ohne die für Wild Cards typischen Ungewißheiten. Täglich verglühen Abertausende von Meteoriten in der Erdatmosphäre. Etwa alle einhundert Jahre dringt ein kosmischer Körper von 50 m Durchmesser in die irdische Lufthülle ein. Im günstigsten Fall explodiert er wie der tungusische Meteorit von 1908 Kilometer über dem Erdboden. Alle eintausend Jahre ist mit dem Einschlag eines 100 Meter großen Körpers zu rechnen. Er vernichtet Kilometer im Umkreis alles. Asteroiden von 1 km Durchmesser wie in unserem Beispiel treffen die Erde etwa einmal in 300 000 Jahren. Ihre Zerstörungskraft übersteigt die der größten Atombomben bei weitem. Treffen sie auf das Festland, können sie Hunderte Kilometer im Umkreis alles zerschmettern. Hat ein Asteroid zwei bis fünf Kilometer Durchmesser – solche Einschläge sind in Abständen von mehreren Millionen Jahren zu erwarten –, kann er schon eine globale Katastrophe hervorrufen. Der Staub der Explosion und der Rauch der Brände verdüstert auf Wochen und Monate den Himmel; die gesamte Biosphäre wird schwer getroffen. Vor 70 Millionen Jahren löschte wahrscheinlich ein Asteroid von 10 km Durchmesser einen Großteil der kreidezeitlichen Flora und Fauna, darunter auch die Dinosaurier aus.

Allein Seltenheit und Schadensausmaß machen einen Asteroideneinschlag zur Wild Card. Frühwarnung ist bei größeren Objekten möglich. Beim derzeitigen Stand der Technik bleiben jedoch alle vorgeschlagenen Gegenmaßnahmen – Zersprengen des Asteroiden durch Atombomben, Ablenken vom Kurs – noch Science-fiction.

Das Jahr des Hungers

Die Klimakatastrophe löst eine globale Ernährungskrise aus.

Wahrscheinlichkeit: ● ● ● ● ● ● ○ ○
Wirkungsstärke: ● ● ● ● ● ● ○ ○
Frühindikatoren: Sinkende Agrarproduktion

Auswirkungen auf
Gesellschaft: Politische Instabilität in betroffenen Gebieten
Wirtschaft: Erschütterungen für die Weltwirtschaft
Sonstiges: Verstärkte Migration

Szenario

Die Welternährungsorganisation FAO schlägt im Herbst 2010 Alarm. Fast zeitgleich melden mehrere afrikanische, asiatische und südamerikanische Staaten Hungersnöte. In den Katastrophengebieten südlich der Sahara bricht jegliche Ordnung zusammen. Weltweit werden Lebensmittel knapp.

Die Ursachen sind vielfältig, aber eine virale Pflanzenkrankheit unbekannter Herkunft spielt unter ihnen eine zentrale Rolle. In den nordamerikanischen, australischen und ukrainischen Hauptanbaugebieten befällt der Virus Weizen und Roggen. Pflanzenschutzmaßnahmen fruchten nicht. Zwar arbeiten viele landwirtschaftliche Institute an Resistenzzüchtungen und nutzen modernste gentechnische Verfahren, aber die neuen resistenten Sorten müssen vermehrt werden, ihr flächendeckender Einsatz ist frühestens in zwei Jahren zu erwarten.

Fatalerweise ereignet sich der Ausbruch der Pflanzenkrankheit, als die Welternährungslage ohnehin auf das äußerste angespannt ist. China produziert nicht genug Reis, um die eigene Bevölkerung zu versorgen. Indien, Pakistan und Bangladesch leiden unter ausgebliebenen Monsunregen. In Europa dagegen klagen die Landwirte über extreme Wetterlagen und Ernteverluste. Und in Südamerika hat El Niño seine Spuren hinterlassen.

Kaum ist der Alarm um die Welt gegangen, beginnen in den USA und auch in Europa die Menschen, Mehl zu hamstern. Vorwegnahme der Krise durch Trittbrettfahrer. Dabei muß sich die Bevölkerung der westlichen Industrieländer wirklich keine Sorgen um eine bevorstehende Hungersnot machen. Sie wird es am allerwenigsten treffen. Aus den ländlichen Hungergebieten flüchten die Menschen in die Städte. Doch auch dort herrscht die Not. Die Hungernden stürmen Einkaufszentren und Lagerhallen; Auseinandersetzungen mit Sicherheitskräften sind an der Tagesordnung, linksextreme und anarchistische Bewegungen erhalten Zulauf. Regierungen werden gestürzt. Um den Zugang zu Agrarflächen und Wasserressourcen entbrennen lokale Konflikte. Und in den Slums und den Flüchtlingslagern sterben die Menschen wie die Fliegen.

In der Krise verabschiedet die UNO einen Welternährungspakt. Ausgehend vom Leitbild einer global nachhaltigen Landwirtschaft werden Reformen im Weltagrarhandel, im Zugang zum Land und in der Landnutzung angeregt. Weder der Hunger noch das neue Unruhepotential in der Welt werden damit beseitigt.

Kommentar

Die Weltproduktion von Nahrungsmitteln ist in den letzten Jahrzehnten dank verbesserter Produktivität kontinuierlich angestiegen. In zahlreichen Entwicklungsländern hat die Landwirtschaft jedoch nicht mit der wachsenden Bevölkerung Schritt halten können. Wassermangel, Wetterextreme, ungerechte Landverteilung und Bürgerkriege tragen die Schuld daran, daß in vielen Staaten der Welt immer wieder das tägliche Brot knapp wird. Mehrmals im Jahr muß die FAO deshalb Alarm geben. Trotzdem ist global gesehen der Hunger heute kein Problem der Produktion mehr, sondern eines der Verteilungsgerechtigkeit.

Allerdings gibt es Warnzeichen, daß sich die Situation verschlechtern könnte. Ins Gewicht fällt beispielsweise, daß sich China vom Reisexporteur zum Reisimporteur entwickelt. Auch werden wahrscheinlich in vielen Regionen mittelfristig die Grenzen der Belastbarkeit der Natur erreicht oder sogar überschritten. Zum einen geht die landwirtschaftlich nutzbare Fläche zurück, und zum anderen wird frisches Wasser in allen Regionen der Welt immer knapper.

Trotz aller Fortschritte bleibt damit die Nahrungsmittelversorgung prekär. In der Vergangenheit haben immer wieder Produktionseinbußen kurzfristig zu einer angespannten Versorgungslage und Preissteigerungen gesorgt. Sollten mehrere Probleme – etwa mit der Witterung, mit Pflanzenkrankheiten, mit Störungen des Welthandels ... – gleichzeitig eintreten, könnte sich eine akute Welternährungskrise ergeben.

Länder unter

Von den polaren Eiskappen brechen riesige Eisfelder ab; der Meeresspiegel steigt.

Wahrscheinlichkeit: ●●●○○○○
Wirkungsstärke: ●●●●●○○
Frühindikatoren: Zunehmendes Kalben der arktischen Schelfeisplatten

Auswirkungen auf
Gesellschaft: Verstärkte Kooperation der Staaten in einer gemeinsamen Gefährdungssituation
Wirtschaft: Verluste und Belastungen, vor allem in den Küstenregionen
Sonstiges: Zusätzliche Störungen des globalen Klimasystems

Szenario

Eine Sensation hatten die Sender angekündigt, und wie gebannt schaut die Welt nun auf die Bilder: Ein riesiger Riß geht durch das Ross-Schelf, verbreitert sich. Die Forscher, dicht vermummt, kommentieren beim Blick der Kamera in die blaue Tiefe: »20 000 Kubikkilometer Eis haben sich in Bewegung gesetzt. Dieses kleine Stück Antarktis ist erst der Anfang.« Auf den Satellitenbildern wirkt die Fläche wie eine Insel – sie ist größer als Sizilien. Aber diese Insel driftet langsam gen Norden in Richtung Neuseeland. Bald ist sie von einem Kranz kleinerer weißer Flecken umgeben, riesige Eisberge, die sich von ihren Rändern gelöst haben.

Allein diese eine Eisfläche wird die Weltmeere um sechs Zentimeter ansteigen lassen. Und schon platzen auch vom Ronne-Schelf gegenüber dem Südatlantik gewaltige Eisplatten ab. Rings um die Antarktis kalben die Gletscher. Und zur gleichen Zeit dringen Packeisfelder in den Nordatlantik vor, schmilzt der grönländische Inlandseisgletscher, weicht in Sibirien und Nordkanada die Permafrostzone zurück.

Nicht innerhalb von Jahrzehnten, sondern innerhalb von Monaten wird das Meer steigen. Um wieviel genau, wagt noch niemand zu sagen: 20 Zentimeter? Ein Meter? Mehrere Meter? An der Nordsee erhöht man die Deiche, das sollte für das erste genügen. Doch schon sinken in den Niederlanden die Immobilienpreise. Die fast täglichen Wasserstandsmeldungen erzeugen selbst bei den bedächtigen Norddeutschen Panik. Häuser in Süddeutschland und im Alpenraum sind gefragt. Landkarten mit Höhenlinien sind ausverkauft.

In Bangladesch wird der Notstand ausgerufen. Auf den polynesischen und mikronesischen Pazifikinseln müssen die Menschen fürchten, daß ihre Heimat buchstäblich im Meer versinkt. Die Pazifische Staatengemeinschaft erarbeitet Evakuierungsprogramme. Bei einem kleineren Wirbelsturm brechen Deiche im Mississippidelta. New Orleans wird überflutet. In sämtlichen Hafenstädten werden Docks erhöht oder umgebaut.

Klimaschutz rückt nun auch für die USA-Administration ganz nach oben auf die politische Agenda. Bis die Maßnahmen greifen, werden Jahrzehnte vergangen sein. In der Zwischenzeit führen veränderte Strömungsregimes in den Weltmeeren zu weiteren unvorhersagbaren Wetterextremen.

Kommentar

Simulationsstudien zur globalen Erwärmung ergeben – je nach den gemachten Voraussetzungen – einen sehr unterschiedlichen Anstieg des Niveaus der Weltmeere in den nächsten hundert Jahren. 30 cm bis 1 m scheinen ein realistisches Intervall zu sein. Der Großteil des Anstiegs ist ganz einfach auf die Ausdehnung des Ozeanwassers zurückzuführen. Die Situation könnte sich dramatisch ändern, wenn die polaren Eismassen schmelzen. Der antarktische Eisschild allein enthält etwa 30 Millionen Kubikkilometer Eis. Würde dieses Eis schmelzen, stiege der Meeresspiegel um etwa 65 Meter an. Berlin würde – wie vorher sämtliche Hafenstädte rund um den Erdball – in den Fluten versinken. Mit einem totalen Abschmelzen der polaren Eiskappen quasi über Nacht ist jedoch schon aus physikalischen Gründen nicht zu rechnen.

Manche Forscher gehen sogar davon aus, daß es infolge des Treibhauseffekts über Antarktika mehr schneien wird als bisher und der Eispanzer über dem sechsten Kontinent daher noch wachsen wird. Wie sich jedoch die Schelfeisplatten an antarktischen Küstenregionen bei einer Erwärmung verändern, ist besonders schwer vorherzusagen. Und wie sich das Weltklima verändert, wenn Unmengen süßes Schmelzwasser in Südatlantik und Südpazifik dringen, weiß niemand. Hier liegen Risiken von einem beträchtlichen Katastrophenpotential.

Im Sonnenwind

Das Erdmagnetfeld schwindet.

Wahrscheinlichkeit: ● ● ○ ○ ○ ○ ○
Wirkungsstärke: ● ● ● ● ○ ○ ○
Frühindikatoren: Nachlassende Stärke des Erdmagnetfeldes, Wandern der Magnetpole

Auswirkungen auf
Gesellschaft: Zulauf für Esoterik
Wirtschaft: Produktionsausfälle, Störungen der Informationstechnik, Sonderboom der IT-Branche
Sonstiges: Möglicherweise Wirkungen auf das Klimasystem

Szenario

Mitten in einem Spiel der Champions League bricht die Satellitenübertragung ab. Etwa einhundert Millionen Menschen sitzen weltweit vor blanken Fernsehschirmen. Und bald darauf berichten die Kommentatoren von kosmischen Störungen und einem »Loch« im Erdmagnetfeld.

Normalerweise spürt man nichts davon, aber man kann es messen. Die Kompasse spielen verrückt. Statt sich nach N–S auszurichten, tanzen die Nadeln herum: Sie finden den Nordpol nicht mehr, denn das Erdmagnetfeld hat dramatisch nachgelassen. Esoterik-Magazine diagnostizieren den »Polsprung«. Der Mensch, heißt es, wird nun nicht mehr vom Erdmagnetfeld vor der gefährlichen kosmischen Strahlung geschützt. Leute, kauft euch Magnetspulen, mit denen ihr ein eigenes kleines Schutzfeld um euer Haus aufbauen könnt! Mit den Magneten verlören auch die Menschen die Orientierung, ein langes Zeitalter von Chaos und Zerstörung bräche nun an!

Tatsächlich gibt es Tohuwabohu – aber vor allem die Informations- und Kommunikationssysteme sind betroffen. Viele Satelliten haben ihren Geist aufgegeben, auch Astra und Eutelsat sind ausgefallen, schlecht für die Empfänger von Satellitenfernsehen. In den Mobilfunknetzen häufen sich die Störungen. An manchen Tagen ist überhaupt keine Verbindung zu bekommen. Selbst das Internet wird langsamer. GPS, das global positioning system, hat es mit den Satelliten ebenfalls erwischt. Die Navigationssysteme in den Autos funktionieren nicht mehr richtig. Die Internationale Raumstation wird evakuiert, denn die Strahlenbelastung außerhalb der Erdatmosphäre ist gefährlich angestiegen.

Neben den irdischen tritt nun der Weltraumwetterbericht: Schwere Sonnenstürme mit Partikelintensitäten der Stufe acht auf der Sonnenwindskala. Störungen der Informationstechnik sind zu erwarten. Da inzwischen jeder Staubsauger über Chips verfügt, kann es sein, daß man/frau an Tagen erhöhter Sonnenaktivität nicht nur keine DVDs ansehen, sondern nicht einmal staubsaugen kann! Vorsichtshalber bleiben bestimmte Flugzeugtypen am Boden.

Es dauert Jahre, bis die Technik an die neue Situation angepaßt, »gehärtet« ist. Jahre, die der InfoTech-Branche einen Sonderboom bescheren.

Kommentar

Seit etwa zwei Jahrhunderten nimmt die Stärke des Erdmagnetfeldes ab, wobei sich diese Abnahme beschleunigt hat. Satellitenmessungen zufolge scheint sich das Magnetfeld von einer geordneten zweipoligen Struktur hin zu einer ungeordneten – vielleicht mit vier Polen? – zu bewegen.

Sedimente liefern einen Einblick in die Geschichte des Erdmagnetfeldes, denn in manchen Gesteinen sind die Feldlinien von damals sozusagen eingefroren. Demnach kippt das Erdmagnetfeld etwa alle 200 000 Jahre: magnetischer Nord- und Südpol vertauschen ihre Positionen. Ohnehin wandern die Pole beständig etwas, ein paar Kilometer pro Jahr. Die letzte Umpolung ist vor nunmehr 700 000 Jahren geschehen. Eine erneute Feldumkehr wäre also überfällig.

Allerdings vollziehen sich Veränderungen des Erdmagnetfeldes recht langsam, nämlich innerhalb von einigen Tausend Jahren. Während dieser Periode einer verschwindend geringen Feldstärke werden hochenergetische Teilchen aus dem Weltraum und insbesondere aus dem solaren Wind nicht mehr abgelenkt; sie dringen in die Erdatmosphäre ein. Größere Gesundheitsrisiken scheinen damit nicht verbunden zu sein, denn die Lufthülle schluckt den größten Teil der Strahlung, und ein Massensterben zu Zeiten der früheren Polumkehrungen ist den Geologen nicht bekannt.

Einige Forscher spekulieren nun, daß es auch sehr rasche Polumkehrungen geben könnte – so rasche, daß sie sich in den Sedimenten nicht niederschlügen. Sie könnten innerhalb eines Menschenlebens geschehen. Aber dies ist, wohlbemerkt, eine Spekulation.

Algen auf Abwegen

Gentechnisch veränderte Algen ersticken die Meere.

Wahrscheinlichkeit: ●●●○○○○
Wirkungsstärke: ●●●●○○○
Frühindikatoren: Keine

Auswirkungen auf	
Gesellschaft:	Abschied vom Urlaub an der See
Wirtschaft:	Zusammenbruch der Fischerei, strengere Auflagen für Gentechnik
Sonstiges:	Großflächige Zerstörung von Meeresflora und -fauna

Szenario

Die Wellen spülen im Sommer 2012 Unmengen von stinkendem Tang an die Küsten von Nord- und Ostsee. Selbst bei ablandigem Wind werden die Bulldozer, die Tag um Tag die schwarzgrüne Fracht zusammenschieben, nicht Herr der Situation. Für den Fremdenverkehr ist es eine Katastrophe. Die Strände sind ruiniert, und von Sylt bis Borkum stornieren die Urlauber ihre Buchungen. Auch die Fischer klagen, denn die Boote kommen in den Algenteppichen kaum voran, und in den Netzen sammeln sich neben Tang nur tote Fische.

Wochen später wiederholt sich das gleiche Desaster vor der Bretagne. Nicht einmal der Tankerunfall der »Prestige« 2002 vor der galizischen Küste hat einen vergleichbaren Schaden hinterlassen! Dann breitet sich die Algenpest über die Costa Verde aus. Zur gleichen Zeit gibt es die erste Algenwarnung von der Insel Krk in der Adria.

Wahrscheinlich haben Schiffe den »Mördertang« eingeschleppt. Satelliten entdecken östlich der Azoren einen Tausende Quadratkilometer großen Algenteppich. Greenpeace spricht von einer Katastrophe planetarischen Ausmaßes und malt ein Absterben der Weltmeere aus.

In der Zwischenzeit haben sich Biologen und Meeresforscher des Problems angenommen. Ein Kieler Institut findet Hinweise auf Designer-Gene: Es handelt sich um eine Braunalgenart, die durch eine gentechnische Modifikation die Photosynthese sehr viel effizienter nutzt und daher übermäßig stark wächst. Damit ist der Startschuß für die Suche nach dem Schuldigen gegeben. Doch keines der Genlabors hat mit dieser Algenart experimentiert. Bestimmte andere Algen werden in Aquakulturen als Ausgangsmaterial für Designer-Food und für Tierfutter angebaut, andere in neuen Biogasanlagen genutzt, überhaupt verwendet die Bioindustrie für verschiedene Zwecke maßgeschneiderte Algen... Wahrscheinlich hat ein Gentransfer von einer Algenart zur anderen stattgefunden. Die europäische Gentechnik-Verordnung wird noch einmal verschärft.

Als die Algenpest die amerikanische Küste erreicht, wird an biologischen Gegenmitteln gearbeitet: Algenkrankheiten, Meeresschnecken. Doch auch diese müssen gentechnisch maßgeschneidert werden, um rasch die nötige Wirkung zu entfalten.

Im nächsten Frühjahr bricht die Algenpest in der Nordsee aus. Stinkende Tangteppiche ersticken die Küsten. Das Watt existiert nicht mehr. Nach Schätzungen von Experten wird die Nordsee mindestens ein Jahrzehnt brauchen, um sich zu erholen.

Kommentar

Die Gentechnik gehört zweifelsohne zu den potentesten Technologien der nächsten Jahrzehnte. Medizin, Landwirtschaft und Industrie profitieren von genmodifizierten Organismen. Dem Nutzen stehen jedoch auch Risiken gegenüber. Vor allem die Freisetzung von transgenen Pflanzen in der Landwirtschaft ist heftig umstritten. Gentechnik-Kritiker vermuten hier unabsehbare Folgen für die Ökosysteme. Beispielsweise könnten Resistenzgene einer Kulturpflanze auf deren Wildform oder auf nahe verwandte Arten überspringen und sich unkontrolliert verbreiten. Auch die Insektenwelt könnte in Mitleidenschaft gezogen werden, etwa wenn Pflanzen dazu gebracht werden, selbst Pestizide zu produzieren. Eventuell muß auch mit neuen Arten von Allergien gerechnet werden. Befürworter dagegen können darauf verweisen, daß sich bislang keine dramatischen Katastrophen ereignet haben – obwohl weltweit einige tausend Freisetzungsversuche unternommen wurden und bestimmte transgene Pflanzen, etwa Gen-Soja in Nordamerika, bereits großflächig angebaut werden. Allerdings fehlen langfristige Erfahrungswerte.

Die Gentechnik steht erst am Anfang. Man kann darüber spekulieren, ob sich die eigentlichen Wild Cards im Zusamenhang mit der Gentechnik in Bereichen ergeben, an die wir heute noch nicht denken. Beispielsweise bei Algen.

Verschiebung des Golfstromes

Als Folge der globalen Erwärmung kühlt sich Europa ab.

Wahrscheinlichkeit:	●●●●○○○
Wirkungsstärke:	●●●●●○○
Frühindikatoren:	Instabilitäten im nordatlantischen Strömungsregime

Auswirkungen auf	
Gesellschaft:	Flucht aus den nicht mehr gemäßigten Breiten
Wirtschaft:	Erhöhte Energiekosten, katastrophale Situation der Landwirtschaft, kurzfristiger Boom für einige Branchen
Sonstiges:	Dramatische ökologische Folgen

Szenario

Im Jahr 2025 bleibt der Sommer aus. Der Mai bringt schmuddeliges Aprilwetter, der Juni ist total verregnet, Mitte Juli sieht es so aus, als könnte Hoch Margaret etwas Wärme bringen, doch dann folgt Kaltfront auf Kaltfront, im August bringen die Herbststürme Überschwemmungen, der September kann als europäischer Schnupfenmonat abgeschrieben werden, und Mitte Oktober schneit es bereits. Die Landwirte klagen über enorme Ernteausfälle, das Gastgewerbe jammert über ausgebliebene Sommerurlauber, nur den Ärzten und Heizölfirmen scheint es richtig gutzugehen.

In Talkshows und Internetforen beherrscht ein Thema alles andere: die neue Eiszeit. Allmählich ist auch dem Letzten klar, daß die globale Erwärmung eine europäische Abkühlung nach sich zieht. Animationen verdeutlichen: Das Eis auf Grönland und um den Nordpol schmilzt, Unmengen Süßwasser strömen in den Nordatlantik, legen sich über das wärmere – aber schwerere – Salzwasser des Golfstroms, drängen diesen ab, bis sich das Strömungsregime im Nordatlantik umstellt und die »transatlantische Zentralheizung« ausfällt. Wer auf den Globus schaut und ein wenig dreht, erkennt: Berlin und London liegen auf demselben Breitengrad wie Fort Rupert an der Hudson Bay, Stockholm und Helsinki haben ihre Gegenstücke irgendwo in Südalaska, und selbst über Marseille scheint die Sonne nicht länger als über Wladiwostok.

Die seit langem kränkelnde Baubranche erlebt einen kurzzeitigen Boom, denn eine bessere Wärmedämmung und effizientere Heizsysteme sind gefragt. Die europäischen Regierungen stricken an Notprogrammen: Umbau der europäischen Landwirtschaft, Sicherung der Infrastruktur, Anpassung der Industrie, Katastrophenschutz. Fröstelnd und verschnupft rücken die Europäer zusammen.

Immerhin gibt es auch Gewinner, Sizilien und Kreta beispielsweise, die als »Senioreninseln« einen unerwarteten Zustrom von Skandinaviern und Engländern erleben. Selbst Nordafrika wird für Pensionäre mit dem nötigen Kleingeld nun als Alterssitz interessant.

Kommentar

Ohne den Golfstrom, der ständig warmes Wasser aus dem Karibikbereich an die Küsten Europas transportiert, hätten wir statt milder Winter lange eisige Frostperioden und statt warmer Sommer eine kühle und wahrscheinlich nasse Jahreszeit. Vergleicht man mit anderen, nicht durch einen Golfstrom begünstigten Weltgegenden ähnlicher geographischer Breite, kann man abschätzen, um wieviel die mittlere Temperatur in Nordwesteuropa bei einem Riß des Förderbandes sinken würde: um etwa 5 °C.

Bereits eine leichte Verschiebung der Temperaturprofile im Atlantik kann zu einem Zusammenbrechen des Golfstroms führen. Die globale Erwärmung könnte paradoxerweise genau diese Veränderung bewirken. Allerdings gestatten auch die heutigen Modelle keine genaue Vorherberechnung. Insbesondere bei der Verkopplung von atmosphärischem Klimasystem und Strömungssystem der Weltmeere bestehen noch viele offene Fragen, und nur in bestimmten Modellen ist eine Unterbrechung des Golfstroms überhaupt zu beobachten. Höchstwahrscheinlich wird es also in Europa doch eher etwas wärmer, viel feuchter und stürmischer. Aber ausgeschlossen ist eine neue Kaltzeit nicht.

Der katastrophale Temperatursturz könnte innerhalb weniger Jahre geschehen. Und er hätte zahlreiche direkte und indirekte Folgen für Umwelt, Mensch und Wirtschaft. Allein schon die Verschiebung der Vegetationszonen könnte zu einem großflächigen Absterben der Wälder führen. Die Landwirtschaft wäre schwer beeinträchtigt und müßte sich auf andere Kulturpflanzen und eine andere Art der Bewirtschaftung umstellen. Wahrscheinlich würden die europäischen Staaten mindestens ein Jahrzehnt benötigen, um sich an das kältere Klima anzupassen.

Nachwort

Die Zukunft ist der Raum unserer Hoffnungen und Wünsche, Ängste und Befürchtungen. Sie schließt unmittelbar an die Gegenwart an, und doch bleibt sie uns fremd und unbekannt wie ein Land, das im Nebel liegt. Mit den besten Instrumenten der Zukunftsforschung können wir diesen Nebel ein wenig durchdringen und zerteilen, vertreiben können wir ihn nicht. Einige der Wege, die in die Zukunft führen, können wir ein Stück weit ausmachen. Aber wissen wir, welche schroffen Abgründe sich hinter der nächsten Biegung auftun oder auf welche Oasen wir unvermutet stoßen? Je weiter wir uns von der Gegenwart wegbewegen, desto dichter wird der Nebel, desto ungewisser das Gelände.

Wenn wir noch einmal Revue passieren lassen, was wir in diesem Buch zusammengetragen haben, müssen wir uns eingestehen, daß aus vielen unserer Wild Cards Ungeduld und Besorgnis sprechen. Wir haben keine Angst vor Asteroideneinschlägen oder einem Aufstand der Roboter. Aber wie werden Deutschland und Europa die heraufziehende demographische Krise meistern? Wird der notwendige Umbau der Sozialsysteme gelingen? Und was, wenn nicht? Welche Folgen wird der globale Klimawandel nach sich ziehen? Wird die Globalisierung die Welt weiter in Arm und Reich, Nord und Süd spalten? Auf allen Ebenen, national, europäisch, global, sind einschneidende Reformen notwendig. Aber wer ist fähig und willens, sie trotz aller Beharrungskräfte konsequent anzugehen? Sicher ist nur, daß sich irgendwann die aufgestauten Probleme mehr oder weniger gewaltsam Luft verschaffen werden. Politische Kurzsichtigkeit erzeugt chaotische Bruchsituationen, die nur noch schwer beherrschbar sind.

Die meisten Wild Cards haben wir in dem für uns plausiblen und noch einigermaßen überschaubaren Zeitraum der nächsten zehn bis maximal zwanzig Jahre angesiedelt. Aber der Handlungsdruck ist schon heute vorhanden, und jede Verzögerung kann neue Instabilitäten nach sich ziehen.

»Unsere Aufgabe ist es nicht, die Zukunft vorherzusehen, sondern sie zu ermöglichen«, hat einst Antoine de Saint-Exupéry geschrieben. Es gibt viele Arten von Wild Cards, aber der Mensch selbst ist, wie ein Blick in die Geschichte zeigt, die wohl wichtigste Quelle von Überraschungen, im Guten wie im Schlechten. Wir Menschen setzen Utopien und Visionen in die Welt, machen Pläne und verwirklichen manche von ihnen. Soziale wie technische Innovationen sind unser Werk. Aus ihnen ergeben sich die Chancen und Hoffnungen.

Für den Praktiker liegt eine Schlußfolgerung auf der Hand: Wer in der Wirtschaft oder in der Politik strategische Entscheidungen fällt, sollte sich nicht allein auf Trendprognosen, Projektionen und Roadmaps verlassen, sondern sich auch mit Störereignissen, Überraschungen und Diskontinuitäten – und folglich auch mit Visionen und Utopien! – auseinandersetzen. Ohne eine wie auch immer geartete Wild-Card-Analyse ist eine erfolgreiche Zukunftsgestaltung auf Dauer nicht möglich.

Mit unserem Katalog haben wir nur einen winzigen Einblick in das schier endlose Spektrum möglicher Wild Cards geben können. Jede der natürlichen und der von Menschen ausgelösten Wild Cards hat für sich genommen nur eine äußerst geringe Eintrittswahrscheinlichkeit. Ihre Anzahl ist jedoch phantastisch groß, und je weiter wir gedanklich in die Zukunft voranschreiten, desto mehr wächst das Heer der Eventualitäten. Überraschungen sind also gewiß. Auf lange Sicht wird unsere Zukunft von Wild Cards bestimmt.

Danksagung

Bei der Suche nach möglichst neuen, originellen und zugleich plausiblen Wild Cards und bei der Arbeit an unserer Mini-Theorie haben wir viel Unterstützung erfahren. Allen voran sind unsere Partner von Z_punkt – Klaus Burmeister, Andreas Neef und Beate Schulz – zu nennen, mit denen wir intensiv über Wild Cards diskutiert und sogar einen kleinen Workshop zu möglichen Störereignissen durchgeführt haben. Cornelia Daheim und Manja Wagner, beide ebenfalls von Z_punkt, haben für uns Hintergrundinformationen recherchiert. Aber auch aus der weiteren Zukunftsforscher-Community haben wir Anregungen erhalten, von Robert Gaßner beispielsweise und von den Kollegen des Global Future Forums. Welche Wild Cards wir dann aufgegriffen und wie wir sie inhaltlich zugespitzt haben, liegt natürlich allein in unserer Verantwortung.

Sehr spannend war für uns auch der Kontakt zu den Künstlern Christiane Dellbrügge und Ralf de Moll. Sie entwickelten gerade für die Ausstellung »science + fiction« im Sprengel-Museum Hannover ein mannsgroßes Kartenspiel von Wild Cards, zu dem wir eine Karte beisteuern konnten. Und nicht zuletzt war wieder einmal der Kontakt zur Sciencefiction-Szene für uns sehr wertvoll. Vor allem eines kann man von der SF lernen: Die Zukunft kommt immer anders, als man sie sich ausmalt. Und sie wird viel verrückter und wilder, als man denkt.

Anhang

Anmerkungen

1 BIPE Conseil etc., Wild Cards. A Multinational Perspective, Menlo Park/
Cal. 1992, S. v, vgl. auch John L. Petersen, Out of the Blue, Wild Cards and
Other Big Surprises, Washington 1997

2 Vgl. Otto-Peter Obermeier, Strategien für Unternehmen bei Konflikten mit
der Gesellschaft, in: Rolf Gerling u. a. (Hrsg.), Trends – Issues – Kommunikation, München 2001

3 Zur Zukunftsforschung im Unternehmenskontext vgl. Klaus Burmeister
u. a., Zukunftsforschung und Unternehmen. Praxis, Methoden, Perspektiven, Essen 2002

4 VDI-Richtlinie 3780, Technikbewertung – Begriffe und Grundlagen, Düsseldorf 1991

5 Vgl. Axel Zweck, Technologiefrüherkennung. Ein Instrument zwischen
Technikfolgenabschätzung und Technologiemanagement, in: Stephan Bröch-
ler u. a. (Hrsg.), Handbuch der Technikfolgenabschätzung, Berlin 1999

6 Poul Harremoës u. a. (Hrsg.), Late lessons from early warnings. The precautionary principle 1886–2000, Copenhagen 2001, S. 157ff.

7 So die Terminologie von John L. Petersen, Out of the Blue, Wild Cards and
Other Big Surprises, Washington 1997

8 Pierre Simon de Laplace, Philosophischer Versuch über die Wahrscheinlichkeit, Leipzig 1932, S. 2

9 Carl Böhret, Folgen. Entwurf für eine aktive Politik gegen schleichende Katastrophen, Opladen 1990

10 Ulrich Beck, Die Risikogesellschaft. Auf dem Weg in eine andere Moderne,
Frankfurt/M. 1986

11 Siehe etwa Dietrich Dörner, Die Logik des Mißlingens. Strategisches Denken in komplexen Situationen, Reinbek 1992

12 Otto-Peter Obermeier, Bedeutung und Grundzüge der Risikokommunikation, in: Rolf Gerling/Otto-Peter Obermeier (Hrsg.), Risiko – Störfall –
Kommunikation, München 1995

13 Wissenschaftlicher Beirat der Bundesregierung Globale Umweltfragen, Welt
im Wandel. Strategien zur Bewältigung globaler Umweltrisiken. Jahresgutachten 1998, Berlin etc. 1998, S. 55f.

14 Ebenda, S. 58–66

15 Winston S. Churchill, Wenn Lee die Schlacht von Gettysburg nicht gewonnen hätte, in: J. C. Squire (Hrsg.), Wenn Napoleon bei Waterloo gewonnen
hätte..., München 1999, S. 217

16 Vgl. Michael Salewski (Hrsg.), Was Wäre Wenn. Alternativ- und Parallelge-

schichte: Brücken zwischen Phantasie und Wirklichkeit, Stuttgart 1999, sowie Robert Cowley (Hrsg.), Was wäre gewesen, wenn? Wendepunkte der Weltgeschichte, München 2002

17 So die Charakterisierung von Reinhard Wittram, Die Zukunft in der Geschichte. Zu Grenzfragen der Geschichtswissenschaft und Theologie, Göttingen 1966

18 Der Begriff stammt von Bertrand de Jouvenel, L'Art de la conjecture, Paris 1964, vgl. Karlheinz Steinmüller: Zukunftsforschung in Europa. Ein Abriß der Geschichte, in: Steinmüller u. a. (Hrsg.): Zukunftsforschung in Europa. Ergebnisse und Perspektiven, Baden-Baden 2000

19 Vgl. Karlheinz Steinmüller, Grundlagen und Methoden der Zukunftsforschung, SFZ-WerkstattBericht Nr. 21, Gelsenkirchen 1997

20 Zitiert nach Robert Lambourne u. a., Close Encounters? Science and Science Fiction, Bristol und New York 1990, S. 27, unsere Übersetzung

21 Siehe Robert Gaßner, Plädoyer für mehr Science Fiction in der Zukunftsforschung, in: Klaus Burmeister/Karlheinz Steinmüller (Hrsg.), Streifzüge ins Übermorgen. Science Fiction und Zukunftsforschung, Weinheim und Basel 1992

Literaturhinweise

Einführung

Beck, Ulrich, Die Risikogesellschaft. Auf dem Weg in eine andere Moderne, Frankfurt/M. 1986

Bernstein, Peter L., Wider die Götter. Die Geschichte von Risiko und Riskmanagement von der Antike bis heute, München 1997

BIPE Conseil/Copenhagen Institute for Futures Studies/Institute for the Future, Wild Cards. A Multinational Perspective, Menlo Park / Ca. 1992

Böhret, Carl, Folgen. Entwurf für eine aktive Politik gegen schleichende Katastrophen, Opladen 1990

Burmeister, Klaus/Andreas Neef/Bernhard Albert/Holger Glockner, Zukunftsforschung und Unternehmen. Praxis, Methoden, Perspektiven, Essen 2002

Cowley, Robert (Hrsg.), Was wäre gewesen, wenn? Wendepunkte der Weltgeschichte, München 2002

Churchill, Winston S., Wenn Lee die Schlacht von Gettysburg nicht gewonnen hätte, in: J. C. Squire (Hrsg.), Wenn Napoleon bei Waterloo gewonnen hätte – und andere abwegige Geschichten, München 1999

Cuhls, Kerstin/Knut Blind/Hariolf Grupp, Delphi '98. Studie zur Globalen Entwicklung von Wissenschaft und Technik, Karlsruhe 1998

Dacunha-Castelle, Didier, Spiele des Zufalls. Instrumente zum Umgang mit Risiken, München 1997

de Jouvenel, Bertrand, L'Art de la conjecture, Paris 1964

Dörner, Dietrich, Die Logik des Mißlingens. Strategisches Denken in komplexen Situationen, Reinbek 1992

Gaßner, Robert, Plädoyer für mehr Science Fiction in der Zukunftsforschung, in: Klaus Burmeister/Karlheinz Steinmüller (Hrsg.), Streifzüge ins Übermorgen. Science Fiction und Zukunftsforschung, Weinheim und Basel 1992

Gausemeier, Jürgen/Alexander Fink/Oliver Schlake, Szenario-Management. Planen und Führen mit Szenarien, München und Wien 1996

Godet, Michel, Manuel de Prospective Stratégique. Vol. 2: L'art et la Méthode, Paris 1997

Harremoës, Poul u. a. (Hrsg.), Late lessons from early warnings. The precautionary principle 1886–2000 (European Environment Agency), Copenhagen 2001

Kelly, Kevin, Das Ende der Kontrolle. Die biologische Wende in Wirtschaft, Technik und Gesellschaft, Regensburg 1997

Klinke, Andreas/Ortwin Renn, Prometheus Unbound. Challenges of Risk Evaluation, Risk Classification, and Risk Management, Working Paper 153 der Akademie für Technikfolgenabschätzung Baden-Württemberg, Stuttgart 1999

Lambourne, Robert/Michael Shallis/Michael Shortland, Close Encounters? Science and Science Fiction, Bristol und New York 1990

Landeszentrale für polititische Bildung Baden-Württemberg (Hrsg.), Visionen 2000. 100 Persönlichkeiten aus Politik, Wissenschaft, Kultur & Medien blicken in die Zukunft, Stuttgart 1999

Laplace, Pierre Simon de, Philosophischer Versuch über die Wahrscheinlichkeit, Leipzig 1932

Obermeier, Otto-Peter, Bedeutung und Grundzüge der Risikokommunikation, in: Rolf Gerling/Otto-Peter Obermeier (Hrsg.), Risiko – Störfall – Kommunikation, München 1995

Obermeier, Otto-Peter, Strategien für Unternehmen bei Konflikten mit der Gesellschaft, in: Rolf Gerling/Otto-Peter Obermeier/Mathias Schüz (Hrsg.), Trends – Issues – Kommunikation, München 2001

Petersen, John L., Out of the Blue, Wild Cards and Other Big Surprises, Washington 1997

Petersen, John L., The »Wild Cards« in Our Future, Preparing for the Improbable, in: The Futurist, July-August 1997, S. 43–47

Renn, Ortwin/Andreas Klinke, Risikoevaluation von Katastrophen, WZB-Papers P 98–304, Berlin 1998

Rockfellow, John D., Wild Cards – Preparing for »The Big One«, in: The Futurist, Jan–Feb 1994, S. 14–19

Salewski, Michael (Hrsg.), Was Wäre Wenn. Alternativ- und Parallelgeschichte: Brücken zwischen Phantasie und Wirklichkeit, Stuttgart 1999

Steinmüller, Angela/Karlheinz Steinmüller, Visionen 1900–2000–2100. Eine Chronik der Zukunft, Hamburg 1999

Steinmüller, Karlheinz, Die Zukunft als Wild Card. Ansätze zu einer Methodologie des Unvorhersehbaren, in: Rolf Kreibich/Karlheinz Steinmüller/Christoph Zöpel (Hrsg.), Beyond 2000. Zukunftsforschung vor neuen Herausforderungen, SFZ-Werkstattbericht 20, Gelsenkirchen 1997

Steinmüller, Karlheinz, Grundlagen und Methoden der Zukunftsforschung, SFZ-WerkstattBericht Nr. 21, Gelsenkirchen 1997

Steinmüller, Karlheinz, Zukünfte, die nicht Geschichte wurden. Zum Gedankenexperiment in Zukunftsforschung und Geschichtswissenschaft, in: Salewski 1999

Steinmüller, Karlheinz: Zukunftsforschung in Europa. Ein Abriß der Geschichte, in: Karlheinz Steinmüller/Rolf Kreibich/Christoph Zöpel (Hrsg.): Zukunftsforschung in Europa. Ergebnisse und Perspektiven, Baden-Baden 2000

Sterling, Andrew (Hrsg.), On Science and Precaution in the Management of Technological Risk. An ESTO Project Report (Institute for Prospective Technological Studies) Sevilla 2001

Verein Deutscher Ingenieure, Technikbewertung – Begriffe und Grundlagen, VDI-Richtlinie 3780, Düsseldorf 1991

Weidenfeld, Werner/Jürgen Turek, Wie Zukunft entsteht. Größere Risiken – weniger Sicherheit – neue Chancen, München 2002

Wissenschaftlicher Beirat der Bundesregierung Globale Umweltfragen, Welt im Wandel. Strategien zur Bewältigung globaler Umweltrisiken. Jahresgutachten 1998, Berlin etc. 1998

Wittram, Reinhard, Die Zukunft in der Geschichte. Zu Grenzfragen der Geschichtswissenschaft und Theologie, Göttingen 1966

Zweck, Axel, Technologiefrüherkennung. Ein Instrument zwischen Technikfolgenabschätzung und Technologiemanagement, in: Stephan Bröchler/Georg Simonis/Karsten Sundermann (Hrsg.), Handbuch der Technikfolgenabschätzung, Berlin 1999

Innovation

Bertelsmann Stiftung (Hrsg.), Was kommt nach der Informationsgesellschaft? 11 Antworten, Gütersloh 2002

Brooks, Rodney, Menschmaschinen. Wie uns die Zukunftstechnologien neu erschaffen, Frankfurt/M. New York 2002

Cahill, Eamon/Fabiana Scapolo, The Futures Project. Technology Map (Institute for Prospective Technological Studies), Sevilla 1999

Kaku, Michiu, Zukunftsvisionen. Wie Wissenschaft und Technik des 21. Jahrhunderts unser Leben revolutionieren, München 1998

Kurzweil, Ray, Homo s@piens. Leben im 21. Jahrhundert – was bleibt vom Menschen? Köln 1999

Organisation for Economic Cooperation and Development, Understanding the brain. Towards a new learning science, Paris 2002

Roco, Mihail C./William Sims Bainbridge (Hrsg.), Converging Technologies for Improving Human Performance, Arlington / Virginia 2002

Rosenthal, David, Internet – Schöne neue Welt? Der Report über die unsichtbaren Risiken, Zürich 1999

Schulenburg, Mathias, Nanotechnologie. Die letzte industrielle Revolution? Frankfurt/M. und Leipzig 1995

von Randow, Gero, Roboter. Unsere nächsten Verwandten, Reinbek 1997

Wieners, Brad/David Pescovitz, Reality Check, St. Gallen Zürich 1997

Wirtschaft und Finanzen

Bundesministerium für Bildung und Forschung, Informelle Ökonomie, Schattenwirtschaft und Zivilgesellschaft als Herausforderung für die Europäische Sozialforschung, Bonn 2000

Cordellier, Serge (Hrsg.), Le nouvel état du monde. 80 idées-forces pour entrer dans le 21e siècle, Paris 1999

Frank, Andre Gunder, ReOrient. Global Economy in the Asian Age, Berkeley Los Angeles London 1998

Lietaer, Bernard A., Das Geld der Zukunft. Über die zerstörerische Wirkung unseres Geldsystems und Alternativen dazu, o. O. 2002

Luttwak, Edward, Turbokapitalismus. Gewinner und Verlierer der Globalisierung, Düsseldorf 2001

Stiglitz, Joseph, Die Schatten der Globalisierung, Berlin 2002

Thurow, Lester C., Die Zukunft des Kapitalismus, Düsseldorf und München 1996

United Nations Development Program/Deutsche Gesellschaft für die Vereinten Nationen (Hrsg.), Bericht über die menschliche Entwicklung 2001, Bonn 2001

Politik

Amery, Carl, Hitler als Vorläufer. Auschwitz – der Beginn des 21. Jahrhunderts? München 1998

Böhret, Claus / Göttrik Wewer (Hrsg.), Regieren im 21. Jahrhundert. Zwischen Globalisierung und Regionalisierung, Opladen 1993
Brühl, Tanja u. a. (Hrsg.); Die Privatisierung der Weltpolitik. Entstaatlichung und Kommerzialisierung im Globalisierungsprozeß, Bonn 2001

Diessenbacher, Hartmut, Kriege der Zukunft. Die Bevölkerungsexplosion gefährdet den Frieden, München 1998

Huntington, Samuel P., Kampf der Kulturen. Die Neugestaltung der Weltpolitik im 21. Jahrhundert, München 1998

Korte, Karl-Rudolf/Werner Weidenfeld (Hrsg.), Deutschland Trend-Buch. Fakten und Orientierungen, Bonn 2001

Sommer, Theo, Der Zukunft entgegen. Ein Blick zurück nach vorn, Reinbek 1999

Toffler, Alvin/Heidi Toffler, Überleben im 21. Jahrhundert, Stuttgart 1994

van Creveld, Martin, Die Zukunft des Krieges, München 1998

Wallerstein, Immanuel: Utopistik. Historische Alternativen des 21. Jahrhunderts, Wien 2002
Weiß, Arne/Julia Junger/Sven Sohr (Hrsg.), Montag Dienstag Zukunft. Junge Europäer über den Weg ins 21. Jahrhundert, Baden-Baden 2001

Werte, Lebensstile, Konsum

Ernst, Heiko u. a. (Hrsg.), 2020. So werden wir leben. Ausbildung und Beruf. Persönliche Finanzen und Altersvorsorge. Konsum. Gesundheit. Gesellschaft. Unter Mitarbeit der Prognos AG, Düsseldorf 2000

Gieske, Roland/Sylvia Hahn, Habitamus 2010 – mehr als gewohnt. Unsere Wohn- und Denkwelten im nächsten Jahrhundert, Heidelberg 1999
Grober, Ulrich, Ausstieg in die Zukunft. Eine Reise zu Ökosiedlungen, Energie-Werkstätten und Denkfabriken, Berlin 1998

Horx, Matthias, Die acht Sphären der Zukunft. Ein Wegweiser in die Kultur des 21. Jahrhunderts, Wien 1999

Jensen, Rolf, The Dream Society. How the Coming Shift from Information to Imagination will Transform your Business, New York etc. 1999

Klages, Helmut/H.-J. Hippler/Willi Herbert, Werte und Wandel, Frankfurt/M. 1992
Kreibich, Rolf/Sven Sohr, Visiotopia. Bürger entwerfen die Zukunft der Gesellschaft, Baden-Baden 2002

Opaschowski, Horst W., Deutschland 2010. Wie wir morgen leben – Voraussagen der Wissenschaft zur Zukunft unserer Gesellschaft, Hamburg 1997
Opaschowski, Horst W., Generation@. Die Medienrevolution entläßt ihre Kinder. Leben im Informationszeitalter, Hamburg 1999

Bevölkerung und Gesundheit

Benecke, Mark, Der Traum vom ewigen Leben. Die Biomedizin entschlüsselt das Geheimnis des Alterns, München 1998
Birg, Herwig, Die demographische Zeitenwende. Der Bevölkerungsrückgang in Deutschland und Europa, München 2001

Eurostat, Jahrbuch 2002. Der statistische Wegweiser durch Europa. Luxemburg 2002

Garrett, Laurie, Die kommenden Plagen. Neue Krankheiten in einer gefährdeten Welt, Frankfurt/M. 1996

HypoVereinsbank, Demographic Fact Book 2001, München 2001

Karlen, Arno, Die fliegenden Leichen von Kaffa. Eine Kulturgeschichte der Seuchen, Berlin 1996

Miegel, Meinhard, Die deformierte Gesellschaft. Wie die Deutschen ihre Wirklichkeit verdrängen, Berlin und München 2002

Salminen, Hazel, Global Ageing – A Few Notes on the Demographic Change, Z_paper 06, Essen 2002

Statistisches Bundesamt (Hrsg.), Bevölkerungsentwicklung Deutschlands bis zum Jahr 2050 – Ergebnisse der 9. koordinierten Bevölkerungsvorausberechnung, Wiesbaden 2000

Umwelt

Deutscher Bundestag (Hrsg.), Konzept Nachhaltigkeit. Vom Leitbild zur Umsetzung. Abschlußbericht der Enquete-Kommission »Schutz des Menschen und der Umwelt« des 13. Deutschen Bundestages, Bonn 1998

Gelbspan, Ross, Der Klima-GAU, München 1998

Graßl, Hartmut, Wetterwende. Vision Globaler Klimaschutz, Frankfurt/M. New York 1999

Hauchler, Ingomar/Dirk Messner/Franz Nuscheler (Hrsg.), Globale Trends 2002, Frankfurt / M. 2001

Organisation for Economic Cooperation and Development, OECD Environmental Outlook, Paris 2001

Pearson, Ian, Der Fischer Atlas Zukunft, Frankfurt/M. 1998

Rotmans, Jan, IMAGE. An integrated model to assess the greenhouse effect, Dordrecht Boston London 1990

Wissenschaftlicher Beirat der Bundesregierung Globale Umweltveränderungen, Jahresgutachten 2001, Berlin etc. 2001

Werner Weidenfeld · Jürgen Turek

Wie Zukunft entsteht

Größere Risiken – weniger Sicherheit – neue Chancen

240 Seiten, mit zahlreichen Abbildungen
und Tabellen. Gebunden
ISBN 3-932425-46-4

»Das Buch verdeutlicht die gewaltigen Triebkräfte,
die uns in die transnationale Technologiegesellschaft
führen, und die zunehmenden Konflikte im
Spannungsfeld von Globalisierung und nationalstaatlicher
Organisation. So erscheinen Probleme, die uns
gegenwärtig auf den Nägeln brennen – Erweiterung
der Europäischen Union, soziale Absicherung von Kranken
und Alten, Immigration und Integration von Zuwanderern,
Kampf gegen Terrorismus – in einem neuen Licht.
Man kann unseren Politikern nur raten, aus diesem Buch
zu lernen. Und jeder, der beurteilen will, ob die politische
Klasse ihrer Verantwortung für Deutschland und seine
Bürger künftig gerecht wird, sollte es gleichfalls zur Hand
nehmen. Der Konservative wird davon ebensoviel Gewinn
haben wie der Sozialist.«

Magdeburger Volksstimme

Otto-Peter Obermeier

Die Kunst der Risikokommunikation

211 Seiten, mit zahlreichen
Abbildungen. Gebunden
ISBN 3-932425-19-7

»Obermeier geht den Fragen nach, die sich Unternehmen
stellen sollten: Wieviel Öffentlichkeit in Bezug auf Risiken
ist nötig? Wieviel Aufklärung und Sachinformation sind
notwendig? Wie ist Kommunikation trotz schwerer Konflikte
möglich, und welche Grundregeln sind zu beachten?
Aktuelle Diskussionen z. B. über Atomkraftwerke oder
Gentechnologie, aber auch schwere Katastrophen zeigen,
wie bedeutsam Risikokommunikation für Unternehmen
geworden ist.«

Handelsblatt